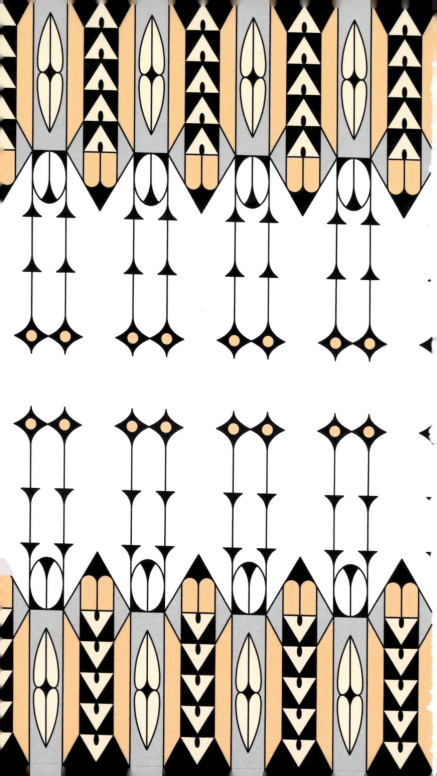

SIGMUND
FREUD

OBRAS COMPLETAS

SIGMUND
FREUD
OBRAS COMPLETAS VOLUME 15

**PSICOLOGIA DAS
MASSAS E ANÁLISE DO EU
E OUTROS TEXTOS**
(1920-1923)
TRADUÇÃO PAULO CÉSAR DE SOUZA

15ª reimpressão

COMPANHIA DAS LETRAS

Copyright da tradução © 2011
by Paulo César Lima de Souza

Grafia atualizada segundo o Acordo Ortográfico da Língua Portuguesa de 1990,
que entrou em vigor no Brasil em 2009.

Os textos deste volume foram traduzidos de *Gesammelte Werke*, volumes XII, XIII
e XVII (Londres: Imago, 1941, 1940 e 1941). Os títulos originais estão na página
inicial de cada texto. A outra edição alemã referida é *Studienausgabe*, Frankfurt:
Fischer, 2000.

Capa e projeto gráfico
warrakloureiro

Imagens das pp. 3 e 4: obras da coleção pessoal de Freud.
Artemis, Grécia, período helenístico, séc. II a.C., 25 cm.
Cabeça de guardião, China, dinastia Ming, séc. XV-XVII, 17 cm
Freud Museum, Londres

Preparação
Célia Euvaldo

Índice remissivo
Luciano Marchiori

Revisão
Huendel Viana
Carmen S. da Costa

Dados Internacionais de Catalogação na Publicação (CIP)
(Câmara Brasileira do Livro, SP, Brasil)

Freud, Sigmund, 1856-1939.
  Psicologia das massas e análise do eu e outros textos (1920-1923) /
Sigmund Freud ; tradução Paulo César de Souza — São Paulo:
Companhia das Letras, 2011.

  Título original: Gesammelte Werke e Studienausgabe.
  ISBN 978-85-359-1871-7

  1. Freud, Sigmund, 1856-1939 2. Psicanálise 3. Psicologia 4. Psicoterapia
  I. Título.

11-04091   CDD-150.1954

Índice para catálogo sistemático:
1. Sigmund, Freud: Obras completas: Psicologia analítica   150.1954

Todos os direitos desta edição reservados à
EDITORA SCHWARCZ S.A.
Rua Bandeira Paulista, 702, cj. 32
04532-002 — São Paulo — SP
Telefone: (11) 3707-3500
www.companhiadasletras.com.br
www.blogdacompanhia.com.br
facebook.com/companhiadasletras
instagram.com/companhiadasletras
twitter.com/cialetras

SUMÁRIO

ESTA EDIÇÃO 9

PSICOLOGIA DAS MASSAS E ANÁLISE DO EU (1921) 13
I. INTRODUÇÃO 14
II. A ALMA COLETIVA SEGUNDO LE BON 16
III. OUTRAS ABORDAGENS DA VIDA ANÍMICA COLETIVA 31
IV. SUGESTÃO E LIBIDO 39
V. DUAS MASSAS ARTIFICIAIS: IGREJA E EXÉRCITO 46
VI. OUTRAS TAREFAS E DIREÇÕES DE TRABALHO 54
VII. A IDENTIFICAÇÃO 60
VIII. ENAMORAMENTO E HIPNOSE 69
IX. O INSTINTO GREGÁRIO 77
X. A MASSA E A HORDA PRIMEVA 84
XI. UM GRAU NO INTERIOR DO EU 92
XII. COMPLEMENTOS 99

**SOBRE A PSICOGÊNESE DE UM CASO
DE HOMOSSEXUALIDADE FEMININA (1920)** 114

[PSICANÁLISE E TELEPATIA] (1941 [1921]) 150

SONHO E TELEPATIA (1922) 174

**SOBRE ALGUNS MECANISMOS NEURÓTICOS NO CIÚME,
NA PARANOIA E NA HOMOSSEXUALIDADE (1922)** 209

UMA NEUROSE DO SÉCULO XVII ENVOLVENDO O DEMÔNIO (1923) 225
[PREFÁCIO] 226
I. A HISTÓRIA DO PINTOR CHRISTOPH HAITZMANN 227
II. O MOTIVO DO PACTO COM O DEMÔNIO 234
III. O DEMÔNIO COMO SUCEDÂNEO DO PAI 241
IV. OS DOIS PACTOS 255
V. O CURSO POSTERIOR DA NEUROSE 263

"PSICANÁLISE" E "TEORIA DA LIBIDO" (1923) 273
I. PSICANÁLISE 274
II. TEORIA DA LIBIDO 302

PREFÁCIOS E TEXTOS BREVES (1920-1922) 309

CONTRIBUIÇÃO À PRÉ-HISTÓRIA DA TÉCNICA PSICANALÍTICA 310

A ASSOCIAÇÃO DE IDEIAS DE UMA GAROTA DE QUATRO ANOS 314

O DR. ANTON VON FREUND 315

PREFÁCIO A *ADDRESSES ON PSYCHOANALYSIS*, DE JAMES J. PUTNAM 318

APRESENTAÇÃO DE *THE PSYCHOLOGY OF DAY-DREAMS*, DE J. VARENDONCK 321

PREFÁCIO A *LA MÉTHODE PSYCHANALYTIQUE*, DE RAYMOND DE SAUSSURE 323

ALGUMAS PALAVRAS SOBRE O INCONSCIENTE 325

A CABEÇA DA MEDUSA 326

ÍNDICE REMISSIVO 330

ESTA EDIÇÃO

Esta edição das obras completas de Sigmund Freud pretende ser a primeira, em língua portuguesa, traduzida do original alemão e organizada na sequência cronológica em que apareceram originalmente os textos. A afirmação de que são obras completas pede um esclarecimento. Não se incluem os textos de neurologia, isto é, não psicanalíticos, anteriores à criação da psicanálise. Isso porque o próprio autor decidiu deixá-los de fora quando se fez a primeira edição completa de suas obras, nas décadas de 1920 e 30. No entanto, vários textos pré-psicanalíticos, já psicológicos, serão incluídos nos dois primeiros volumes. A coleção inteira será composta de vinte volumes, sendo dezenove de textos e um de índices e bibliografia.

A edição alemã que serviu de base para esta foi *Gesammelte Werke* [Obras completas], publicada em Londres entre 1940 e 1952. Agora pertence ao catálogo da editora Fischer, de Frankfurt, que também recolheu num grosso volume, intitulado *Nachtragsband* [Volume suplementar], inúmeros textos menores ou inéditos que haviam sido omitidos na edição londrina. Apenas alguns deles foram traduzidos para a presente edição, pois muitos são de caráter apenas circunstancial.

A ordem cronológica adotada pode sofrer pequenas alterações no interior de um volume. Os textos considerados mais importantes do período coberto pelo volume, cujos títulos aparecem na página de rosto, vêm em primeiro lugar. Em uma ou outra ocasião, são reunidos aqueles que tratam de um só tema, mas não foram publicados sucessivamente; é o caso dos artigos sobre a técnica psicanalítica, por exemplo. Por fim, os textos mais curtos são agrupados no final do volume.

Embora constituam a mais ampla reunião de textos de Freud, os dezessete volumes dos *Gesammelte Werke* foram sofrivelmente editados, talvez devido à penúria dos anos de guerra e de pós-guerra na Europa. Embora ordenados cronologicamente, não indicam sequer o ano da publicação de cada trabalho. O texto em si é geralmente confiável, mas sempre que possível foi cotejado com a *Studienausgabe* [Edição de estudos], publicada pela Fischer em 1969-75, da qual consultamos uma edição revista, lançada posteriormente. Trata-se de onze volumes organizados por temas (como a primeira coleção de obras de Freud), que não incluem vários textos secundários ou de conteúdo repetido, mas incorporam, traduzidas para o alemão, as apresentações e notas que o inglês James Strachey redigiu para a *Standard edition* (Londres, Hogarth Press, 1955-66).

O objetivo da presente edição é oferecer os textos com o máximo de fidelidade ao original, sem interpretações de comentaristas e teóricos posteriores da psicanálise, que devem ser buscadas na bibliografia sobre o tema. Informações sobre a gênese de cada obra também podem ser encontradas na literatura secundária. Para questionamentos de pontos específicos e do próprio conjunto da teoria freudiana, o leitor deve recorrer à literatura crítica de M. Macmillan, Joel Paris, F. Cioffi, R. Webster, Borch-Jacobsen e outros.

Após o título de cada texto há apenas a referência bibliográfica da primeira publicação, não a das edições subsequentes ou em outras línguas, que interessam tão somente a alguns especialistas. Entre parênteses se acha o ano da publicação original; havendo transcorrido mais de um ano entre a redação e a publicação, a data da redação aparece entre colchetes. As indicações bibliográficas do autor foram normalmente conservadas tais como ele as redigiu, isto é, não foram substituídas por edições mais recentes das obras citadas. Mas sempre é fornecido o ano da publicação, que, no caso de remissões do autor a seus próprios textos, permite que o leitor os localize sem maior dificuldade, tanto nesta como em outras edições das obras de Freud.

As notas do tradutor geralmente informam sobre os termos e passagens de versão problemática, para que o leitor tenha uma ideia mais precisa de seu significado e para justificar em alguma medida as soluções aqui adotadas. Nessas notas são reproduzidos os equivalentes achados em algumas versões estrangeiras dos textos, em línguas aparentadas ao português e ao alemão. Não utilizamos as duas versões das obras completas já aparecidas em português, das editoras Delta e Imago, pois não foram traduzidas do alemão, e sim do francês e do espanhol (a primeira) e do inglês (a segunda).

No tocante aos termos considerados técnicos, não existe a pretensão de impor as escolhas aqui feitas, como se fossem absolutas. Elas apenas pareceram as menos insatisfatórias para o tradutor, e os leitores e profissionais que empregam termos diferentes, conforme suas diferentes abordagens e percepções da psicanálise, devem sentir-se à vontade para conservar opções; que cada qual seja "feliz à sua maneira", como disse aquele famoso rei da Prússia, citado por Freud.

P.C.S.

PSICOLOGIA DAS MASSAS E ANÁLISE DO EU (1921)

TÍTULO ORIGINAL: *MASSENPSYCHOLOGIE UND ICH-ANALYSE*. PUBLICADO PRIMEIRAMENTE EM VOLUME AUTÔNOMO: LEIPZIG, VIENA E ZURIQUE: INTERNATIONALER PSYCHOANALYTISCHER VERLAG [EDITORA PSICANALÍTICA INTERNACIONAL], 1921, 140 PP. TRADUZIDO DE *GESAMMELTE WERKE* XIII, PP. 71-161; TAMBÉM SE ACHA EM *STUDIENAUSGABE* IX, PP. 61-134.

I. INTRODUÇÃO

A oposição entre psicologia individual e psicologia social ou das massas,* que à primeira vista pode parecer muito significativa, perde boa parte de sua agudeza se a examinamos mais detidamente. É certo que a psicologia individual se dirige ao ser humano particular, investigando os caminhos pelos quais ele busca obter a satisfação de seus impulsos instintuais, mas ela raramente, apenas em condições excepcionais, pode abstrair das relações deste ser particular com os outros indivíduos. Na vida psíquica do ser individual, o Outro é via de regra considerado enquanto modelo, objeto, auxiliador e adversário, e portanto a psicologia individual é também, desde o início, psicologia social, num sentido ampliado, mas inteiramente justificado.

As relações do indivíduo com seus pais e irmãos, com o objeto de seu amor, com seu professor e seu médico, isto é, todas as relações que até agora foram objeto privilegiado da pesquisa psicanalítica, podem reivindicar ser apreciadas como fenômenos sociais, colocando-se em oposição a outros processos, que denominamos *narcísicos*, nos quais a satisfação dos instintos escapa à influência de outras pessoas ou a elas renuncia. A opo-

---

* Como se perceberá ao longo da leitura deste trabalho, Freud usa o termo "massa" (*Masse*) em sentidos diversos, que corresponderiam a "multidão, aglomeração, agrupamento, grupo" etc. [As notas chamadas por asterisco e as interpolações às notas do autor, entre colchetes, são de autoria do tradutor. As notas do autor são sempre numeradas.]

I. INTRODUÇÃO

sição entre atos psíquicos sociais e narcísicos — Bleuler diria talvez *autísticos* — situa-se inteiramente, portanto, no domínio da psicologia individual, e não se presta para distingui-la de uma psicologia social ou de massas. Nas mencionadas relações com os pais e irmãos, com a amada, o amigo, o professor e o médico, o indivíduo sempre sofre a influência de apenas uma pessoa, ou um número mínimo delas, cada uma das quais adquiriu para ele significação extraordinária. Quando se fala de psicologia social ou de massas, existe o hábito de abstrair dessas relações, e isolar como objeto de investigação a influência que um grande número de pessoas exerce simultaneamente sobre o indivíduo, pessoas às quais ele se acha ligado de algum modo, mas em muitos aspectos elas lhe podem ser estranhas. Portanto, a psicologia de massas trata o ser individual como membro de uma tribo, um povo, uma casta, uma classe, uma instituição, ou como parte de uma aglomeração que se organiza como massa em determinado momento, para um certo fim. Após essa ruptura de um laço natural, o passo seguinte é considerar os fenômenos que surgem nessas condições especiais como manifestações de um instinto especial irredutível a outra coisa, o instinto social — *herd instinct, group mind* [instinto de rebanho, mente do grupo] —, que não chega a se manifestar em outras situações. Mas podemos levantar a objeção de que é difícil conceder ao fator numérico um significado tão grande, em que somente ele seria capaz de despertar, na vida psíquica humana, um instinto novo, normalmente inativo. Nossa expectativa é então desviada para duas outras possibilidades: a de que o instinto social pode não ser primário e indivisível, e de que os primórdios da sua formação podem ser encontrados num círculo mais estreito como o da família.

A psicologia de massas, embora se ache apenas no início, compreende uma vasta gama de problemas e coloca para o pesquisador incontáveis tarefas, que ainda não foram sequer diferenciadas. A mera classificação dos vários modos de formação das massas e a descrição dos fenômenos psíquicos por elas manifestados requerem um enorme trabalho de observação e exposição, e já deram origem a uma opulenta literatura. Quem comparar este pequenino livro e a grande extensão da psicologia de massas, poderá supor de imediato que aqui serão tratados apenas alguns pontos de toda a matéria. E de fato serão poucas as questões que interessam particularmente à investigação psicanalítica das profundezas.

II. A ALMA COLETIVA SEGUNDO LE BON

Em vez de dar primeiramente uma definição, parece-nos mais adequado começar com uma referência ao campo dos fenômenos e dele retirar alguns fatos especialmente notáveis e característicos, dos quais poderá partir a investigação. Conseguiremos as duas coisas se recorrermos ao livro justamente famoso de Le Bon, *Psicologia das massas*.[1]

1 Traduzido pelo dr. Rudolf Eisler, 2ª edição, 1912.

II. A ALMA COLETIVA SEGUNDO LE BON

Precisemos mais uma vez a questão. Se a psicologia que procura as disposições, os impulsos instintuais, os motivos, as intenções do indivíduo nas suas ações e nas relações com os mais próximos tivesse cumprido cabalmente a sua tarefa e tornado transparentes todos esses nexos, depararia subitamente com um problema novo, não resolvido. Teria de explicar o fato surpreendente de que esse indivíduo, que se tornara compreensível para ela, em determinada condição pensa, sente e age de modo completamente distinto do esperado, e esta condição é seu alinhamento numa multidão que adquiriu a característica de uma "massa psicológica". O que é então uma "massa", de que maneira adquire ela a capacidade de influir tão decisivamente na vida psíquica do indivíduo, e em que consiste a modificação psíquica que ela impõe ao indivíduo?

Responder a essas três perguntas é tarefa de uma psicologia teórica das massas. A melhor maneira de abordá-las, sem dúvida, é iniciar pela terceira delas. A observação da reação alterada do indivíduo é que fornece o material à psicologia das massas; toda tentativa de explicação deve ser precedida pela descrição daquilo a ser explicado.

Agora passo a palavra a Le Bon. Ele diz (p. 13):

"O fato mais singular, numa massa psicológica, é o seguinte: quaisquer que sejam os indivíduos que a compõem, sejam semelhantes ou dessemelhantes o seu tipo de vida, suas ocupações, seu caráter ou sua inteligência, o simples fato de se terem transformado em massa os torna possuidores de uma espécie de alma coletiva. Esta alma os faz sentir, pensar e agir de uma forma bem diferente da que cada um sentiria, pensaria

e agiria isoladamente. Certas ideias, certos sentimentos aparecem ou se transformam em atos apenas nos indivíduos em massa. A massa psicológica é um ser provisório, composto de elementos heterogêneos que por um instante se soldaram, exatamente como as células de um organismo formam, com a sua reunião, um ser novo que manifesta características bem diferentes daquelas possuídas por cada uma das células" [p. 11].*
Tomando a liberdade de intercalar comentários nossos à exposição de Le Bon, observemos aqui o seguinte. Se os indivíduos da massa estão ligados numa unidade, tem de haver algo que os une entre si, e este meio de ligação poderia ser justamente o que é característico da massa. Mas Le Bon não dá resposta a essa questão, ele passa a lidar com a modificação do indivíduo na massa e a descreve em termos que harmonizam bastante com os pressupostos básicos de nossa psicologia profunda.

(P. 14) "Constata-se facilmente o quanto o indivíduo na massa difere do indivíduo isolado; mas as causas de tal diferença são menos fáceis de descobrir.

---

* A tradução das extensas citações de Le Bon foi feita do original francês (*La psychologie des foules*. Paris: PUF, 1971 [1895]), reproduzido em notas na edição francesa das *Œuvres complètes* de Freud, dirigida por Laplanche, Bourguignon e Cotet (v. XVI, Paris: PUF, 1991). As pequenas divergências da tradução alemã utilizada por Freud serão apontadas em notas. A primeira delas está no fim do primeiro período, onde a versão alemã diz "uma alma coletiva" (*eine Kollektivseele*), e não "uma espécie de alma coletiva". Quanto à localização das citações, as páginas da edição alemã de Le Bon estão entre parênteses e geralmente no início, tal como são indicadas por Freud, e as do original francês aqui utilizado, entre colchetes.

II. A ALMA COLETIVA SEGUNDO LE BON

"Para chegar a vislumbrá-las, é preciso recordar primeiramente esta observação da psicologia moderna: que não é apenas na vida orgânica, mas também no funcionamento da inteligência que os fenômenos inconscientes têm papel preponderante. A vida consciente do espírito não representa senão uma pequenina parte, comparada à sua vida inconsciente. O analista mais sutil, o observador mais penetrante chega a descobrir apenas um número pequeno dos móveis inconscientes* que o conduzem. Nossos atos conscientes derivam de um substrato inconsciente formado sobretudo de influências hereditárias. Este substrato encerra os inúmeros resíduos ancestrais que constituem a alma da raça. Por trás das causas confessas de nossos atos, há sem dúvida causas secretas que não confessamos, mas por trás dessas causas secretas há outras, bem mais secretas ainda, pois nós mesmos as ignoramos.** A maioria de nossos atos cotidianos é resultado de móveis ocultos que nos escapam" [pp. 11-2].

Na massa, acredita Le Bon, as aquisições próprias dos indivíduos se desvanecem, e com isso desaparece sua particularidade. O inconsciente próprio da raça res-

---

* No texto alemão está "conscientes", o que é claramente um erro, considerando o contexto, e uma nota dos editores, na edição alemã utilizada (*Gesammelte Werke* XIII, p. 78), informa que o original francês diz *inconscients*. No texto da *Studienausgabe* (v. IX, p. 68), uma nota remete igualmente à mencionada nota em *GW*.

** Segundo nota da edição francesa, a frase anterior, constante da edição de 1906 de *La psychologie des foules*, foi encurtada por Le Bon nas edições posteriores, passando a: "Por trás das causas confessas de nossos atos, encontram-se causas secretas ignoradas por todos".

salta, o heterogêneo submerge no homogêneo. Diríamos que a superestrutura psíquica, que se desenvolveu de modo tão diverso nos indivíduos, é desmontada, debilitada, e o fundamento inconsciente comum a todos é posto a nu (torna-se operante).

Dessa maneira se produziria um caráter mediano dos indivíduos da massa. Mas conforme Le Bon eles mostram também características novas, que não possuíam antes, e ele busca a razão para isso em três fatores diferentes.

(P. 15) "O primeiro é que o indivíduo na massa adquire, pelo simples fato do número, um sentimento de poder invencível que lhe permite ceder a instintos* que, estando só, ele manteria sob controle. E cederá com tanto mais facilidade a eles, porque, sendo a massa anônima, e por conseguinte irresponsável, desaparece por completo o sentimento de responsabilidade que sempre retém os indivíduos."

Não precisamos, em nosso ponto de vista, atribuir muito valor à emergência de novas características.

---

* É interessante observar que o texto francês de Le Bon traz *instincts* nesse ponto, vertido por *Triebe* na tradução citada por Freud, mas a nova edição francesa modifica o original, utilizando *pulsions*. Durante décadas, enquanto viveu, Freud acompanhou traduções de suas obras para o inglês, o francês, o italiano e o espanhol, nas quais se empregava "instinto" pata verter *Trieb*, e nunca fez objeções ao termo (embora notando sua insuficiência). A nova tradução francesa não apenas desconsidera esse fato como chega ao ponto de "corrigir" um autor francês que escreveu no final do século XIX (seu livro é de 1895), para adequá-lo à posição teórica que determina ser errado traduzir *Trieb* por outro termo que não "pulsão".

II. A ALMA COLETIVA SEGUNDO LE BON

Basta-nos dizer que na massa o indivíduo está sujeito a condições que lhe permitem se livrar das repressões dos seus impulsos instintivos inconscientes. As características aparentemente novas, que ele então apresenta, são justamente as manifestações desse inconsciente, no qual se acha contido, em predisposição, tudo de mau da alma humana. Não é difícil compreendermos o esvaecer da consciência ou do sentimento de responsabilidade nestas circunstâncias. Há muito afirmamos que o cerne da chamada consciência moral consiste no "medo social".[2]

(P. 16) "Uma segunda causa, o contágio mental, intervém igualmente para determinar a manifestação de características especiais nas massas e a sua orientação. O contágio é um fenômeno fácil de constatar, mas inexplicável, que é preciso relacionar aos fenômenos de ordem hipnótica que adiante estudaremos. Numa massa* todo sentimento, todo ato é contagio-

---

2 Há uma certa diferença entre a visão de Le Bon e a nossa, em virtude de o seu conceito de inconsciente não coincidir inteiramente com aquele admitido na psicanálise. O inconsciente de Le Bon contém antes de tudo os traços mais profundos da alma da raça, que realmente está fora de consideração para a psicanálise individual. Não deixamos de perceber que o âmago do Eu (o Id [*Es*], como depois o denominei), a que pertence a "herança arcaica" da alma humana, é inconsciente, mas também distinguimos o "reprimido inconsciente", que resultou de uma parte dessa herança. Este conceito do reprimido não se acha em Le Bon.

* *Foule* é o termo que consta no original francês. Segundo nota da edição francesa, a tradução alemã de 1912 diz *Masse*, mas Freud a substituiu por *Menge* ("multidão").

so, e isso a ponto de o indivíduo sacrificar facilmente o seu interesse pessoal ao interesse coletivo. Eis uma aptidão contrária à sua natureza, de que o homem só se torna capaz enquanto parte de uma massa" [p. 13]. Sobre esta última frase vamos fundamentar, mais adiante, uma importante conjectura.

(P. 16) "Uma terceira causa, de longe a mais importante, determina nos indivíduos da massa características especiais, às vezes bastante contrárias às do indivíduo isolado. Refiro-me à sugestionabilidade, de que o contágio mencionado acima é apenas um efeito.

"Para compreender esse fenômeno, é preciso ter em mente algumas descobertas recentes da fisiologia. Sabemos hoje que um indivíduo pode ser posto* num estado tal que, tendo perdido sua personalidade consciente, ele obedece a todas as sugestões do operador que a fez perdê-la, e comete os atos mais contrários a seu caráter e a seu costume. Ora, observações atentas parecem provar que o indivíduo, mergulhado há algum tempo no seio de uma massa ativa, logo cai — em consequência de eflúvios que dela emanam, ou por outra causa ainda ignorada — num estado particular, aproximando-se muito do estado de fascinação do hipnotizado nas mãos do hipnotizador [...]. A personalidade consciente se foi, a vontade e o discernimento sumiram. Sentimentos e

---

* Neste ponto a tradução utilizada por Freud inclui as palavras *mittels mannigfacher Proʒeduren* ("mediante procedimentos vários").

II. A ALMA COLETIVA SEGUNDO LE BON

pensamentos são então orientados no sentido determinado pelo hipnotizador.

"Tal é, aproximadamente, o estado de um indivíduo que participa de uma massa. Ele não é mais consciente de seus atos. Nele, como no hipnotizado, enquanto certas faculdades são destruídas, outras podem ser levadas a um estado de exaltação extrema. A influência de uma sugestão o levará, com irresistível impetuosidade,* à realização de certos atos. Impetuosidade ainda mais irresistível nas massas que no sujeito hipnotizado, pois a sugestão, sendo a mesma para todos os indivíduos, exacerba-se pela reciprocidade" [pp. 13-4].

(P. 17.) "Portanto, evanescimento da personalidade consciente, predominância da personalidade inconsciente, orientação por via de sugestão e de contágio dos sentimentos e das ideias num mesmo sentido, tendência a transformar imediatamente em atos as ideias sugeridas, tais são as principais características do indivíduo na massa. Ele não é mais ele mesmo, mas um autômato cuja vontade se tornou impotente para guiá-lo"** [p. 14].

---

* "Impetuosidade" é versão literal do termo usado no original francês de Le Bon (*impétuosité*). É digno de nota que na tradução alemã citada por Freud se ache *Trieb* nesse ponto, em mais uma evidência da polissemia desse termo. Na frase seguinte, a mesma palavra francesa foi vertida em alemão por *Ungestüm* ("ímpeto, impetuosidade, arrebatamento").

** Na versão citada por Freud: "O indivíduo não é mais ele mesmo, tornou-se um autômato sem vontade".

Reproduzi estas passagens minuciosamente, a fim de reforçar que Le Bon realmente designa o estado do indivíduo na massa como hipnótico, não se limita apenas a compará-lo com este. Não pretendemos contradizê-lo, mas somente destacar que as duas últimas causas da modificação do indivíduo na massa, o contágio e a maior sugestionabilidade, evidentemente não são do mesmo tipo, pois o contágio deve ser também uma manifestação da sugestionabilidade. Também os efeitos de ambos os fatores não nos parecem claramente separados no texto de Le Bon. Talvez interpretemos da melhor maneira sua afirmação se relacionarmos o contágio ao efeito que os membros isolados da massa exercem uns sobre os outros, enquanto as manifestações de sugestão da massa, equiparadas aos fenômenos de influência hipnótica, remetem a outra fonte. A qual, porém? Deve nos tocar como uma sensível deficiência o fato de um dos principais elementos dessa comparação, isto é, a pessoa que substitui o hipnotizador para a massa, não ser mencionado por Le Bon. De qualquer modo ele distingue esta influência fascinadora, deixada na penumbra, e o efeito contagioso dos indivíduos entre si, que vem a fortalecer a sugestão original.

Eis ainda uma consideração importante para julgar o indivíduo da massa: (P. 17.) "Portanto, pelo simples fato de pertencer a uma massa, o homem desce vários degraus na escala na civilização. Isolado, ele era talvez um indivíduo cultivado, na massa é um instintivo, e em consequência um bárbaro. Tem a espontaneidade, a violência, a ferocidade, e também os entusiasmos e os heroísmos dos seres primitivos" [p. 14]. Ele então se detém espe-

II. A ALMA COLETIVA SEGUNDO LE BON

cialmente na diminuição da capacidade intelectual, experimentada pelo indivíduo que se dissolve na massa.[3]

Deixemos agora o indivíduo e nos voltemos para a descrição da alma da massa, tal como Le Bon a delineia. Nela não há traço algum que um psicanalista não consiga derivar e situar. O próprio Le Bon nos mostra o caminho, ao apontar a coincidência com a vida anímica dos povos primitivos e das crianças (p. 19).

A massa é impulsiva, volúvel e excitável. É guiada quase exclusivamente pelo inconsciente.[4] Os impulsos a que obedece podem ser, conforme as circunstâncias, nobres ou cruéis, heroicos ou covardes, mas, de todo modo, são tão imperiosos que nenhum interesse pessoal, nem mesmo o da autopreservação, se faz valer (p. 20). Nada nela é premeditado. Embora deseje as coisas apaixonadamente, nunca o faz por muito tempo, é incapaz de uma vontade persistente. Não tolera qualquer demora entre o seu desejo e a realização dele. Tem o sentimento da onipotência; a noção do impossível desaparece para o indivíduo na massa.[5]

A massa é extraordinariamente influenciável e crédula, é acrítica, o improvável não existe para ela. Pensa

---

3 Veja-se o dístico de Schiller [de *Sprüche*]:
"*Jeder, sieht man ihn einzeln, ist leidlich klug und verständlig;*
Sind sie in corpore, *gleich wird euch ein Dummkopf daraus.*"
[Cada um, olhado separadamente, é passavelmente arguto e sensato;/ Se estão *in corpore*, logo se revelarão uns asnos].
4 "Inconsciente" é usado por Le Bon, corretamente, no sentido descritivo, quando não significa apenas o "reprimido".
5 Cf. *Totem e tabu*, III, "Animismo, magia e onipotência dos pensamentos".

PSICOLOGIA DAS MASSAS E ANÁLISE DO EU

em imagens que evocam umas às outras associativamente, como no indivíduo em estado de livre devaneio, e que não têm sua coincidência com a realidade medida por uma instância razoável. Os sentimentos da massa são sempre muito simples e muito exaltados. Ela não conhece dúvida nem incerteza.[6]

Ela vai prontamente a extremos; a suspeita exteriorizada se transforma de imediato em certeza indiscutível, um germe de antipatia se torna um ódio selvagem (p. 32).[7]

6 Na interpretação dos sonhos, aos quais devemos o nosso melhor conhecimento da vida anímica inconsciente, seguimos a regra técnica de não considerar a dúvida e a incerteza na narrativa onírica, e tratar cada elemento do sonho manifesto como igualmente seguro. Atribuímos dúvidas e incertezas à intervenção da censura a que está sujeito o trabalho do sonho, e supomos que os pensamentos oníricos primários não conhecem dúvida e incerteza como realização crítica. Naturalmente elas podem, enquanto conteúdos, e como tudo o mais, aparecer nos resíduos diurnos que conduzem ao sonho. (Ver *A interpretação dos sonhos*, 7ª ed., 1922, p. 386 [*GW* II-III, pp. 520-1; cap. VII, parte A, 5ª e 6ª páginas].)

7 A mesma intensificação extrema e desmedida de todos os impulsos afetivos é própria também da afetividade da criança e comparece igualmente na vida onírica, na qual, graças ao isolamento dos impulsos afetivos singulares que vigora no inconsciente, um leve aborrecimento diurno se expressa como desejo homicida contra a pessoa culpada, ou uma breve tentação qualquer se torna o ponto de partida para um ato criminoso representado no sonho. Acerca desse fato o dr. Hanns Sachs fez a bela observação: "O que o sonho nos revelou de sua relação com o presente (a realidade), procuremos descobri-lo também na consciência, e então não deveremos nos surpreender se o monstro que vimos sob a lente de aumento da psicanálise nos aparecer como um pequenino infusório". (*A interpretação dos sonhos*, 7ª ed., 1922, p. 457 [*GW* II-III, p. 626; última página do livro].)

II. A ALMA COLETIVA SEGUNDO LE BON

Inclinada a todos os extremos, a massa também é excitada apenas por estímulos desmedidos. Quem quiser influir sobre ela, não necessita medir logicamente os argumentos; deve pintar com as imagens mais fortes, exagerar e sempre repetir a mesma coisa.

Como a massa não tem dúvidas quanto ao que é verdadeiro ou falso, e tem consciência da sua enorme força, ela é, ao mesmo tempo, intolerante e crente na autoridade. Ela respeita a força, e deixa-se influenciar apenas moderadamente pela bondade, que para ela é uma espécie de fraqueza. O que ela exige de seus heróis é fortaleza, até mesmo violência. Quer ser dominada e oprimida, quer temer os seus senhores. No fundo inteiramente conservadora, tem profunda aversão a todos os progressos e inovações, e ilimitada reverência pela tradição (p. 37).

Para julgar corretamente a moralidade das massas, deve-se levar em consideração que, ao se reunirem os indivíduos numa massa, todas as inibições individuais caem por terra e todos os instintos* cruéis, brutais, destrutivos, que dormitam no ser humano, como vestígios dos primórdios do tempo, são despertados para a livre satisfação instintiva. Mas as massas são também capazes, sob influência da sugestão, de elevadas provas de renúncia, desinteresse, devoção a um ideal. Enquanto a vantagem pessoal, no indivíduo isolado, é quase que o único móvel de ação, nas

---

* *Instinkte*, no original. Tendo adotado "instinto" para verter *Trieb*, indicamos as ocasiões em que Freud utiliza *Instinkt* ou em que preferimos "impulso".

massa ela raramente predomina. Pode-se falar de uma moralização do indivíduo pela massa (p. 39). Enquanto a capacidade intelectual da massa está bem abaixo daquela do indivíduo, sua conduta ética tanto pode ultrapassar esse nível como descer bem abaixo dele.

Alguns outros traços, na caracterização de Le Bon, lançam uma clara luz sobre a validez de identificar a alma da massa com a dos povos primitivos. Nas massas as ideias opostas podem coexistir e suportar umas às outras, sem que resulte um conflito de sua contradição lógica. O mesmo sucede, porém, na vida anímica inconsciente dos indivíduos, das crianças e dos neuróticos, como há muito demonstrou a psicanálise.[8]

8 No bebê, por exemplo, durante muito tempo coexistem atitudes emocionais ambivalentes para com as pessoas que lhe são mais próximas, sem que uma delas perturbe a expressão da que lhe é oposta. Havendo afinal um conflito entre ambas, frequentemente ele é resolvido com a troca do objeto pela criança, que desloca um dos impulsos ambivalentes para um objeto substituto. Também a história do desenvolvimento de uma neurose no adulto pode ensinar que um impulso reprimido persiste com frequência, por bastante tempo, em fantasias inconscientes ou mesmo conscientes, cujo conteúdo naturalmente vai bem de encontro a uma tendência dominante, sem que desta oposição resulte uma intervenção do Eu contra aquilo por ele rejeitado. A fantasia é tolerada por um bom período, até que subitamente, em geral devido a um acréscimo do seu investimento afetivo, produz-se o conflito entre ela e o Eu, com todas as suas consequências.

Na progressiva evolução da criança para adulto, chega-se a uma *integração* cada vez mais ampla de sua personalidade, a uma síntese dos vários impulsos instintuais e tendências-com-metas [*Zielstrebungen*] que nela cresceram independentes uns dos outros. Há muito conhecemos o processo análogo no âmbito da vida sexual, enquanto síntese de todos os instintos sexuais numa organização genital defini-

II. A ALMA COLETIVA SEGUNDO LE BON

Além disso, a massa está sujeita ao poder verdadeiramente mágico das palavras, que podem provocar as mais terríveis tormentas na sua alma e também apaziguá-las (p. 74). "A razão e os argumentos não sabem lutar contra certas palavras e certas fórmulas. Proferidas com solenidade diante da massa, imediatamente os rostos se tornam respeitosos e as cabeças se inclinam. Muitos as consideram forças da natureza, poderes sobrenaturais" (p. 75). Quanto a isso, basta lembrar o tabu dos nomes entre os primitivos, as forças mágicas que para eles estão ligadas a nomes e palavras.[9]

E por fim: as massas nunca tiveram a sede da verdade. Requerem ilusões, às quais não podem renunciar. Nelas o irreal tem primazia sobre o real, o que não é verdadeiro as influencia quase tão fortemente quanto o verdadeiro. Elas têm a visível tendência de não fazer distinção entre os dois (p. 47).

Já mostramos que essa predominância da vida da fantasia, e da ilusão sustentada pelo desejo não realizado, é algo determinante na psicologia das neuroses. Descobrimos que o que vale para os neuróticos não é a realidade objetiva comum, mas a realidade psíquica. Um sintoma histérico se baseia na fantasia, em vez de

---

tiva (*Três ensaios sobre a teoria da sexualidade*, 1905 [terceiro ensaio]). O fato de a unificação do Eu estar sujeita às mesmas perturbações que a da libido é mostrado por muitos exemplos conhecidos, como o dos cientistas que continuam crendo na Bíblia, e outros assim. [Acréscimo de 1923:] As diversas possibilidades de uma posterior desagregação do Eu constituem um capítulo especial da psicopatologia.

9 Ver *Totem e tabu* [1913].

na repetição da vivência real, a consciência de culpa da neurose obsessiva, no fato de uma má intenção que jamais se realizou. Como no sonho e na hipnose, na atividade anímica da massa a prova da realidade recua, ante a força dos desejos investidos de afeto.

O que Le Bon afirma sobre os líderes das massas é menos completo e não deixa transparecer tão claramente as possíveis "leis" em jogo. Ele acredita que, quando seres vivos se reúnem em determinado número, seja um rebanho de animais ou um grupamento de homens, instintivamente se colocam sob a autoridade de um chefe (p. 86). A massa é um rebanho dócil, que não pode jamais viver sem um senhor. Ela tem tamanha sede de obediência, que instintivamente se submete a qualquer um que se apresente como seu senhor.

Assim, as necessidades da massa a tornam receptiva ao líder,* mas este precisa corresponder a ela com suas características pessoais. Ele próprio tem de estar fascinado por uma forte crença (numa ideia), para despertar crença na massa; ele tem de possuir uma vontade forte, imponente, que a massa sem vontade vai aceitar. Le Bon discute então os diferentes tipos de líder, e os meios pelos quais atuam sobre a massa. No conjunto, entende que os líderes adquirem importância pelas ideias de que eles mesmos são fanáticos.

* No original, *Führer*, do verbo *führen*, "conduzir, guiar, dirigir"; o substantivo — que, como se sabe, era a designação de Hitler na Alemanha nazista — pode ser traduzido por qualquer uma destas palavras, conforme o contexto: "guia, chefe, líder, dirigente, cicerone, condutor, piloto, caudilho, comandante" etc.

A estas ideias, assim como aos líderes, atribui igualmente um poder misterioso, irresistível, que ele chama de "prestígio". O prestígio é uma espécie de domínio que uma pessoa, uma obra ou uma ideia exerce sobre nós. Paralisa toda a nossa capacidade crítica e nos enche de espanto e respeito. Provocaria um sentimento semelhante ao do fascínio na hipnose (p. 96/76).

Ele distingue o prestígio adquirido ou artificial e o pessoal. O primeiro é dado às pessoas pelo nome, a riqueza, a reputação, e conferido às concepções, obras de arte etc. pela tradição. Como em todos os casos ele remonta ao passado, pouco ajudará na compreensão dessa misteriosa influência. O prestígio pessoal existe em poucas pessoas que através dele se tornam líderes, e faz com que todos a elas obedeçam, como sob o efeito de um encanto magnético. Mas todo prestígio depende também do sucesso, e é perdido com o fracasso (p. 103).

As considerações de Le Bon sobre o papel do líder e a importância do prestígio não nos parecem se harmonizar com a sua brilhante descrição da alma coletiva.

III. OUTRAS ABORDAGENS DA VIDA ANÍMICA COLETIVA

Servimo-nos da descrição de Le Bon como uma introdução, por ela concordar tão bem com a nossa própria psicologia, ao colocar a ênfase na vida psíquica inconsciente.

PSICOLOGIA DAS MASSAS E ANÁLISE DO EU

Mas agora temos de acrescentar que na verdade nenhuma das afirmações desse autor traz algo de novo. Tudo o que ele diz de desfavorável e depreciativo sobre as manifestações da alma coletiva já foi dito antes com a mesma nitidez e hostilidade, é repetido em termos semelhantes por pensadores, estadistas e poetas, desde que existe literatura.[10] As duas teses que contêm os mais importantes pontos de vista de Le Bon, a da inibição coletiva da capacidade intelectual e a da elevação da afetividade na massa, haviam sido formuladas pouco antes por Sighele.[11] No fundo, só restam como próprias de Le Bon as duas noções do inconsciente e da comparação com a vida anímica dos primitivos, também essas aventadas antes dele.

Mais ainda, a exposição e apreciação da alma coletiva, tal como feita por Le Bon e outros, também não deixou de ser contestada. Não há dúvida de que todos os fenômenos descritos da alma coletiva foram corretamente observados, mas pode-se reconhecer outras manifestações da formação de massas, atuando em sentido contrário, e que devem conduzir a uma bem mais alta avaliação da alma coletiva.

Também Le Bon estava disposto a admitir que a moralidade da massa, em algumas circunstâncias, pode

10 Cf. o texto e a bibliografia em B. Kraskovic jun., *Die Psychologie der Kollektivitäten*, traduzido do croata por Siegmund von Posavec, Vukovar, 1915.

11 Ver Walter Moede, "Die Massen- und Sozialpsychologie im kritischen Überblick" [A psicologia social e de massas num panorama crítico], *Zeitschrift für pädagogische Psychologie und experimentelle Pädagogik*, XVI, 1915.

III. OUTRAS ABORDAGENS DA VIDA ANÍMICA COLETIVA

ser mais elevada que a dos indivíduos que a compõem, e que apenas as coletividades são capazes do mais alto desinteresse e devoção. "Raramente o interesse pessoal é um móvel poderoso nas massas, enquanto constitui o móvel quase exclusivo do indivíduo isolado" (p. 38). Outros apontam para o fato de que apenas a sociedade prescreve para o indivíduo as normas da moralidade, enquanto via de regra o indivíduo permanece, de algum modo, aquém dessas altas exigências; ou que, em estados de exceção, produz-se numa comunidade o fenômeno do entusiasmo, que torna possíveis as mais grandiosas realizações da massa.

No tocante à realização intelectual, continua verdadeiro que as grandes decisões do trabalho do pensamento, as descobertas e soluções de enorme consequência, são possíveis apenas para o indivíduo que trabalha na solidão. Mas também a alma coletiva é capaz de geniais criações do espírito, como a própria língua demonstra, acima de tudo, e também o canto popular, o folclore etc. E continua em aberto, além disso, o quanto o pensador ou poeta individual deve aos estímulos da massa em que vive, se ele é mais que o consumador de um trabalho anímico no qual os outros colaboraram simultaneamente.

Em vista dessas perfeitas contradições, parece que o trabalho da psicologia de massas deverá trazer pouco ou nenhum resultado. Mas não é difícil encontrar uma saída mais esperançosa. Provavelmente foram reunidas, sob a denominação de "massas", formações muito diversas, que requerem diferenciação. As afirmativas de Sighele, Le Bon e outros dizem respeito a massas efêmeras, que se juntam rapidamente com indivíduos heterogêneos, por interesse passageiro. É inegável que as características das massas revolucionárias, principalmente na grande Revolução Francesa, influenciaram as suas descrições. As informações contraditórias se originam da consideração das massas ou associações estáveis, em que os seres humanos passam toda a sua vida, e que tomam corpo nas instituições da sociedade. As massas do primeiro tipo são como que superpostas a estas, como as ondas curtas, porém altas, sobre os imensos vagalhões.

McDougall, que em seu livro *The group mind*[12] parte da mesma contradição mencionada, vê a solução para ela no fator da organização. No caso mais simples, diz ele, a massa (*group*) não possui organização, ou algo digno desse nome. Ele designa uma massa desse tipo como "multidão" (*crowd*). Mas concede que uma multidão de pessoas não se reúne tão facilmente, sem que nela se forme ao menos um esboço de organização, e que precisamente nessas massas simples podem-se reconhecer, com maior facilidade, fatos fundamentais da psicologia coletiva (p. 22). A condição para que se forme uma massa, a partir dos membros casualmente juntados de uma multidão, é que esses indivíduos tenham algo em comum, um interesse partilhado num objeto, uma orientação afetiva semelhante em determinada situação e (eu acrescentaria: em consequência) um certo

12 Cambridge, 1920.

III. OUTRAS ABORDAGENS DA VIDA ANÍMICA COLETIVA

grau de capacidade de influenciar uns aos outros (*Some degree of reciprocal influence between the members of the group*) (p. 23). Quanto mais fortes essas coisas em comum (*this mental homogeneity*), mais facilmente se forma, a partir dos indivíduos, uma massa psicológica, e mais evidentes são as manifestações de uma "alma coletiva". O mais notável e também mais importante fenômeno da formação da massa é o aumento de afetividade provocado no indivíduo (*exaltation or intensification of emotion*) (p. 24). Pode-se dizer, segundo McDougall, que dificilmente os afetos dos homens se elevam, em outras condições, à altura que atingem numa massa, e é mesmo uma sensação prazerosa, para seus membros, entregar-se tão abertamente às suas paixões e fundir-se na massa, perdendo o sentimento da delimitação individual. O fato de os indivíduos serem "arrastados" dessa forma é explicado, por McDougall, a partir do que chama de *"principle of direct induction of emotion by way of the primitive sympathetic response"* [princípio de indução direta da emoção por meio da resposta simpática primitiva] (p. 25), ou seja, pelo nosso já conhecido contágio de sentimentos. É fato que os sinais percebidos de um estado afetivo são apropriados para despertar automaticamente o mesmo afeto naquele que percebe. Esta coação automática torna-se tanto mais forte quanto maior for o número de pessoas em que pode ser notado simultaneamente o mesmo afeto. Então a crítica do indivíduo silencia e ele se deixa levar por esse afeto. Mas nisso ele aumenta a excitação dos outros que agiram sobre ele, e assim a carga afetiva dos indivíduos se eleva por indução recíproca. Inconfundivelmente, é algo como uma coerção que aí atua, obrigando a fazer como os outros, a permanecer de acordo com a maioria. Os impulsos emotivos mais simples e grosseiros têm maior perspectiva de alastrar-se desse modo numa massa (p. 39).

Esse mecanismo de intensificação do afeto é favorecido por algumas outras influências que se originam da massa. Ela produz no indivíduo uma impressão de poder ilimitado e perigo indomável. Por um momento ela se colocou no lugar de toda a sociedade humana, a portadora da autoridade, cujos castigos a pessoa teme, e em nome da qual se impôs tantas inibições. É claramente perigoso estar em oposição à massa; sente-se mais segurança ao seguir o exemplo que aparece ao redor, até mesmo "uivando com os lobos" eventualmente. Em obediência à nova autoridade pode-se pôr a "consciência" anterior fora de ação e render-se à atração do ganho prazeroso que certamente se obtém ao suprimir as inibições. Não chega a ser notável, portanto, ver o indivíduo da massa fazer ou aprovar coisas que evitaria em condições normais de vida; e podemos mesmo esperar, desse modo, afastar um pouco da penumbra que costuma cobrir o enigmático termo "sugestão".

A tese da inibição coletiva da inteligência na massa também não é contrariada por McDougall (p. 41). Ele diz que as inteligências menores abaixam ao seu nível as maiores. Estas são inibidas em sua atividade, porque o aumento da afetividade cria condições desfavoráveis para o correto trabalho mental, e além disso porque os indivíduos são intimidados pela massa e o seu trabalho de pen-

III. OUTRAS ABORDAGENS DA VIDA ANÍMICA COLETIVA

samento não é livre, e porque em todo indivíduo é depreciada a consciência da responsabilidade pelo que faz.

O parecer final de McDougall sobre a conduta psíquica de uma massa simples, "desorganizada", não é mais benévolo que o de Le Bon. Uma massa desse tipo é (p. 45): totalmente excitável, impulsiva, apaixonada, instável, inconsequente, indecisa e no entanto inclinada a ações extremas, suscetível apenas às paixões mais grosseiras e sentimentos mais singelos, extraordinariamente sugestionável, ligeira nas considerações, veemente nos juízos, receptiva somente para as conclusões e os argumentos mais simples e imperfeitos, fácil de dirigir e intimidar, sem consciência de si, sem autoestima e senso de responsabilidade, mas disposta a deixar-se arrastar pela consciência de sua força e cometer malefícios que poderíamos esperar somente de um poder absoluto e irresponsável. Ela se comporta então como uma criança mal-educada, ou como um selvagem passional e desassistido numa situação que lhe é estranha; nos piores casos, ela semelha mais um bando de bichos selvagens do que seres humanos. Como McDougall opõe o comportamento de massas bastante organizadas a este aqui descrito, estaremos particularmente curiosos em saber em que consiste essa organização e por quais fatores se estabelece. O autor conta cinco *principal conditions* para a elevação da vida anímica da massa a um nível superior.

A primeira condição básica é um certo grau de continuidade na sua existência. Essa continuidade pode ser material ou formal; material, quando as mesmas pessoas permanecem longo tempo na massa; formal, quando há certas posições desenvolvidas no interior da massa, que vão sendo destinadas às pessoas que se sucedem.

A segunda condição, que no indivíduo da massa tenha se formado uma determinada concepção da natureza, função, realizações e reivindicações da massa, de maneira que dela resulte um vínculo afetivo com a massa em seu conjunto.

A terceira, que a massa se coloque em relação com outras semelhantes, mas em muitos pontos diferentes, para que haja alguma rivalidade entre elas.

A quarta, que a massa tenha tradições, costumes e disposições, especialmente no que se refere à relação dos membros entre si.

A quinta, que na massa exista uma divisão, que se manifesta na especialização e diferenciação da atividade que cabe ao indivíduo.

Segundo McDougall, a satisfação dessas condições compensa as desvantagens psíquicas da formação da massa. A proteção contra o rebaixamento coletivo da capacidade intelectual consiste em retirar da massa a solução das tarefas intelectuais e entregá-la a seus indivíduos.

Acreditamos que seria mais correto descrever de outro modo a condição designada por McDougall como "organização" da massa. Trata-se de prover a massa daquelas mesmas qualidades que eram características do indivíduo e que nele foram extintas pela formação da massa. Pois o indivíduo tinha — fora da massa primitiva — sua continuidade, sua consciência de si, seus hábitos e tradições, seu trabalho e colocação particular, e mantinha-se apartado de outros, com quem rivalizava. Ele havia perdido esta espe-

IV. SUGESTÃO E LIBIDO

cificidade por algum tempo, devido ao ingresso na massa não "organizada". Reconhecendo-se como objetivo dotar a massa dos atributos do indivíduo, lembraremos de uma valiosa observação de W. Trotter,[13] que vê na tendência à formação da massa um prolongamento biológico da multi-celularidade dos organismos superiores.[14]

IV. SUGESTÃO E LIBIDO

Partimos do fato fundamental de que o indivíduo no interior de uma massa experimenta, por influência dela, uma mudança frequentemente profunda de sua atividade anímica. Sua afetividade é extraordinariamente intensificada, sua capacidade intelectual claramente diminuída, ambos os processos apontando, não há dúvida, para um nivelamento com os outros indivíduos da massa; resultado que só pode ser atingido pela supressão das inibições instintivas próprias de cada indivíduo e pela renúncia às peculiares configurações de suas tendências. Vimos que esses efeitos, com frequência indesejados, são impedidos ao menos em parte por uma superior

13 *Instincts of the herd in peace and war*, Londres, 1916.
14 [Acrescentada em 1923.] Contrariamente a uma crítica de Hans Kelsen ([a este trabalho, "Der Begriff des Staaes und die Sozialpsychologie", em] *Imago* VIII/2, 1922), de resto bem compreensiva e perspicaz, não posso admitir que prover a "alma coletiva" de organização signifique hipostasiá-la, isto é, atribuir-lhe independência dos processos psíquicos do indivíduo.

"organização" das massas, mas o fato fundamental da psicologia de massas, as duas teses da intensificação do afeto e da inibição do pensamento, não é contrariado por isso. Nosso interesse agora se dirige para a busca de uma explicação psicológica para essa transformação anímica do indivíduo na massa.

Fatores racionais, como a já mencionada intimidação do indivíduo, isto é, a ação de seu instinto de autopreservação, evidentemente não chegam a dar conta dos fenômenos observados. O que além disso nos oferecem como explicação, em sociologia e psicologia da massa, é sempre o mesmo, embora sob nomes diferentes: a mágica palavra *sugestão*. Tarde a denomina *imitação*,[15] mas devemos dar razão a um autor que nos previne que a imitação se inclui no conceito de sugestão, é justamente uma consequência dela.[16] Em Le Bon, tudo o que há de estranho nos fenômenos sociais é reduzido a dois fatores, a mútua sugestão dos indivíduos e o prestígio do líder. Mas o prestígio, por sua vez, exterioriza-se apenas no efeito de provocar sugestão. Em McDougall pudemos ter por um momento a impressão de que seu princípio da "indução primária de afeto" permitia dispensar a hipótese da sugestão. Refletindo mais detidamente, porém, pudemos compreender que este princípio nada mais expressa que a conhecida tese sobre "imitação" ou "contágio", apenas com uma decidida ênfase no fator

---

15 Gabriel Tarde, *Les lois de l'imitation*, Paris, 1890.
16 Brugeilles, "L'essence du phénomène social: La suggestion", *Revue Philosophique* XXV, 1913.

IV. SUGESTÃO E LIBIDO

afetivo. Sem dúvida existe em nós a tendência de incorrer no mesmo afeto, ao perceber sinais de um estado afetivo em outra pessoa, mas não acontece de resistirmos a ela com êxito, rechaçando o afeto e reagindo de maneira totalmente contrária? Por que então cedemos normalmente a esse contágio, estando na massa? De novo será preciso dizer que é a influência sugestiva da massa que nos leva a obedecer a esta tendência à imitação, que induz em nós o afeto. Mas, fora isso, também não escapamos à sugestão em McDougall; assim como os outros, ele diz que as massas se destacam por uma sugestionabilidade particular.

Isso nos predispõe para o enunciado de que a sugestão (mais corretamente, a sugestionabilidade) seria justamente um fenômeno primordial irredutível, um dado fundamental na vida anímica dos seres humanos. É o que achava também Bernheim, cujas artes espantosas eu presenciei em 1889. Mas também me recordo de haver sentido, na época, uma surda hostilidade a essa tirania da sugestão. Quando gritavam a um doente que não se mostrava dócil: "O que está fazendo? *Vous vous contresuggestionez!*", eu achava aquilo uma evidente injustiça e uma violência. Ele tinha direito a contrassugestões certamente, se tentavam sujeitá-lo com sugestões. Depois minha resistência tomou a direção de uma revolta contra o fato de a sugestão, que tudo explicava, se furtar ela mesma à explicação. Eu repetia, com referência a ela, a velha adivinhação:[17]

---

17 Konrad Richter, "Der deutsche St. Christoph", *Acta Germanica* v, 1, Berlim, 1896.

> *Cristóvão carregou Cristo,*
> *Cristo carregou o mundo inteiro;*
> *Diga, então, onde Cristóvão*
> *Apoiou o pé?*

> *Christophorus Christum, sed Christus sustulit orbem:*
> *Constiterit pedibus dic ubi Christophorus?**

Abordando novamente o enigma da sugestão, após um afastamento de trinta anos, vejo que nada mudou — com uma única exceção, que atesta precisamente a influência da psicanálise. Constato que é feito um esforço especial para formular corretamente o conceito de sugestão, isto é, fixar convencionalmente o uso do nome,[18] e isso não é supérfluo, pois a palavra está sendo cada vez mais utilizada com significação frouxa, e logo estará designando uma influência qualquer, como em inglês, em que *"to suggest, suggestion"* corresponde ao nosso *"nahelegen"* [insinuar, sugerir], nosso *"Anregung"* [incitação, estímulo]. Mas sobre a natureza da sugestão, isto é, sobre as condições em que se produzem influências sem fundamento lógico, não houve esclarecimento. Eu não me furtaria ao trabalho de apoiar esta afirmação com uma análise da literatura dos últimos trin-

---

* *"Christoph trug Christum,/ Christus trug die ganze Welt,/ Sag', wo hat Christoph/ Damals hin den Fuß gestellt?"* A adivinhação é citada por Freud em alemão e em latim.

18 Assim faz McDougall no *Journal of Neurology and Psychopathology*, v. 1, n. 1, maio de 1920: "A note on suggestion".

IV. SUGESTÃO E LIBIDO

ta anos, mas não o faço porque sei que está sendo preparada uma pesquisa minuciosa, que se colocou precisamente essa tarefa.

Em vez disso farei a tentativa de aplicar, no esclarecimento da psicologia da massa, o conceito de *libido*, que nos prestou bons serviços no estudo das psiconeuroses.

"Libido" é uma expressão proveniente da teoria da afetividade. Assim denominamos a energia, tomada como grandeza quantitativa — embora atualmente não mensurável —, desses instintos relacionados com tudo aquilo que pode ser abrangido pela palavra "amor". O que constitui o âmago do que chamamos amor é, naturalmente, o que em geral se designa como amor e é cantado pelos poetas, o amor entre os sexos para fins de união sexual. Mas não separamos disso o que partilha igualmente o nome de amor, de um lado o amor a si mesmo, do outro o amor aos pais e aos filhos, a amizade e o amor aos seres humanos em geral, e também a dedicação a objetos concretos e a ideias abstratas. Nossa justificativa é que a investigação psicanalítica nos ensinou que todas essas tendências seriam expressão dos mesmos impulsos instintuais que nas relações entre os sexos impelem à união sexual, e que em outras circunstâncias são afastados dessa meta sexual ou impedidos de alcançá-la, mas sempre conservam bastante da sua natureza original, o suficiente para manter sua identidade reconhecível (abnegação, busca de aproximação).

Por isso acreditamos que na palavra "amor", com suas múltiplas acepções, a língua fez uma síntese perfeitamente justificada, e o melhor que temos a fazer é tomá-la também como base para nossas discussões e exposições científicas. Com esta decisão, a psicanálise desencadeou uma tormenta de indignação, como se fosse culpada de uma inovação escabrosa. E no entanto ela nada fez de original, ao conceber o amor desta forma "ampliada". Em sua origem, função e relação com o amor sexual, o "Eros" do filósofo Platão coincide perfeitamente com a força amorosa, a libido da psicanálise, como Nachmansohn e Pfister mostraram em detalhe;[19] e quando o apóstolo Paulo, na famosa carta aos Coríntios, louva o amor acima de tudo,[20] sem dúvida o compreende no mesmo sentido "ampliado", o que demonstra que os homens nem sempre levam a sério seus grandes pensadores, mesmo quando dizem admirá-los muito.

Na psicanálise esses instintos amorosos são chamados, *a potiori* [de preferência] e devido à sua origem, de instintos sexuais. A maioria das pessoas "educadas" sentiu-se ofendida com essa denominação, e vingou-se lançando à psicanálise a acusação de "pansexualismo". Quem toma a sexualidade por algo vergonhoso e humilhante para a natureza humana tem inteira liberdade para usar expressões mais nobres, como "Eros" e "ero-

---

19 Nachmansohn, "Freuds Libidotheorie verglichen mit der Eroslehre Platos" [A teoria da libido de Freud comparada com a teoria do Eros de Platão], *Internationale Zeitschrift für Psychoanalyse*, v. 3, 1915; Pfister, ["Plato als Vorläufer der Psychoanalyse" (Platão como precursor da psicanálise)], idem, v. 7, 1921.

20 "Ainda que eu fale as línguas dos homens e dos anjos, se não tiver amor, serei como o bronze que soa, ou como o címbalo que retine", e versículos que seguem [1 Coríntios, 13].

IV. SUGESTÃO E LIBIDO

tismo". Eu próprio poderia tê-lo feito desde o início, poupando-me de muita hostilidade. Mas não quis fazê--lo, porque prefiro evitar concessões à pusilanimidade. Nunca se sabe aonde conduz esse caminho; primeiro cedemos nas palavras, e depois, pouco a pouco, também na coisa. Não consigo ver nenhum mérito em ter vergonha da sexualidade; a palavra grega "Eros", que deveria minorar o insulto, é tão somente a tradução da palavra alemã "amor" [*Liebe*], e, afinal, quem pode esperar não precisa fazer concessões.

Então experimentaremos a hipótese de que as relações de amor (ou, expresso de modo mais neutro, os laços de sentimento) constituem também a essência da alma coletiva. Recordemos que os autores não fazem menção destes laços. O que corresponderia a eles está evidentemente oculto por trás da tela, do biombo da sugestão. Para começar, apoiaremos nossa expectativa em duas reflexões sumárias. Primeiro, que evidentemente a massa se mantém unida graças a algum poder. Mas a que poder deveríamos atribuir este feito senão a Eros, que mantém unido tudo o que há no mundo? Segundo, que temos a impressão, se o indivíduo abandona sua peculiaridade na massa e permite que os outros o sugestionem, que ele o faz porque existe nele uma necessidade de estar de acordo e não em oposição a eles, talvez, então, "por amor a eles".*

---

* "Por amor a eles" é tradução literal da expressão idiomática *ihnen zuliebe* ("por eles", *for their sake*, em inglês), que Freud utiliza aqui entre parênteses, sublinhando a existência da palavra "amor" na expressão.

V. DUAS MASSAS ARTIFICIAIS: IGREJA E EXÉRCITO

Lembremos que segundo a morfologia das massas podem-se distinguir espécies bem diferentes de massas e direções opostas na sua formação. Existem massas bastante passageiras e outras bem duradouras; massas homogêneas, que se compõem de indivíduos do mesmo tipo, e não homogêneas; naturais e artificiais, isto é, que requerem também uma coação externa para se manter; massas primitivas e diferenciadas, altamente organizadas. Mas, por razões que no momento não se apresentam, gostaríamos de dar valor especial a uma distinção que os especialistas não têm considerado; refiro-me àquela entre massas com líder e sem líder. E contrariamente à prática habitual, nossa pesquisa não deve escolher uma formação relativamente simples como ponto de partida, mas iniciar com massas bastante organizadas, duradouras e artificiais. Os exemplos mais interessantes de tais formações são a Igreja, a comunidade dos crentes, e as forças armadas, o Exército.

Igreja e Exército são massas artificiais, isto é, uma certa coação externa é empregada para evitar[21] sua dissolução e impedir mudanças na sua estrutura. Normalmente não se pergunta a alguém, ou não lhe é dada a escolha, se deseja ou não ingressar numa massa desse

---

21 Os atributos "estável" e "artificial" parecem coincidir ou ao menos relacionar-se intimamente nas massas.

V. DUAS MASSAS ARTIFICIAIS: IGREJA E EXÉRCITO

tipo; a tentativa de desligamento é desestimulada ou severamente punida, ou está sujeita a condições bem determinadas. Está longe de nosso interesse atual indagar por que estas associações requerem salvaguardas tão especiais. Somos atraídos pela circunstância de que nestas massas altamente organizadas, que daquela maneira se protegem da dissolução, podem ser reconhecidos certos fatos que em outros casos se acham bem mais ocultos.

Na Igreja — podemos, com vantagem, tomar a Igreja católica como modelo — prevalece, tal como no Exército, por mais diferentes que sejam de resto, a mesma simulação (ilusão) de que há um chefe supremo — na Igreja católica, Cristo, num Exército, o general — que ama com o mesmo amor todos os indivíduos da massa. Tudo depende dessa ilusão; se ela fosse abandonada, imediatamente se dissolveriam tanto a Igreja como o Exército, na medida em que a coerção externa o permitisse. Esse amor a todos é formulado expressamente por Cristo: "O que fizestes a um desses meus pequenos irmãos, a mim o fizestes" [Mateus, 25, 40]. Ele se relaciona com os indivíduos da massa crente como um bondoso irmão mais velho, é um substituto paterno para eles. Todas as exigências feitas aos indivíduos derivam desse amor de Cristo. Há um traço democrático na Igreja, justamente porque diante de Cristo são todos iguais, todos partilham igualmente o seu amor. Não é sem profunda razão que se evoca a semelhança entre a comunidade cristã e uma família, e que os crentes se denominam irmãos em Cristo, isto é, irmãos pelo amor que Cristo lhes tem. Não há dúvida de que a ligação de cada indivíduo a Cristo é também a causa da ligação deles entre si. Algo parecido vale para o Exército; o general é o pai, que ama igualmente todos os seus soldados, e por isso eles são camaradas entre si. O Exército se diferencia estruturalmente da Igreja pelo fato de consistir num escalonamento desse tipo. Cada capitão é como que o general e o pai de sua companhia, cada suboficial, de sua unidade. Uma hierarquia semelhante formou-se também na Igreja, mas nela não tem o mesmo papel econômico, porque é de supor que Cristo tenha mais saber e mais cuidado em relação aos indivíduos do que pode ter um general humano.

A esta concepção da estrutura libidinal do Exército se objetará, com razão, que nela não há lugar para as ideias de pátria, de glória nacional e outras assim, tão importantes para a coesão do Exército. A resposta é que esse é um outro caso, menos simples, de ligação de massa, e, como mostram os exemplos de grandes comandantes, César, Wallenstein, Napoleão, tais ideias não são indispensáveis para a existência de um Exército. Mais adiante abordaremos brevemente a possível substituição do líder por uma ideia condutora e as relações entre os dois. A negligência desse fator libidinal no Exército, mesmo quando não é o único operante, parece não apenas uma falha teórica, mas também um perigo prático. O militarismo prussiano, que era tão pouco psicológico quanto a ciência alemã, possivelmente teve que aprender isso na Grande Guerra mundial. As neuroses de guerra, que desagregaram o Exército alemão, foram reconhecidas, em grande parte, como um protesto do indivíduo contra o papel a ele imposto no Exército, e segundo as comuni-

V. DUAS MASSAS ARTIFICIAIS: IGREJA E EXÉRCITO

cações de E. Simmel,[22] é lícito afirmar que o tratamento sem amor que o homem comum recebia dos superiores estava entre os maiores motivos da doença. Havendo melhor apreciação dessa exigência libidinal, provavelmente as fantásticas promessas dos Catorze Pontos do presidente americano não teriam encontrado ouvidos tão crédulos, e aquele magnífico instrumento não se teria quebrado nas mãos dos estrategistas alemães.

Notemos que nessas duas massas artificiais cada indivíduo se acha ligado libidinalmente ao líder (Cristo, general), por um lado, e aos outros indivíduos da massa, por outro lado. Como essas duas ligações se comportam entre si, se são da mesma espécie e mesmo valor e como podem ser descritas psicologicamente, isso devemos deixar para uma investigação posterior. Mas já nos atrevemos a reprovar ligeiramente os demais autores, por não terem apreciado suficientemente a importância do líder na psicologia da massa, enquanto a nossa escolha deste primeiro objeto de investigação nos colocou em posição mais favorável. Quer nos parecer que nos achamos no caminho correto, que pode esclarecer o principal fenômeno da psicologia das massas, a ausência de liberdade do indivíduo na massa. Se ocorre, para cada indivíduo, uma tão pródiga ligação afetiva em duas direções, não será difícil derivar dessa situação aquilo que se constatou, ou seja, a mudança e limitação de sua personalidade.

22 *Kriegsneurosen und "Psychisches Trauma"* [Neuroses de guerra e "Trauma psíquico"], Munique, 1918.

PSICOLOGIA DAS MASSAS E ANÁLISE DO EU

Um outro indício de que a essência da massa reside nas ligações libidinais nela existentes nos é proporcionado pelo fenômeno do pânico, que pode ser mais bem estudado nas massas militares. O pânico surge quando uma massa desse tipo se desintegra. É caracterizado pelo fato de as ordens do superior não serem mais ouvidas e cada um cuidar apenas de si, sem consideração pelos demais. As ligações mútuas cessaram, e uma angústia enorme e sem sentido é liberada. Naturalmente, aqui também se insinua a objeção de que seria o contrário: a angústia cresceu de tal forma que pôde superar todas as considerações e ligações. McDougall chegou mesmo (p. 24) a utilizar o pânico (o não militar, porém) como exemplo típico da intensificação de afeto por contágio (*primary induction*), por ele enfatizada. Mas esse modo de explicação racional falha completamente aqui. O que se deve explicar é por que a angústia* se tornou tão grande. Não se pode culpar a magnitude do perigo, pois o mesmo Exército que agora sucumbe ao pânico talvez tenha enfrentado perigos igualmente grandes e até maiores, e é quase da essência do pânico não guardar relação com o perigo real, às vezes irrompendo nas ocasiões mais triviais. Se o indivíduo, tomado de angústia pânica, passa a cuidar apenas de si mesmo, demonstra haver compreendido que cessaram as ligações afetivas que até então minoravam para ele o perigo. Agora que se defronta sozinho com ele, pode certamente estimá-lo mais. Sucede, então, que

---

* Cabe lembrar que o termo alemão *Angst* pode significar tanto "medo" como "angústia".

V. DUAS MASSAS ARTIFICIAIS: IGREJA E EXÉRCITO

o medo pânico pressupõe o afrouxamento da estrutura libidinal da massa e a ele reage de modo justificado, e não o contrário, que as ligações libidinais da massa sejam destruídas pelo medo do perigo.

Estas observações não contradizem de modo algum a afirmação de que a angústia da massa cresceria desmedidamente por indução (contágio). A concepção de McDougall é pertinente no caso de o perigo ser realmente grande e não existirem ligações afetivas fortes na massa, condições que se realizam, por exemplo, quando irrompe um incêndio num teatro ou local de diversões. O caso mais instrutivo e útil para nossos fins é o mencionado acima, em que um corpo de Exército sucumbe ao pânico, embora o perigo não ultrapasse a medida habitual muitas vezes tolerada. Não se pode esperar que o uso da palavra "pânico" esteja fixado de maneira clara e inequívoca. Às vezes ela designa qualquer medo coletivo, outras vezes também o medo de um indivíduo, quando excede qualquer medida, e com frequência parece reservada para o caso em que a irrupção do medo não é justificada pela ocasião. Se tomarmos "pânico" no sentido de medo coletivo, poderemos estabelecer uma analogia de vasto alcance. O medo do indivíduo é provocado pela magnitude do perigo ou pela interrupção de laços afetivos (investimentos libidinais); este último caso é o da angústia neurótica.[23] De igual maneira, o pânico nasce pela intensificação do perigo que afeta a todos, ou pela cessação dos laços afetivos que mantêm

23 Ver as *Conferências introdutórias*, n. 25 [1917].

PSICOLOGIA DAS MASSAS E ANÁLISE DO EU

a massa coesa, e este caso é análogo ao medo neurótico. (Cf., a propósito, o ensaio rico de ideias e um tanto fantasioso de Béla v. Felszeghy: "Panik und Pankomplex" [Pânico e complexo de Pan], *Imago*, v. 6, 1920.)

Se, acompanhando McDougall, descrevemos o pânico como uma das mais nítidas produções da *"group mind"*, chegamos ao paradoxo de que essa alma coletiva suprime a si mesma numa de suas manifestações mais notórias. Não é possível duvidar que o pânico signifique a desintegração da massa; ele acarreta o fim de todas as considerações que os indivíduos da massa demonstram uns pelos outros.

A ocasião típica para um acesso de pânico se assemelha muito à descrição feita por Nestroy, em sua paródia do drama de Hebbel sobre Judite e Holoferne. Nela, um soldado grita: "O general perdeu a cabeça!", e com isso todos os assírios se põem a fugir. A perda do líder em qualquer sentido, a confusão que daí resulta, faz irromper o pânico, ante um perigo que permanece; com a ligação ao líder desaparecem também — via de regra — as ligações recíprocas dos indivíduos da massa. A massa se pulveriza como uma lágrima batávica de que quebramos a ponta.*

A desintegração de uma massa religiosa não é tão fácil de observar. Há pouco me veio às mãos um romance

---

* *Bologneser Fläschchen*, literalmente, "garrafinha de Bolonha", no original. Tudo indica se tratar da "lágrima batávica", gota de vidro em fusão que toma uma forma semelhante à da lágrima, quando lançada em água fria, e que se desintegra quando sua ponta é quebrada.

V. DUAS MASSAS ARTIFICIAIS: IGREJA E EXÉRCITO

inglês de procedência católica, recomendado pelo bispo de Londres e intitulado *When it was dark* [Quando ficou escuro],* que ilustra de maneira hábil e, a meu ver, pertinente, esta possibilidade e as suas consequências. O romance narra, no tempo presente, como uma conjuração de inimigos de Cristo e da fé cristã consegue fazer que se encontre, em Jerusalém, um sepulcro com uma inscrição em que José de Arimateia confessa que, por razões de piedade, retirou secretamente o corpo de Cristo de sua sepultura, no terceiro dia depois do enterro, e o sepultou ali. Com isso é invalidada a ressurreição de Cristo e sua natureza divina, e a consequência dessa descoberta arqueológica é uma convulsão da cultura europeia e um aumento extraordinário de todos os crimes e atos de violência, que diminuem apenas quando o complô dos falsários é revelado.

O que vem à tona, nessa imaginária desintegração de uma massa religiosa, não é medo, para o qual não há ensejo, mas impulsos implacáveis e hostis contra as outras pessoas, que devido ao amor comum a Cristo não se haviam manifestado até então.[24] Mas mesmo durante o reinado de Cristo se acham fora dessa ligação os indivíduos que não pertencem à comunidade de fé, que não o amam e que ele não ama; por isso uma religião,

---

* Segundo informação de James Strachey, esse livro era assinado por "Guy Thorne", pseudônimo de C. Ranger Gull, e foi bastante lido na época de sua publicação, em 1903.

24 Compare-se a explicação de fenômenos similares após a ruína da autoridade pátria, em P. Federn, *Die vaterlose Gesellschaft* [A sociedade sem pai], Viena, 1919.

mesmo que se denomine a religião do amor, tem de ser dura e sem amor para com aqueles que não pertencem a ela. No fundo, toda religião é uma religião de amor para aqueles que a abraçam, e tende à crueldade e à intolerância para com os não seguidores. Por mais difícil que seja pessoalmente, não se deve recriminar os fiéis com muita severidade por isso; para os infiéis e indiferentes as coisas são, psicologicamente, bem mais fáceis neste ponto. Se agora essa intolerância não se mostra tão violenta e cruel como no passado, não será lícito concluir que houve uma suavização dos costumes humanos. A causa deve ser buscada, isto sim, no inegável enfraquecimento dos sentimentos religiosos e das ligações libidinais que deles dependem. Se outra ligação de massa toma o lugar da religiosa, como a socialista parece estar fazendo, ocorre a mesma intolerância com os de fora que havia na época das lutas religiosas, e se as diferenças de concepções científicas viessem a ter, algum dia, importância igual para as massas, o mesmo resultado se repetiria também com essa motivação.

VI. OUTRAS TAREFAS E DIREÇÕES DE TRABALHO

Até agora investigamos duas massas artificiais e verificamos que elas são dominadas por dois tipos de laços afetivos, dos quais aquele com o líder parece ser — ao

VI. OUTRAS TAREFAS E DIREÇÕES DE TRABALHO

menos no caso delas — mais determinante que o outro, o dos indivíduos da massa entre si.

Mas ainda resta muito a investigar e a descrever na morfologia das massas. Teríamos que partir da constatação de que um simples grupamento não constitui ainda uma massa, enquanto aqueles laços não se estabeleceram nele, mas também admitir que em qualquer grupamento surge com facilidade a tendência para a formação de uma massa psicológica. Deveríamos dar atenção às massas de tipos diversos, mais ou menos estáveis, que se formam espontaneamente, e estudar as condições de sua gênese e de sua decomposição. O que deveria nos ocupar, acima de tudo, é a diferença entre massas que têm um líder e massas sem líder. Verificar se as massas com líder são as mais primordiais e mais completas; se nas outras ele não pode ser substituído por uma ideia, uma abstração, estado para o qual as massas religiosas, com seu chefe intangível, constituem já uma transição; se uma tendência comum, um desejo partilhável por grande número de pessoas, não pode fornecer tal substituto. Essa abstração poderia, por sua vez, encarnar-se mais ou menos perfeitamente na pessoa de um líder secundário, digamos, e da relação entre ideia e líder resultariam interessantes variedades. O líder ou a ideia condutora poderia tornar-se negativo, por assim dizer; o ódio a uma pessoa ou instituição determinada poderia ter efeito unificador e provocar ligações afetivas semelhantes à dependência positiva. Caberia perguntar também se o líder é realmente indispensável para a essência da massa, e outras coisas mais.

PSICOLOGIA DAS MASSAS E ANÁLISE DO EU

Mas todas essas questões, algumas das quais podem ter sido tratadas nos livros de psicologia das massas, não chegarão a desviar nosso interesse dos problemas psicológicos fundamentais que nos oferece a estrutura de uma massa. Somos solicitados, em primeiro lugar, por uma consideração que nos promete demonstrar, pela via mais curta, que são ligações libidinais que caracterizam a massa.

Tenhamos presente o modo como os seres humanos em geral se comportam afetivamente uns com os outros. Conforme a célebre alegoria de Schopenhauer, sobre os porcos-espinhos que sentem frio, nenhum deles aguenta uma aproximação muito íntima do outro.[25]

Conforme o testemunho da psicanálise, quase toda relação sentimental íntima e prolongada entre duas pessoas — matrimônio, amizade, o vínculo entre pais e filhos[26] — contém um sedimento de afetos de aversão e hostilidade, que apenas devido à repressão não é percebido. Isso é mais transparente nas querelas entre

---

25 "Num dia frio de inverno, um grupo de porcos-espinhos se aconchegou bastante, para se esquentarem mutuamente e não morrerem de frio. Contudo, logo sentiram os espinhos uns dos outros, o que os fez novamente se afastarem. E quando a necessidade de aquecimento os aproximava de novo, repetia-se o segundo mal, de modo que eram impelidos de um sofrimento para o outro, até acharem uma distância média que lhes permitisse suportar o fato da melhor maneira." (*Parerga und Paralipomena*, parte II, XXXI, "Gleichnisse und Parabeln" [Alegorias e parábolas].)

26 Com a única exceção, talvez, da relação entre a mãe e o filho, que, sendo baseada no narcisismo, não é perturbada por uma rivalidade posterior, e é reforçada por um esboço de escolha do objeto sexual.

VI. OUTRAS TAREFAS E DIREÇÕES DE TRABALHO

sócios de uma firma, por exemplo, ou nas queixas de um subordinado contra o seu superior. O mesmo ocorre quando as pessoas se juntam em unidades maiores. Toda vez que duas famílias se unem por casamento, cada uma delas se acha melhor ou mais nobre que a outra. Havendo duas cidades vizinhas, cada uma se torna a maldosa concorrente da outra; cada pequenino cantão olha com desdém para o outro. Etnias bastante aparentadas se repelem, o alemão do sul não tolera o alemão do norte, o inglês diz cobras e lagartos do escocês, o espanhol despreza o português. Já não nos surpreende que diferenças maiores resultem numa aversão difícil de superar, como a do gaulês pelo germano, do ariano pelo semita, do branco pelo homem de cor.

Quando a hostilidade se dirige para pessoas normalmente amadas, chamamos isso de ambivalência afetiva, e explicamos o fato, de maneira certamente racional em demasia, pelas muitas ocasiões para conflitos de interesses que surgem precisamente nas relações íntimas. Nas antipatias e aversões não disfarçadas para com estranhos que se acham próximos, podemos reconhecer a expressão de um amor a si próprio, um narcisismo que se empenha na afirmação de si, e se comporta como se a ocorrência de um desvio em relação a seus desenvolvimentos individuais acarretasse uma crítica deles e uma exortação a modificá-los. Não sabemos por que uma suscetibilidade tão grande envolveria justamente esses detalhes de diferenciação; mas é inegável que nesse comportamento dos indivíduos se manifesta uma prontidão para o ódio, uma agressividade cuja procedência é desconhecida, e à qual se pode atribuir um caráter elementar.[27]

Mas toda essa intolerância desaparece, temporariamente ou de maneira duradoura, por meio da formação da massa e dentro da massa. Enquanto perdura a formação de massa, ou até onde se estende, os indivíduos se conduzem como se fossem homogêneos, suportam a especificidade do outro, igualam-se a ele e não sentem repulsa por ele. Segundo nossas concepções teóricas, tal limitação do narcisismo pode ser produzida apenas por um fator, pela ligação libidinal a outras pessoas. O amor a si encontra limite apenas no amor ao outro, amor aos objetos.[28] Aqui se perguntará se a comunidade de interesses, por si e sem qualquer contribuição libidinal, não leva necessariamente à tolerância do outro e à consideração por ele. A esta objeção se responderá que dessa maneira não chega a se realizar uma limitação permanente do narcisismo, pois essa tolerância não perdura mais que a vantagem imediata que se tira da colaboração do outro. Mas o valor prático dessa disputa é menor do que se poderia pensar, pois a experiência mostrou que em casos de colaboração se estabelecem regularmente ligações libidinais entre os camaradas, que prolongam e fixam a relação entre eles, indo além

27 Num trabalho recentemente publicado, *Além do princípio do prazer* (1920), procurei relacionar a polaridade amor e ódio com a hipotética oposição entre instintos de vida e de morte, caracterizando os instintos sexuais como os mais puros representantes dos primeiros, os instintos de vida.

28 Ver *Introdução ao narcisismo*, 1914.

VI. OUTRAS TAREFAS E DIREÇÕES DE TRABALHO

do meramente vantajoso. Nas relações sociais entre os homens ocorre o mesmo que a investigação psicanalítica descobriu no curso de desenvolvimento da libido individual. A libido se apoia na satisfação das grandes necessidades vitais e escolhe como seus primeiros objetos as pessoas que nela participam. Tal como no indivíduo, também no desenvolvimento da humanidade inteira é o amor que atua como fator cultural, no sentido de uma mudança do egoísmo em altruísmo. E tanto o amor sexual à mulher, com todas as obrigações que implica, de respeitar o que é caro à mulher, como o amor aos outros homens, dessexualizado, sublimadamente homossexual, vinculado ao trabalho em comum.

Portanto, se na massa aparecem restrições ao amor-próprio narcisista, inexistentes fora dela, isso indica forçosamente que a essência da formação de massa consiste em ligações libidinais de nova espécie entre os membros da massa.

Neste ponto o nosso interesse nos leva a perguntar, de maneira premente, de que espécie são estas ligações no interior da massa. A teoria psicanalítica das neuroses ocupou-se quase exclusivamente, até agora, da ligação que estabelecem com seus objetos os instintos amorosos que ainda perseguem fins sexuais diretos. Na massa, evidentemente, esses fins sexuais estão fora de questão. Estamos lidando com instintos amorosos que se acham desviados de suas metas originais, sem por isso atuarem com menos energia. Já notamos, no quadro do habitual investimento sexual de objeto, fenômenos que correspondem a um desvio do instinto em relação a seus fins sexuais. Nós os descrevemos como graus de enamoramento, e reconhecemos que envolvem certa diminuição do Eu. A esses fenômenos do enamoramento vamos dedicar agora uma maior atenção, na fundamentada esperança de neles encontrar condições que possam ser transferidas para as ligações existentes nas massas. Além disso, queremos saber se esse tipo de investimento de objeto, tal como o conhecemos na vida sexual, representa a única maneira de ligação afetiva a uma outra pessoa, ou se devemos tomar em consideração outros mecanismos assim. Aprendemos com a psicanálise, de fato, que há outros mecanismos de ligação afetiva, as chamadas *identificações*, processos insuficientemente conhecidos, de difícil descrição, cuja investigação nos afastará, por um momento, do tema da psicologia da massa.

VII. A IDENTIFICAÇÃO

A psicanálise conhece a identificação como a mais antiga manifestação de uma ligação afetiva a uma outra pessoa. Ela desempenha um determinado papel na pré-história do complexo de Édipo. O garoto revela um interesse especial por seu pai, gostaria de crescer e ser como ele, tomar o lugar dele em todas as situações. Digamos tranquilamente: ele toma o pai como seu ideal. Essa conduta nada tem a ver com uma atitude passiva ou feminina diante do pai (ou dos homens em geral); é tipicamente

VII. A IDENTIFICAÇÃO

masculina. Mas harmoniza-se bem com o complexo de Édipo, e ajuda a preparar o terreno para este.

Simultaneamente a essa identificação com o pai, talvez até antes,* o menino começou a empreender um verdadeiro investimento objetal na mãe, do tipo "por apoio". Ele mostra, então, duas ligações psicologicamente diferenciadas: com a mãe, um investimento objetal direto; com o pai, uma identificação que o toma por modelo. As duas coexistem por um tempo, sem influenciar ou perturbar uma à outra. Com o incessante progresso na unificação da vida psíquica, terminam por se encontrar, e desta confluência surge o complexo de Édipo normal. O menino percebe que o pai é um obstáculo entre ele e a mãe; sua identificação com o pai adquire então uma tonalidade hostil, e torna-se idêntica ao desejo de substituir o pai também junto à mãe. Pois desde o início a identificação é ambivalente, pode tornar-se tanto expressão de ternura como desejo de eliminação. Comporta-se como um derivado da primeira fase, a fase *oral* da organização da libido, na qual o indivíduo incorporou, comendo, o objeto desejado e estimado, e assim o aniquilou enquanto objeto. É sabido que o canibal permanece nesse ponto; tem uma afeição devoradora

---

* Nesse ponto há um erro na *Standard* inglesa, já notado por vários estudiosos, que consiste em traduzir o advérbio *vorher* ("antes") por *later* ("depois"). Na mesma frase, "por apoio" é nossa versão para *Anlehnungs-*, que Strachey traduz, recorrendo ao grego antigo, por "anaclítico".

PSICOLOGIA DAS MASSAS E ANÁLISE DO EU

por seus inimigos, e não devora aqueles de quem não pode gostar de algum modo.[29]

Depois se perde facilmente de vista o destino dessa identificação com o pai. Pode então ocorrer que o complexo de Édipo sofra uma inversão, que o pai, numa postura feminina, seja tomado como objeto, do qual os instintos diretamente sexuais esperam sua satisfação, e assim a identificação com o pai se torna precursora da ligação objetal ao pai. O mesmo vale, com as substituições pertinentes, para a filha pequena.

É fácil exprimir numa fórmula a diferença entre essa identificação com o pai e a escolha do pai como objeto. No primeiro caso o pai é aquilo que se gostaria de *ser*, no segundo, o que se gostaria de *ter*. Depende, portanto, de que a ligação recaia no sujeito ou no objeto do Eu. O primeiro tipo, então, já é possível antes de qualquer escolha de objeto. Bem mais difícil é fazer uma apresentação metapsicológica nítida dessa diferença. Percebe-se apenas que a identificação se empenha em configurar o próprio Eu à semelhança daquele tomado por "modelo".*

29 Ver os *Três ensaios sobre a teoria da sexualidade* e Abraham, "Untersuchungen über die früheste prägenitale Entwicklungsstufe der Libido", *Internationale Zeitschrift für Psychoanalyse*, v. 4, 1916, e, também dele, "Klinische Beiträge zur Psychoanalyse", *Internationale Psychoanalytische Bibliothek*, v. 10, 1921.

* Freud usa o termo *Vorbild*, composto de *Bild*, "imagem", e da preposição *vor*, "diante de". O sentido de ele usar aspas está em chamar a atenção do leitor alemão para o que essa palavra corriqueira (normalmente traduzida por "modelo") pode significar, no contexto do seu raciocínio. Em português, as aspas se justificam apenas se

VII. A IDENTIFICAÇÃO

É de um contexto mais complicado que extraímos a identificação numa formação neurótica de sintomas. Supondo que a garota pequena, na qual nos deteremos agora, desenvolva o mesmo sintoma de sofrimento que sua mãe, a mesma tosse atormentadora, por exemplo. Isso pode suceder por caminhos diversos. Ou a identificação é a mesma do complexo de Édipo, que significa um desejo hostil de tomar o lugar da mãe, e o sintoma expressa o amor objetal ao pai; ela realiza a substituição da mãe sob a influência da consciência da culpa: "Você quis ser a mãe, e agora o é pelo menos no sofrimento". Este então é o mecanismo completo da formação neurótica de sintomas. Ou, por outro lado, o sintoma é o mesmo da pessoa amada (como Dora no "Fragmento de análise de um caso de histeria", que imita a tosse do pai); então só podemos descrever a situação dizendo que *a identificação tomou o lugar da escolha de objeto, e a escolha de objeto regrediu à identificação.* Ouvimos que a identificação é a mais antiga e original forma de ligação afetiva; nas circunstâncias da formação de sintomas, ou seja, da repressão, e do predomínio dos mecanismos do inconsciente, sucede com frequência que a escolha de objeto se torne novamente identificação, ou seja, que o Eu adote características do objeto. É digno de nota que nessas identificações o Eu às vezes copie a pessoa não amada, outras vezes a amada. Também nos chama a atenção que

---

imaginarmos a relação entre "modelo" e "configurar", tomando este como sinônimo de "modelar" (mas o original alemão de "configurar" é *gestalten*, "dar forma", que tem *Gestalt* como substantivo).

nos dois casos a identificação seja parcial, altamente limitada, tomando apenas um traço da pessoa-objeto.

Há um terceiro caso de formação de sintomas, muito frequente e significativo, em que a identificação desconsidera totalmente a relação objetal com a pessoa copiada. Se, por exemplo, uma das garotas de um pensionato recebe carta de alguém que ama secretamente, uma carta que lhe desperta o ciúme, e à qual ela reage com um ataque histérico, algumas de suas amigas que souberem do que se trata pegarão esse ataque, como dizemos, por via da infecção psíquica. O mecanismo é aquele da identificação baseada em querer ou poder colocar-se na mesma situação. As outras também gostariam de ter um amor secreto, e sob o influxo da consciência de culpa também aceitam o sofrimento que ele envolve. Seria incorreto afirmar que se apropriam do sintoma por compaixão. Pelo contrário, a compaixão surge somente a partir da identificação, e a prova disso é que tal infecção ou imitação acontece também em circunstâncias nas quais se supõe uma simpatia preexistente ainda menor do que é habitual entre amigas de um pensionato. Um Eu percebeu no outro uma analogia significativa em certo ponto — em nosso exemplo, na mesma disposição afetiva —, constrói-se uma identificação nesse ponto, e sob influência da situação patogênica essa identificação se desloca para o sintoma que o Eu produziu. A identificação através do sintoma vem a ser, desse modo, o indício de um local de coincidência dos dois Eus, que deve permanecer reprimido.

O que aprendemos dessas três fontes pode ser resumido assim: primeiro, a identificação é a mais primor-

VII. A IDENTIFICAÇÃO

dial forma de ligação afetiva a um objeto; segundo, por via regressiva ela se torna o substituto para uma ligação objetal libidinosa, como que através da introjeção do objeto no Eu; terceiro, ela pode surgir a qualquer nova percepção de algo em comum com uma pessoa que não é objeto dos instintos sexuais. Quanto mais significativo esse algo em comum, mais bem-sucedida deverá ser essa identificação parcial, correspondendo assim ao início de uma nova ligação.

Já suspeitamos que a ligação recíproca dos indivíduos da massa é da natureza dessa identificação através de algo afetivo importante em comum, e podemos conjecturar que esse algo em comum esteja no tipo de ligação com o líder. Uma outra suspeita nos dirá que estamos muito longe de haver esgotado o problema da identificação, que nos achamos frente ao processo que a psicologia chama de "empatia", que participa enormemente na compreensão daquilo que em outras pessoas é alheio ao nosso Eu. Mas nos limitaremos aqui às consequências afetivas imediatas da identificação, também deixando de lado a sua importância para a nossa vida intelectual.

A pesquisa psicanalítica, que ocasionalmente já atacou os difíceis problemas das psicoses, pôde nos mostrar a identificação também em alguns outros casos, não acessíveis de imediato à nossa compreensão. Tratarei de dois desses casos mais detalhadamente, como material para nossas reflexões posteriores.

A gênese da homossexualidade masculina é, em grande parte dos casos, a seguinte. O jovem esteve fixado de modo excepcionalmente longo e intenso em sua mãe, no sentido do complexo de Édipo. Mas por fim, após a puberdade, chega o tempo de trocar a mãe por um outro objeto sexual. Então, repentinamente, algo sucede; ele não abandona sua mãe, mas se identifica com ela, transforma-se nela e procura objetos que possam substituir o seu Eu, que ele possa amar e cuidar assim como havia aprendido com a mãe. Este é um processo frequente, que pode ser confirmado à vontade, e que naturalmente independe de qualquer suposição acerca do motor orgânico instintual e dos motivos dessa repentina mudança. O que salta aos olhos, nessa identificação, é a sua amplitude; ela muda o Eu num ponto extremamente importante, no caráter sexual, segundo o modelo do que até então fora o objeto. Nisto se renuncia ao próprio objeto — se inteiramente, ou apenas no sentido de que é preservado no inconsciente, é algo que escapa à presente discussão. A identificação com o objeto renunciado ou perdido, como substituição para o mesmo, a introjeção desse objeto no Eu, isto já não constitui de fato uma novidade para nós. Um processo desses pode ser observado ocasionalmente nas crianças pequenas. Há pouco foi publicada na *Revista Internacional de Psicanálise* uma observação assim, em que uma criança, infeliz com a perda de seu gato, declarou simplesmente que era o gato, e consequentemente passou a andar de quatro, não quis mais sentar-se à mesa para comer etc.[30]

---

30 Markuszewicz, "Beitrag zum autistischen Denken bei Kinder" [Contribuição acerca do pensamento autista nas crianças], *Internationale Zeitschrift für Psychoanalyse*, v. 6, 1920.

VII. A IDENTIFICAÇÃO

Outro exemplo dessa introjeção do objeto nos é dado pela análise da melancolia, afecção que tem, entre suas causas mais notáveis, a perda real ou afetiva do objeto amado. Uma característica maior de casos assim está na cruel autodepreciação do Eu, unida a uma implacável autocrítica e amargas recriminações a si próprio. As análises revelaram que essa avaliação e esses reproches se aplicam ao objeto, no fundo, e representam a vingança do Eu contra ele. A sombra do objeto caiu sobre o Eu, afirmei em outro lugar.[31] A introjeção do objeto, aqui, é inconfundivelmente clara.

Mas essas melancolias nos mostram ainda algo mais, que pode ser importante para nossas considerações posteriores. Elas nos mostram o Eu dividido, decomposto em dois pedaços, um dos quais se enfurece com o outro. Esse outro pedaço é aquele transformado pela introjeção, e que contém o objeto perdido. Tampouco o pedaço que se conduz tão cruelmente nos é desconhecido. Ele contém a consciência moral, uma instância crítica do Eu que também em épocas normais se contrapôs criticamente a este, mas nunca de maneira tão inexorável e tão injusta. Já em ocasiões anteriores ("Narcisismo", "Luto e melancolia") fomos levados à suposição de que em nosso Eu se desenvolve uma instância que pode se separar do resto do Eu e entrar em conflito com ele. Nós a chamamos de "ideal do Eu" e lhe atribuímos

---

31 "Luto e melancolia", *Sammlung kleiner Schriften zur Neurosenlehre*, IV. Folge, 1918 [1917].

PSICOLOGIA DAS MASSAS E ANÁLISE DO EU

funções como auto-observação, consciência moral, censura do sonho e principal influência na repressão. Dissemos que é a herdeira do narcisismo original, em que o Eu infantil bastava a si mesmo. Gradualmente ela acolhe, das influências do meio, as exigências que este coloca ao Eu, as quais o Eu nem sempre é capaz de cumprir, de modo que o indivíduo, quando não pode estar satisfeito com seu Eu em si, poderia encontrar satisfação no ideal do Eu que se diferenciou do Eu. Constatamos, além disso, que no delírio de observação se torna patente a decomposição dessa instância, desvelando sua origem nas influências das autoridades, sobretudo dos pais.[32] Mas não deixamos de acrescentar que a medida da distância entre esse ideal do Eu e o Eu real varia bastante de um indivíduo para outro, e que em muitos essa diferenciação no interior do Eu não é maior do que na criança.

Antes de podermos utilizar esse material para compreender a organização libidinal da massa, temos de considerar algumas outras relações mútuas entre o objeto e o Eu.[33]

32 "Introdução ao narcisismo", parte III [1914].
33 Bem sabemos que com tais exemplos retirados da patologia não esgotamos a natureza da identificação, e assim deixamos intocada uma parte do enigma da formação das massas. Uma análise psicológica bem mais profunda e abrangente se faria necessária neste ponto. Há um caminho que da identificação, através da imitação, leva à empatia, isto é, à compreensão do mecanismo pelo qual se torna possível, para nós, tomar uma posição ante uma outra vida psíquica. Também há muito a ser explicado quanto às manifestações de uma identificação existente. Uma consequência desta, en-

VIII. ENAMORAMENTO E HIPNOSE

Mesmo em seus caprichos a linguagem corrente é fiel a alguma realidade. Ela dá o nome de "amor" a relações afetivas bem diversas, que também nós sintetizamos teoricamente como amor, mas logo põe em dúvida que esse amor seja o verdadeiro, certo e autêntico, indicando assim toda uma escala de possibilidades dentro do fenômeno do amor. Não será difícil fazermos a mesma descoberta em nossa observação.

Numa série de casos o enamoramento não é outra coisa que investimento de objeto por parte dos instintos sexuais para satisfação sexual direta, o qual se extingue quando esta é alcançada; isto é o que chamam de amor comum, sensual. Mas, como sabemos, a situação libidinal raramente permanece tão simples. A certeza de que a necessidade que acabou de ser extinta retornará, deve ter sido a razão imediata para dirigir ao objeto sexual um investimento duradouro, para "amá-lo" também nos intervalos sem desejo.

---

tre outras, está em que o indivíduo limita a agressividade frente à pessoa com a qual se identificou, poupa esta e lhe dá ajuda. O estudo de identificações assim, como as que alicerçam a comunidade do clã, por exemplo, levou Robertson Smith à surpreendente descoberta de que se baseiam no reconhecimento de uma substância comum (*Kinship and marriage*, 1885), e por isso podem ser criadas também por uma refeição realizada em comum. Este elemento permite ligar tal identificação à história primeva da família humana, como eu a construí em *Totem e tabu*.

O singular desenvolvimento da vida amorosa do ser humano vem juntar a isso um outro fator. Na primeira fase, geralmente concluída aos cinco anos de idade, a criança achou num dos pais o primeiro objeto de amor, no qual se haviam reunido todos os seus instintos sexuais que demandavam satisfação. A repressão que depois sobreveio impôs a renúncia da maioria dessas metas sexuais infantis, e acarretou uma profunda mudança na relação com os pais. A criança continuou ligada aos pais, mas com instintos que é necessário descrever como "inibidos em sua meta". Os sentimentos que ela tem doravante por essas pessoas amadas são designados como "ternos". Sabe-se que as tendências "sensuais" anteriores são preservadas com maior ou menor intensidade no inconsciente, de modo que em certo sentido a inteira corrente original continua a existir.[34]

Sabemos que com a puberdade se introduzem novas, fortes tendências à satisfação das metas sexuais diretas. Em casos desfavoráveis elas permanecem separadas, como corrente sensual, das duradouras orientações "ternas" de sentimento. À nossa frente aparece então um quadro com dois aspectos, ambos prazerosamente idealizados por certas tendências literárias. O homem se entusiasma sentimentalmente por mulheres que muito admira, mas que não o estimulam para o comércio amoroso, e é potente com outras mulheres, que não "ama", que menospreza ou mesmo despreza.[35] Com mais fre-

34 Ver os *Três ensaios* [segundo ensaio, parte 6].
35 "Sobre a mais comum depreciação na vida amorosa", *Sammlung*, 4. Folge, 1918 [1912].

VIII. ENAMORAMENTO E HIPNOSE

quência, no entanto, o adolescente consegue um determinado grau de síntese entre o amor não sensual, celestial, e aquele sensual, terrestre, e sua relação com o objeto sexual é caracterizada pela cooperação entre instintos não inibidos e instintos inibidos em sua meta. A intensidade do enamoramento, em contraste ao puro desejo sensual, pode ser medida segundo a contribuição dos instintos de ternura inibidos em sua meta.

É no quadro desse enamoramento que desde o início nos saltou à vista o fenômeno da superestimação sexual, o fato de o objeto amado gozar de uma certa isenção de crítica, de todos os seus atributos serem mais valorizados que os de pessoas não amadas, ou que numa época em que ele mesmo não era amado. Havendo repressão ou recuo mais ou menos efetivo das tendências sensuais, produz-se a ilusão de que o objeto é também amado sensualmente em virtude de seus méritos espirituais, quando, pelo contrário, apenas a satisfação sensual lhe pode ter emprestado esses méritos.

O que aí falseia o juízo é o pendor à *idealização*. Com isso nós vemos facilitada a orientação; percebemos que o objeto é tratado como o próprio Eu, que então, no enamoramento, uma medida maior de libido narcísica transborda para o objeto. Em não poucas formas da escolha amorosa torna-se mesmo evidente que o objeto serve para substituir um ideal não alcançado do próprio Eu. Ele é amado pelas perfeições a que o indivíduo aspirou para o próprio Eu, e que através desse rodeio procura obter, para satisfação de seu narcisismo.

Se a superestimação sexual e o enamoramento crescem ainda mais, a interpretação do quadro fica também mais nítida. As tendências que impelem à satisfação sexual direta podem ser inteiramente empurradas para segundo plano, como sucede regularmente, por exemplo, com o entusiasmo amoroso de um jovem; o Eu se torna cada vez menos exigente, mais modesto, e o objeto, cada vez mais sublime, mais precioso; chega enfim a tomar posse do inteiro amor-próprio do Eu, de modo que o autossacrifício deste é uma consequência natural. O objeto consumiu o Eu, por assim dizer. Traços de humildade, de restrição do narcisismo e de *self-injury* estão presentes em todo caso de enamoramento; em caso extremo são apenas aumentados e, devido ao recuo das reivindicações sensuais, predominam exclusivamente.

Isso ocorre com bastante facilidade no amor infeliz, irrealizável, pois a cada satisfação sexual a superestimação sexual experimenta uma redução. Simultaneamente a essa "entrega" do Eu ao objeto, que já não se diferencia da entrega sublimada a uma ideia abstrata, deixam de operar completamente as funções conferidas ao ideal do Eu. Cala a crítica exercida por essa instância; tudo o que o objeto faz e pede é justo e irrepreensível. A consciência não se aplica a nada que acontece a favor do objeto; na cegueira do amor, o indivíduo pode se tornar, sem remorsos, um criminoso. Toda a situação pode ser resumida cabalmente numa fórmula: *O objeto se colocou no lugar do ideal do Eu*.

Agora é fácil descrever a diferença entre a identificação e o enamoramento em suas mais desenvolvidas for-

VIII. ENAMORAMENTO E HIPNOSE

mas, chamadas de "fascínio" e "servidão enamorada". No primeiro caso o Eu se enriqueceu com os atributos do objeto, "introjetou-o", na expressão de Ferenczi; no segundo ele está empobrecido, entregou-se ao objeto, colocou-o no lugar de seu mais importante componente. A uma reflexão mais atenta, porém, notamos que essa exposição simula opostos que não existem. De um ponto de vista econômico não se trata de enriquecimento ou empobrecimento, é possível descrever o enamoramento extremo como se o Eu introjetasse o objeto. Uma outra distinção talvez considere melhor o essencial. No caso da identificação o objeto foi perdido ou renunciou-se a ele; então é novamente instaurado no Eu, e este se altera parcialmente conforme o modelo do objeto perdido. No outro caso o objeto foi conservado, e como tal é sobreinvestido por parte e à custa do Eu. Mas também aqui surge uma dificuldade. Então é algo estabelecido que a identificação pressupõe a renúncia do investimento objetal, que não pode haver identificação conservando-se o objeto? Antes que comecemos a discutir essa delicada pergunta, talvez já percebamos que a essência da questão se acha numa outra alternativa, a saber, *que o objeto seja colocado no lugar do Eu ou do ideal do Eu.*

Do enamoramento à hipnose o passo, evidentemente, não é grande. As concordâncias entre os dois são óbvias. A mesma humilde sujeição, mesma docilidade e ausência de crítica ante o hipnotizador, como diante do objeto amado. O mesmo solapamento da iniciativa própria; não há dúvida, o hipnotizador assumiu o lugar do ideal do Eu. Tudo na hipnose é ainda mais claro e in-

PSICOLOGIA DAS MASSAS E ANÁLISE DO EU

tenso, de modo que seria mais adequado elucidar o enamoramento pela hipnose do que o contrário. O hipnotizador é o único objeto, nenhum outro recebe atenção além dele. O fato de o Eu vivenciar sonhadoramente o que ele afirma e solicita nos lembra que descuidamos de incluir, entre as funções do ideal do Eu, também o exercício da prova da realidade.[36] Não admira que o Eu tome por real uma percepção, quando essa realidade tem o aval da instância psíquica normalmente encarregada do teste da realidade. A total ausência de impulsos com metas sexuais não inibidas contribui, ademais, para a extrema pureza dos fenômenos. A relação hipnótica é uma irrestrita entrega enamorada em que se acha excluída a satisfação sexual, enquanto no enamoramento esta é empurrada temporariamente para trás e fica em segundo plano, como possível meta futura.

Por outro lado, pode-se também dizer que a relação hipnótica é — se for permitida a expressão — uma formação de massa a dois. A hipnose não é um bom objeto de comparação para a formação de massa, por ser, na verdade, idêntica a esta. Da complicada textura da massa ela nos isola um elemento, a relação do indivíduo da massa com o líder. Devido a essa limitação do número a hipnose se distingue da formação de massa, tal como se separa do enamoramento por descartar os impulsos sexuais diretos. Nisso ocupa uma posição intermediária entre os dois.

36 Ver "Complemento metapsicológico à teoria do sonho" (1917). Entretanto é admissível alguma dúvida quanto à justeza dessa atribuição, que requer uma discussão mais demorada.

VIII. ENAMORAMENTO E HIPNOSE

É interessante ver que justamente os impulsos sexuais inibidos na meta conseguem criar laços tão duradouros entre as pessoas. Mas isso se entende com facilidade a partir do fato de não serem capazes de plena satisfação, enquanto os impulsos sexuais não inibidos experimentam uma extraordinária redução, mediante a descarga, toda vez que atingem sua meta. O amor sensual está fadado a se extinguir com a satisfação; para poder durar, é preciso que esteja mesclado desde o início com componentes puramente afetuosos, ou seja, inibidos em sua meta, ou que experimente tal transformação.

A hipnose resolveria sem dificuldades o enigma da constituição libidinal de uma massa, se ela mesma não contivesse traços que fogem ao esclarecimento racional até aqui adotado, enquanto estado de enamoramento que exclui os impulsos sexuais diretos. Nela ainda há muito a se reconhecer como não compreendido, como místico. Ela tem um elemento adicional de paralisia que vem da relação entre alguém muito poderoso e um impotente e desamparado, algo que remeteria à hipnose por terror que há entre os animais. São transparentes a maneira como é produzida e sua relação com o sono, e o fato enigmático de algumas pessoas se prestarem para ela, enquanto outras a rejeitam inteiramente, aponta para um fator ainda desconhecido que nela se verifica, e que talvez possibilite, somente ele, a pureza das atitudes libidinais nela encontradas. É também digno de nota que frequentemente a consciência moral se mostre refratária, mesmo quando de resto há docilidade completa à sugestão. Mas isso talvez se deva ao fato de que na hipnose, como geralmente é praticada, pode ser mantido o conhecimento de que se trata apenas de um jogo, de uma reprodução falsa de outra situação bem mais importante para a vida.

Após essas discussões estamos preparados para oferecer uma fórmula relativa à constituição libidinal de uma massa. Pelo menos de uma massa tal como vimos até aqui, isto é, que tem um líder e não pôde adquirir secundariamente, através de excessiva "organização", as características de um indivíduo. *Uma massa primária desse tipo é uma quantidade de indivíduos que puseram um único objeto no lugar de seu ideal do Eu e, em consequência, identificaram-se uns com os outros em seu Eu.* Essa condição admite uma representação gráfica:

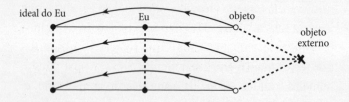

IX. O INSTINTO GREGÁRIO

Por pouco tempo gozaremos da ilusão de haver solucionado o enigma da massa com essa fórmula. Logo seremos incomodados pela advertência de que no essencial apenas remetemos tudo ao enigma da hipnose, em que muita coisa resta a esclarecer. E agora uma outra objeção nos mostra o caminho a seguir.

É lícito dizer que as fartas ligações afetivas que vemos na massa bastam inteiramente para explicar uma de suas características, a falta de autonomia e de iniciativa de cada indivíduo, a similitude entre a sua reação e a de todos os demais, seu rebaixamento a indivíduo de massa, por assim dizer. Mas, se a olharmos como um todo, a massa revela mais do que isso; o enfraquecimento da aptidão intelectual, a desinibição da afetividade, a incapacidade de moderação e adiamento, a tendência a ultrapassar todas as barreiras na expressão de sentimentos e a descarregá-los inteiramente na ação — esses e outros traços semelhantes, que Le Bon descreveu de modo tão convincente, fornecem um quadro inequívoco de regressão da atividade anímica a um estágio anterior, que não nos surpreendemos de encontrar nos selvagens e nas crianças. Tal regressão é encontrada particularmente nas massas comuns, enquanto naquelas altamente organizadas, artificiais, pode ser em larga medida dificultada, como vimos.

Temos assim a impressão de um estado em que o impulso afetivo e o ato intelectual pessoal do indivíduo são muito fracos para impor-se por si, tendo que esperar fortalecimento através da repetição uniforme por parte dos outros. Somos lembrados de como esses fenômenos de dependência fazem parte da constituição normal da sociedade humana, de quão pouca originalidade e coragem pessoal nela se encontram, do quanto cada indivíduo é governado pelas atitudes de uma alma da massa, que se manifestam como particularidades raciais, preconceitos de classe, opinião pública etc. A influência da sugestão torna-se um enigma ainda maior quando concedemos que é exercida não só pelo líder, mas também por cada indivíduo, um sobre o outro, e nos recriminamos por haver destacado de maneira unilateral a relação com o líder, menosprezando indevidamente o fator da sugestão mútua.

De tal maneira chamados à modéstia, estaremos inclinados a ouvir uma outra voz, que nos prometa elucidação a partir de fundamentos mais simples. Encontro-a no inteligente livro de W. Trotter sobre o instinto gregário, no qual lamento apenas não haver escapado de todo às antipatias desencadeadas pela última grande guerra.[37]

Trotter faz derivar os fenômenos anímicos observados na massa de um instinto gregário (*gregariousness*), inato no ser humano e em outras espécies animais. Biologicamente, esse gregarismo é uma analogia e como que um prosseguimento da multicelularidade; em termos da teoria da libido, mais uma expressão da tendência de todos os seres vivos, procedente da libido, a juntar-se em unidades cada vez mais abrangentes. O

37 W. Trotter, op. cit.

IX. O INSTINTO GREGÁRIO

indivíduo sente-se incompleto (*incomplete*) quando está só. O medo da criança pequena já seria expressão desse instinto gregário. Contradizer o rebanho equivale a separar-se dele, e por isso é evitado angustiosamente. Mas o rebanho rejeita tudo o que é novo, inusitado. O instinto de rebanho seria algo primário, que não pode ser decomposto (*which cannot be split up*).

Trotter oferece a lista dos *Triebe* (ou *Instinkte*)* por ele aceitos como primários: o de autoconservação, o de alimentação, o sexual e o gregário. Este último fica frequentemente em oposição aos outros. Consciência de culpa e sentimento do dever seriam as características de um *gregarious animal*. Também do instinto gregário procedem, segundo Trotter, as forças repressoras que a psicanálise revelou no Eu, e da mesma forma, consequentemente, as resistências com que depara o médico na terapia psicanalítica. A linguagem deveria sua importância ao fato de prestar-se ao entendimento mútuo dentro do rebanho, nela se basearia em grande parte a identificação dos indivíduos uns com os outros.

Assim como Le Bon se interessou predominantemente pelas típicas formações efêmeras de massa, e McDougall pelas associações estáveis, Trotter colocou no âmago de seu interesse os grupamentos mais universais em que vive o ser humano, esse ζῷον πολιτικόν [animal político], e indicou seus fundamentos psicoló-

---

* Deixamos os termos originais de Freud, já que seria redundante usar "instintos" nos dois casos. Strachey, que, como se sabe, também traduz *Triebe* por *instincts*, suprime os parênteses e seu conteúdo.

gicos. Mas para Trotter não é preciso derivar de alguma coisa o instinto gregário, que ele designa como primário e não suscetível de decomposição. Ele nota que Boris Sidis deriva o instinto gregário da sugestionabilidade, algo que felizmente é supérfluo para ele; trata-se de uma explicação conforme um modelo conhecido, insatisfatório, e a tese inversa, de que a sugestionabilidade seria um derivado do instinto gregário, me parece bem mais esclarecedora.

Mas pode-se objetar à exposição de Trotter, mais ainda que às outras, que ela não leva suficientemente em conta o papel do líder numa massa, enquanto nós tendemos ao juízo contrário, de que a natureza da massa é incompreensível se negligenciamos o líder. O instinto gregário não deixa lugar para o líder; este se acrescenta casualmente ao rebanho, e ligado a isso temos que nenhum caminho leva desse instinto à necessidade de um deus; falta o pastor para o rebanho. Além disso, a exposição de Trotter pode ser minada psicologicamente, isto é, podemos ver como no mínimo provável que o instinto gregário não seja indecomponível, não seja primário no mesmo sentido que o instinto de autoconservação e o instinto sexual.

Naturalmente não é fácil traçar a ontogênese do instinto gregário. A angústia da criança pequena ao ser deixada só, que Trotter já reivindica como expressão do instinto, sugere antes outra interpretação. Ela está relacionada à mãe, depois a outras pessoas familiares, e é expressão de um anelo insatisfeito, com o qual a criança ainda não sabe fazer outra coisa senão transformar em

IX. O INSTINTO GREGÁRIO

angústia.[38] A angústia da criança pequena sozinha não é atenuada tampouco ao avistar outro indivíduo qualquer "do rebanho", mas sim, ao contrário, despertada pela aproximação de tal "estranho". Por muito tempo, então, nada se percebe de um instinto gregário ou sentimento de massa na criança. Isto se forma apenas em casas com mais de uma criança, a partir da relação delas com os pais, como reação à inveja inicial com que a criança mais velha recebe a menor. Sem dúvida, a mais velha gostaria de ciumentamente reprimir a que veio depois, de conservá-la distante dos pais e privá-la de todos os direitos, mas em vista do fato de que também esta criança — como todas as que seguem — é amada pelos pais da mesma maneira, e devido à impossibilidade de manter sua atitude hostil sem prejudicar-se, é obrigada a identificar-se com as outras crianças, e assim se forma no bando de crianças um sentimento de massa ou de comunidade, que depois continua a desenvolver-se na escola. A primeira exigência dessa formação reativa é aquela por justiça, tratamento igual para todos. É sabido como essa reivindicação se expressa de modo nítido e inexorável na escola. Quando não se pode ser o favorito, então nenhum dos outros deve ser favorecido. Poderíamos julgar improvável essa transformação e substituição do ciúme por um sentimento de massa no lar e na escola, se o mesmo processo não fosse observado depois em outras circunstâncias. Lembremos o bando de mulheres

38 Ver, sobre a angústia, as *Conferências introdutórias à psicanálise*, n. 25.

e garotas que, num entusiasmo amoroso-sentimental, cercam o cantor ou o pianista após uma apresentação. Seria antes de esperar que cada uma delas tivesse ciúmes da outra, mas, devido ao seu número e à impossibilidade, a ele relacionada, de alcançar a meta de seu amor, elas renunciam a esta e, em vez de arrancar os cabelos umas às outras atuam como uma massa unida, homenageiam o festejado em ações conjuntas e ficariam alegres em partilhar seus cachos de cabelo. Originalmente rivais, puderam identificar-se uma com a outra mediante o amor igual pelo mesmo objeto. Quando uma situação instintual é capaz de ter várias saídas, como geralmente acontece, não surpreende que aquela resultante implique a possibilidade de certo grau de satisfação, enquanto outra, em si mais óbvia, não se realiza, porque as circunstâncias reais a impedem de alcançar essa meta.

O que depois aparece na sociedade como espírito comunitário, *esprit de corps*, não desmente sua procedência da inveja original. Ninguém deve querer sobressair, cada qual deve ser e ter o mesmo. Justiça social quer dizer que o indivíduo nega a si mesmo muitas coisas, para que também os outros tenham de renunciar a elas ou, o que é o mesmo, não possam pretendê-las. Tal exigência de igualdade é a raiz da consciência social e do sentimento do dever. De modo inesperado ela se revela no medo dos sifilíticos de infectarem outras pessoas, que a psicanálise nos ensinou a compreender. A angústia desses coitados corresponde à sua violenta luta contra o desejo inconsciente de propagar sua infecção entre os demais, pois por que deveriam eles apenas serem infectados e excluídos de tanta coisa, e os

IX. O INSTINTO GREGÁRIO

outros não? Também a bela anedota da sentença de Salomão tem o mesmo núcleo. Se o filho de uma das mulheres morreu, o filho da outra também não deve viver. Por esse desejo é reconhecida aquela que o perdeu.

O sentimento social repousa, portanto, na inversão de um sentimento hostil em um laço de tom positivo, da natureza de uma identificação. Até onde podemos enxergar hoje esse curso de eventos, tal inversão parece ocorrer sob influência de um laço afetuoso comum a uma pessoa que está fora da massa. Nós mesmos não consideramos exaustiva essa análise da identificação, mas para nosso atual propósito basta que retornemos a um único traço, a exigência de que a igualdade seja levada a efeito consistentemente. Já vimos, ao abordar as duas massas artificiais, a Igreja e o Exército, que o seu pressuposto é que todos sejam amados igualmente por uma pessoa, o líder. Mas não esqueçamos que a exigência de igualdade vale apenas para os indivíduos, não para o líder. Os indivíduos todos devem ser iguais entre si, mas todos querem ser dominados por um só. Muitos iguais, que podem identificar-se uns com os outros, e um único, superior a todos eles — esta é a situação que se acha realizada numa massa capaz de subsistir. Ousemos então corrigir o enunciado de Trotter, segundo o qual o homem é um animal de rebanho, dizendo que ele é antes um animal de horda,* membro individual de uma horda conduzida por um chefe.

---

* Freud faz aqui um jogo de palavras, mudando apenas uma letra: *Herdentier* ("animal de rebanho") e *Hordentier* ("animal de horda").

X. A MASSA E A HORDA PRIMEVA

Em 1912 adotei uma conjectura de Charles Darwin, segundo a qual a forma primeva da sociedade humana foi a de uma horda governada irrestritamente por um macho forte. Procurei mostrar que as fortunas dessa horda deixaram traços indeléveis na história da linhagem humana; em especial, que o desenvolvimento do totemismo, o qual traz em si os começos da religião, da moralidade e da organização social, está ligado ao violento assassínio do chefe e à transformação da horda paterna em uma comunidade de irmãos.[39] Sem dúvida esta é somente uma hipótese, como tantas outras com que os especialistas buscam iluminar a escuridão da pré-história — uma "*just so story*", chamou-a espirituosamente um amável crítico inglês —, mas creio ser recomendável tal hipótese, caso se revele apta a produzir coerência e compreensão em novos âmbitos.

As massas humanas exibem novamente a familiar imagem do indivíduo superforte em meio a um bando de companheiros iguais, também contida em nossa representação da horda primeva. A psicologia dessa massa, tal como a conhecemos das descrições até aqui mencionadas — a atrofia da personalidade individual consciente, a orientação de pensamentos e sentimentos

39 *Totem e tabu*, 1912-3 em *Imago* ("Algumas concordâncias entre a vida psíquica dos selvagens e a dos neuróticos"), publicado em forma de livro em 1913.

X. A MASSA E A HORDA PRIMEVA

nas mesmas direções, o predomínio da afetividade e da psique inconsciente, a tendência à imediata execução dos propósitos que surgem —, tudo isso corresponde a um estado de regressão a uma atividade anímica primitiva, como a que nos inclinamos a atribuir à horda primeva.[40]

A massa nos parece, desse modo, uma revivescência da horda primeva. Assim como o homem primevo se acha virtualmente conservado em cada indivíduo, assim também pode ser restabelecida a horda primeva a partir de um ajuntamento humano qualquer; na medida em que os homens são habitualmente governados pela formação de massa, reconhecemos nesta a continuação da horda primeva. Temos de concluir que a psicologia da massa é a mais velha psicologia humana; aquilo que, negligenciando todos os vestígios da massa, isolamos como psicologia individual, emergiu somente depois,

---

40 O que descrevemos em nossa caracterização geral do ser humano deve valer particularmente para a horda primordial. A vontade do indivíduo era fraca demais, ele não se arriscava a agir. Não se produziam impulsos que não fossem coletivos, havia apenas uma vontade comum, nenhuma singular. Uma ideia não ousava converter-se em ato de vontade quando não se sentia fortalecida pela percepção de sua difusão geral. Essa fraqueza da ideia tem sua explicação na força da ligação afetiva comum a todos, mas a similaridade das condições de vida e a ausência de qualquer propriedade privada concorrem ainda para a uniformidade dos atos psíquicos entre os indivíduos. — Tampouco as necessidades excrementícias excluem a atividade comum, como se observa nas crianças e nos soldados. A única grande exceção constitui o ato sexual, em que um terceiro é de todo modo supérfluo, e em caso extremo condenado a uma penosa expectativa. Quanto à reação da necessidade sexual (de satisfação genital) frente ao gregarismo, ver adiante.

aos poucos, e como que parcialmente ainda, a partir da velha psicologia da massa. Mais adiante ousaremos indicar o ponto de partida desse desenvolvimento.

Outra reflexão nos mostra em que ponto essa afirmação requer uma emenda. A psicologia individual deve ser, isto sim, tão velha quanto a psicologia da massa, pois desde o início houve dois tipos de psicologia, a dos indivíduos da massa e a do pai, chefe ou líder. Os indivíduos da massa eram tão ligados como hoje, mas o pai da horda primeva era livre. Seus atos intelectuais eram fortes e independentes mesmo no isolamento, sua vontade não carecia do reforço dos demais. Supomos, consequentemente, que seu Eu tinha poucos laços libidinais, ele não amava ninguém exceto a si mesmo, ou amava outros apenas enquanto satisfaziam as necessidades dele. Seu Eu não dava nenhuma sobra para os objetos.

No princípio da história humana ele era o *super-homem*, que Nietzsche aguardava apenas para o futuro. Ainda hoje os indivíduos da massa carecem da ilusão de serem amados igualmente e justamente pelo líder, mas este não precisa amar ninguém mais, é-lhe facultado ser de natureza senhorial, absolutamente narcisista, mas seguro de si e independente. Sabemos que o amor refreia o narcisismo, e poderíamos demonstrar que em virtude disso tornou-se fator de cultura.

O pai primordial da horda não era ainda imortal, como veio a se tornar pela divinização. Ao morrer, tinha que ser substituído; seu lugar era provavelmente ocupado por um filho jovem, que até então fora indivíduo da massa como os outros. Logo, deve haver a possibilidade de transformar

X. A MASSA E A HORDA PRIMEVA

a psicologia da massa em psicologia individual, deve-se achar uma condição em que uma transformação tal ocorra facilmente, assim como é possível, para as abelhas, fazer de uma larva uma rainha e não uma operária, em caso de necessidade. Podemos imaginar apenas o seguinte. O pai primordial havia impedido os seus filhos de satisfazerem seus impulsos sexuais diretos; obrigou-os à abstinência e, por conseguinte, ao estabelecimento de laços afetivos com ele e entre si, que podiam resultar dos impulsos de meta sexual inibida. Ele os compeliu, por assim dizer, à psicologia da massa. Seus ciúmes sexuais e sua intolerância vieram a ser, em última análise, as causas da psicologia da massa.[41]

Para o seu sucessor também se abriu a possibilidade da satisfação sexual, e desse modo a saída das condições da psicologia da massa. A fixação da libido na mulher, a possibilidade da satisfação sem adiamento e acumulação, pôs fim à importância dos impulsos sexuais de meta inibida e fez o narcisismo crescer em igual medida. Depois, num apêndice, voltaremos a esta relação entre o amor e a formação do caráter.

Destaquemos ainda, como particularmente instrutivo, o nexo entre a constituição da horda primeva e a instituição através da qual — não considerando os meios coercivos — uma massa artificial se mantém unida.* No Exército e na Igreja vimos que é a ilusão de que o líder

---

41 Talvez seja lícito supor também que os filhos expulsos, separados do pai, avançaram da identificação entre si para o amor objetal homossexual, adquirindo assim a liberdade para matar o pai.

* As palavras entre travessões foram omitidas na *Standard* inglesa.

ama a todos de modo igual e justo. Mas isto é a remodelação idealista do estado de coisas da horda primeva, em que todos os filhos se sabiam igualmente perseguidos pelo pai e igualmente o temiam. A forma seguinte da sociedade humana, o clã totêmico, já tem por pressuposto essa modificação, sobre a qual se erigiram todas as obrigações sociais. A indestrutível força da família enquanto formação de grupo natural reside em que nela pode se verificar realmente essa premissa indispensável do amor igual do pai.

Ainda esperamos mais, porém, desse ato de fazer remontar a massa à horda primeva. Ele deve nos aproximar também do que é ainda incompreendido e misterioso na formação da massa, que se esconde nos termos-enigma de "hipnose" e "sugestão". E eu acho que ele é capaz também disso. Recordemos que a hipnose tem algo de positivamente inquietante; mas a característica do inquietante remete a algo antigo e familiar que sucumbiu à repressão.[42] Pensemos em como a hipnose é iniciada. O hipnotizador afirma estar de posse de um poder misterioso, que rouba ao sujeito a vontade própria, ou, o que é o mesmo, o sujeito acredita isso dele. Tal poder misterioso — ainda popularmente chamado de magnetismo animal — deve ser o mesmo que os primitivos veem como fonte do tabu, o mesmo que emana de reis e chefes e que torna perigoso aproximar-se deles ("mana"). Esse poder o hipnotizador pretende possuir; e como o manifesta, então? Exortando a pessoa a olhar para ele nos olhos; tipicamente, ele

---

42 "O inquietante", *Imago* v (1919).

X. A MASSA E A HORDA PRIMEVA

hipnotiza pelo olhar. Mas precisamente a vista do chefe é perigosa e insuportável para o primitivo, como depois a da divindade para o mortal. Ainda Moisés tem de atuar como intermediário entre seu povo e Jeová, já que o povo não suportaria a visão de Deus, e quando ele retorna da presença de Deus seu rosto brilha, uma parte do "mana" transferiu-se para ele, como sucede com o intermediário nos povos primitivos.[43]

É certo que a hipnose pode ser induzida por outros meios, algo enganador e que motivou teorias fisiológicas precárias; por exemplo, fixando os olhos num objeto brilhante ou escutando um ruído monótono. Na realidade estes procedimentos servem apenas para desviar e prender a atenção consciente. A situação é igual àquela em que o hipnotizador dissesse: "Agora se ocupe exclusivamente da minha pessoa, o resto do mundo não tem qualquer interesse". Sem dúvida seria tecnicamente inadequado o hipnotizador falar tal coisa; o sujeito seria arrancado de sua atitude inconsciente e estimulado à contradição consciente. Mas enquanto o hipnotizador evita dirigir o pensar consciente do sujeito para suas intenções, e a pessoa-cobaia cai numa atividade em que o mundo lhe parece desinteressante, ocorre que de fato ela inconscientemente concentra toda a atenção no hipnotizador, entregando-se à atitude do *rapport*, da transferência para com ele. Assim, os métodos indiretos de hipnotização, de modo semelhante a várias técnicas do humor, têm o efeito de impedir certas distribuições da

43 Ver *Totem e tabu* e as fontes ali citadas.

PSICOLOGIA DAS MASSAS E ANÁLISE DO EU

energia psíquica que perturbariam o curso do processo inconsciente,* e afinal levam ao mesmo objetivo que as influências diretas por meio do olhar fixo e do toque.[44]

Ferenczi descobriu corretamente que ao dar a ordem para dormir, como faz frequentemente ao iniciar a hipnose, o hipnotizador se coloca no lugar dos pais. Ele acreditou poder distinguir duas espécies de hipnose, uma lisonjeira e apaziguadora, que atribuiu ao modelo materno, e uma ameaçadora, que derivou do pai.[45] A ordem de dormir, na hipnose, não significa outra coisa senão o convite a retirar todo o interesse do mundo e concentrá-lo na pessoa do hipnotizador; e assim é compreendida também pelo sujeito, pois nesta subtração do

---

* "Processo inconsciente": *unbewußter Vorgang*, no original. Strachey prefere, no presente contexto, *events in the unconscious*; "evento" é também uma tradução plausível para *Vorgang*, geralmente traduzido por "processo".

44 A situação em que a pessoa está inconscientemente voltada para o hipnotizador, enquanto conscientemente se ocupa de percepções uniformes e desinteressantes, tem uma contrapartida nos eventos da terapia psicanalítica, algo que merece ser mencionado aqui. Em toda análise acontece ao menos uma vez o paciente afirmar teimosamente que nada lhe ocorre. Suas associações livres cessam, e fracassam os estímulos para pô-las em movimento. Pressionando-o, obtemos enfim a admissão de que ele pensa na vista a partir da janela do consultório, no papel de parede à sua frente ou na lâmpada de gás que pende do teto. Então sabemos de imediato que ele se entregou à transferência, que é solicitado por pensamentos ainda inconscientes que se referem ao médico, e vemos acabar a interrupção dos pensamentos espontâneos, assim que lhe é dada tal explicação.

45 Ferenczi, "Introjeção e transferência", *Jahrbuch für psychoanalytische und psychopathologische Forschungen*, I, 1909.

X. A MASSA E A HORDA PRIMEVA

interesse do mundo externo se acha a característica psicológica do sono e se baseia a afinidade entre o sono e o estado hipnótico.

Com suas medidas, o hipnotizador desperta no sujeito uma porção da herança arcaica deste, a qual também se harmonizou com os pais e na relação com o pai experimentou uma revivescência individual, a ideia de uma personalidade muito potente e perigosa, ante a qual só se podia ter uma atitude passiva-masoquista, à qual a vontade tinha que se render, parecendo uma arriscada empresa estar a sós com ela, "cair-lhe sob os olhos". Apenas assim, aproximadamente, nos é dado imaginar a relação de um indivíduo da horda primeva com o pai primordial. Como sabemos de outras reações, o indivíduo conservou um grau variável de aptidão pessoal para a revivescência de tais situações antigas. Mas algum conhecimento de que a hipnose é apenas um jogo, uma mentirosa renovação daquelas antigas impressões, pode persistir e cuidar para que haja resistência diante de consequências muito graves da suspensão hipnótica da vontade.

O caráter inquietante e compulsivo da formação da massa, evidenciado em seus fenômenos de sugestão, pode então ser remontado, com justiça, à sua origem a partir da horda primeva. O líder da massa continua a ser o temido pai primordial, a massa quer ainda ser dominada com força irrestrita, tem ânsia extrema de autoridade, ou, nas palavras de Le Bon, sede de submissão. O pai primevo é o ideal da massa, que domina o Eu no lugar do ideal do Eu. A hipnose tem direito a ser descrita como uma massa a dois; para a sugestão resta a definição de ser

91

um convencimento que não se baseia na percepção e no trabalho do pensamento, mas na ligação erótica.[46]

XI. UM GRAU NO INTERIOR DO EU

Se, tendo presentes as descrições mutuamente complementares da psicologia das massas, lançamos um olhar sobre a vida dos indivíduos de hoje, perdemos talvez a coragem para uma exposição abrangente, diante das complicações que surgem. Cada indivíduo é um componente de muitos grupos, tem múltiplos laços por identificação, e construiu seu ideal do Eu segundo os mais diversos modelos. Assim, cada indivíduo participa da alma de muitos grupos, daquela de sua raça, classe, comunidade de fé, nacionalidade etc., e pode também erguer-se além disso, atingindo um quê de independência e originalidade. Com seus efeitos uniformes e constantes, tais formações grupais duradouras, estáveis, oferecem-se menos à observação do que os grupos rapidamente formados, transitórios, a partir dos quais Le

46 Parece-me digno de registro que as discussões deste capítulo nos levaram a abandonar a concepção de Bernheim sobre a hipnose e voltar àquela ingênua, mais antiga. Segundo Bernheim, todos os fenômenos hipnóticos derivam do fator da sugestão, que não é passível de maior esclarecimento. Nós concluímos que a sugestão é parte do estado hipnótico, o qual tem seu fundamento numa disposição inconscientemente mantida, oriunda da história primordial da família humana.

XI. UM GRAU NO INTERIOR DO EU

Bon fez seu brilhante esboço de caracterização psicológica da alma dos grupos, e nesses grupos ruidosos, efêmeros, como que superpostos aos outros, sucede justamente o prodígio de que o que reconhecemos como aquisição individual desaparece sem deixar traços, embora apenas temporariamente.

Percebemos tal prodígio como significando que o indivíduo renuncia ao seu ideal do Eu e o troca pelo ideal da massa corporificado no líder. Devemos acrescentar, a título de emenda, que esse fenômeno não tem a mesma grandeza em todos os casos. Em muitos indivíduos a separação entre Eu e ideal do Eu não progrediu bastante, os dois ainda coincidem facilmente, o Eu conserva amiúde a anterior autocomplacência narcísica. A escolha do líder é bem facilitada por esta circunstância. Com frequência ele necessita apenas possuir de modo particularmente puro e marcante os atributos típicos desses indivíduos e dar a impressão de enorme força e liberdade libidinal; então vai ao seu encontro a necessidade de um forte chefe supremo, dotando-o de um poder tal que ele normalmente não poderia reivindicar. Os outros, cujo ideal de Eu, de outro modo, não se teria corporificado sem correções na sua pessoa, veem-se então arrebatados "sugestivamente", isto é, por identificação.

Reconhecemos que a nossa contribuição para o esclarecimento da estrutura libidinal de um grupo remonta à diferenciação entre Eu e ideal do Eu, e ao duplo tipo de ligação por ela possibilitada — identificação e colocação do objeto no lugar do ideal do Eu. A hipótese desse grau diferenciador no Eu como primeiro passo de

PSICOLOGIA DAS MASSAS E ANÁLISE DO EU

uma análise do Eu tem que se justificar gradualmente nos mais diversos âmbitos da psicologia. No meu trabalho "Introdução ao narcisismo"[47] reuni o material patológico que no momento podia ser usado em apoio a essa distinção. Mas é lícito esperar que a sua importância se revele bem maior, quando houver mais aprofundamento na psicologia das psicoses. Reparemos que o Eu entra na relação de um objeto com o ideal de Eu que a partir dele se desenvolveu, e que possivelmente todas as influências mútuas entre o objeto externo e o Eu como um todo, com que deparamos no estudo das neuroses, chegam a se repetir nesse novo palco dentro do Eu.

Examinarei, aqui, apenas uma das possíveis consequências desse ponto de vista, continuando a discussão de um problema que tive que deixar irresolvido em outro lugar.[48] Cada uma das distinções psíquicas que viemos a conhecer representa uma nova complicação da função psíquica, aumenta a sua instabilidade e pode se tornar o ponto de partida para uma falha da função, um adoecimento. Assim, com o ato de nascer passamos do narcisismo absolutamente autossuficiente à percepção de um mundo exterior variável e ao começo da busca de objetos, e a isso se liga o fato de não suportarmos duradouramente o novo estado, de periodicamente o revogarmos, voltando no sono ao estado anterior de ausên-

47 *Jahrbuch der Psychoanalyse*, IV, 1914. *Sammlung kleiner Schriften zur Neurosenlehre*, 4. Folge [1914].
48 "Luto e melancolia", *Internationale Zeitschrift für Psychoanalyse*, v. 4, 1916-8, *Sammlung kleiner Schriften zur Neurosenlehre*, 4. Folge [1917].

XI. UM GRAU NO INTERIOR DO EU

cia de estímulos e evitação de objetos. É verdade que aí seguimos um aceno do mundo exterior, que com a alternância regular de dia e noite nos subtrai temporariamente a maior parte dos estímulos que sobre nós atuam. Já o segundo exemplo, mais significativo para a patologia, não está sujeito a restrição desse tipo. No curso de nosso desenvolvimento efetuamos uma separação, em nossa existência psíquica, entre um Eu coerente e uma parte reprimida inconsciente, deixada fora dele, e sabemos que a estabilidade dessa nova conquista está sujeita a constantes abalos. No sonho e na neurose essa parte excluída bate às portas guardadas pelas resistências, exigindo admissão, e durante a vigília e em condições de saúde recorremos a artifícios especiais para acolher temporariamente em nosso Eu o reprimido, contornando as resistências e obtendo algum prazer. As piadas e os atos de humor, e em parte a própria comicidade, podem ser vistos a essa luz. Qualquer conhecedor da psicologia das neuroses recordará exemplos similares de menor alcance; mas passemos à aplicação que gostaria de propor.

É concebível que também a separação do ideal do Eu frente ao Eu não seja suportada de maneira duradoura e tenha que se desfazer temporariamente. Com todas as renúncias e limitações impostas ao Eu, o periódico desrespeito das proibições constitui regra, como demonstra aliás a instituição das festas, que originalmente nada mais são do que excessos oferecidos pela lei, devendo a esta liberação a sua natureza alegre.[49] As Saturnais dos romanos e o

49 *Totem e tabu* [1913].

nosso moderno Carnaval coincidem, neste traço essencial, com as festas dos povos primitivos, que costumam terminar em desregramentos de todo tipo, incluindo transgressões dos mandamentos mais sagrados em época normal. Mas o ideal do Eu compreende a soma de todas as restrições a que o Eu deve obedecer, e por isso o recolhimento do ideal tem de ser uma grande festa para o Eu, que pode então voltar a sentir-se contente consigo.[50]

Há sempre uma sensação de triunfo quando algo no Eu coincide com o ideal do Eu. Também o sentimento de culpa (e o sentimento de inferioridade) pode ser entendido como expressão da tensão entre Eu e ideal.

Sabe-se que existem pessoas cuja disposição geral de humor oscila periodicamente, de um abatimento excessivo a uma elevada sensação de bem-estar, passando por um estado intermediário. Tais oscilações aparecem com amplitudes bem diversas, desde aquelas que mal se notam até as extremas, que na forma de melancolia e de mania interferem muito dolorosamente ou perturbadoramente na vida do sujeito. Em casos típicos dessa má disposição cíclica, causas exteriores não parecem ter papel decisivo; quanto a motivos interiores, nesses doentes não se encontra algo mais ou algo diferente dos outros. Por isso nos acostumamos a ver esses casos como não psicogênicos. Depois trataremos de outros casos

---

50 Segundo Trotter, a repressão deriva do instinto gregário. É mais uma tradução em outra forma de dizer do que uma contradição, quando afirmei, na "Introdução ao narcisismo", que "para o Eu, a formação do ideal seria a condição para a repressão".

XI. UM GRAU NO INTERIOR DO EU

bem semelhantes de má disposição cíclica, que no entanto podem facilmente remontar a traumas psíquicos.

O fundamento de tais oscilações espontâneas do humor é desconhecido, portanto; falta-nos a compreensão do mecanismo pelo qual a melancolia é trocada pela mania. Estes, então, poderiam ser os doentes para os quais valeria a nossa conjetura de que o seu ideal do Eu é temporariamente dissolvido no Eu, após tê-lo governado com rigor especial.

Para evitar a pouca clareza, retenhamos o que segue. Partindo de nossa análise do Eu, não é de duvidar que na pessoa maníaca o Eu e o ideal do Eu se tenham juntado, de modo que o indivíduo, numa disposição de triunfo e de felicidade consigo, não perturbada por qualquer autocrítica, pode fruir a ausência de inibições, considerações e reproches a si mesmo. Não é tão evidente, mas bastante provável, que a miséria do melancólico seja expressão de uma aguda desavença entre as duas instâncias do Eu, na qual o ideal desmesuradamente sensível manifesta sua condenação do Eu, de modo implacável, em delírios de pequenez e no autorrebaixamento. Resta saber se a causa dessas relações alteradas entre Eu e ideal do Eu deve ser buscada nas rebeliões periódicas contra a nova instituição, postuladas acima, ou se outras condições devem ser responsáveis por elas.

A mudança para mania não é um traço indispensável no quadro clínico da depressão melancólica. Há melancolias simples, que sucedem apenas uma vez ou que se repetem periodicamente, que nunca sofrem esse destino. Por outro lado, há melancolias em que

PSICOLOGIA DAS MASSAS E ANÁLISE DO EU

um fato causador tem claramente um papel etiológico. São aquelas que sobrevêm após a perda de um objeto amado, seja por morte deste ou devido a circunstâncias que forçaram a retirada de libido do objeto. Tal melancolia psicogênica pode resultar em mania, e este ciclo repetir-se muitas vezes, assim como no caso de uma que parece espontânea. As condições não são muito transparentes, portanto, ainda mais porque até agora somente alguns casos e formas de melancolia foram submetidos à investigação psicanalítica.[51] Até agora compreendemos apenas os casos em que o objeto foi abandonado porque se mostrara indigno do amor. Então ele é novamente instaurado no Eu, através da identificação, e severamente julgado pelo ideal do Eu. As recriminações e agressões dirigidas ao objeto vêm a se manifestar como autorrecriminações melancólicas.[52]

Também a uma melancolia desse tipo pode se seguir a transformação em mania, de modo que tal possibilidade representa um traço independente das demais características do quadro clínico.

Porém não vejo dificuldade em atribuir ao fator da rebelião periódica do Eu contra o ideal do Eu partici-

51 Cf. Abraham, "Ansätze zur psychoanalytischen Erforschung und Behandlung des manisch-depressiven Irreseins" (1912), em *Klinische Beiträge zur Psychoanalyse*, 1921.
52 Mais precisamente, elas se escondem por trás das recriminações dirigidas ao próprio Eu, emprestam-lhes a firmeza, tenacidade e peremptoriedade que caracterizam as autorrecriminações dos melancólicos.

XII. COMPLEMENTOS

pação nos dois tipos de melancolia, tanto a psicogênica como a espontânea. Nesta, podemos supor que o ideal do Eu tende a exercer uma particular severidade, que então leva automaticamente à sua suspensão temporária. Naquela, o Eu seria estimulado a rebelar-se devido ao mau tratamento que sofre por parte do seu ideal, no caso da identificação com um objeto rejeitado.

XII. COMPLEMENTOS

No curso dessa investigação que chegou provisoriamente ao fim, abriram-se para nós várias trilhas secundárias, que inicialmente evitamos, mas que nos prometiam alguns esclarecimentos. Vamos agora retomar certos pontos que ficaram para trás.

A) A distinção entre identificação do Eu [com um objeto] e substituição do ideal do Eu por um objeto tem uma interessante ilustração nos dois grandes grupos artificiais estudados no início, o Exército e a Igreja cristã.

É evidente que o soldado toma por ideal seu superior, o líder do Exército, na verdade, enquanto se identifica com os seus iguais e deriva dessa comunidade do Eu as obrigações de auxílio mútuo e partilha de bens, que a camaradagem traz consigo. Mas ele se torna ridículo quando quer se identificar com o general. O caçador de *Wallensteins Lager* zomba do sargento por isso:

O modo como ele pigarreia e escarra
Isso vocês imitam com perfeição! [...]*

É diferente na Igreja católica. Cada cristão ama a Cristo como seu ideal e sente-se ligado aos outros cristãos pela identificação. A Igreja pede mais dele, porém. Ele deve identificar-se com Cristo e amar os outros cristãos tal como Cristo os amou. Logo, nos dois pontos a Igreja requer que a posição libidinal dada pelo grupo seja completada. A identificação deve ser acrescentada ali onde houve a escolha de objeto; e o amor ao objeto, onde existe identificação. Esse algo mais ultrapassa claramente a constituição do grupo. É possível ser um bom cristão, estando porém longe da ideia de se pôr no lugar de Cristo, de como ele abraçar amorosamente a todos os homens. Sendo um frágil mortal, o indivíduo não tem que se atribuir a largueza de alma e a fortaleza amorosa do Salvador. Mas é provável que esse novo desenvolvimento da distribuição da libido no grupo seja o fator em que o cristianismo baseia sua pretensão de haver atingido uma mais alta moralidade.

B) Afirmamos que seria possível indicar, na evolução psíquica da humanidade, o ponto em que também para o indivíduo se efetuou o progresso da psicologia das massas para a psicologia individual.[53]

* *"Wie er räuspert und wie er spuckt, / Das habt ihr ihm glücklich abgeguckt!* [...]" (Schiller, *O acampamento de Wallenstein*, cena 6).
53 O que se segue foi influenciado por uma troca de ideias com Otto Rank. (Ver "Die Don Juan-Gestalt", *Imago* VIII, 1922; depois publicado em forma de livro, 1924.)

XII. COMPLEMENTOS

Para isso temos que voltar brevemente ao mito científico do pai da horda primordial. Ele foi posteriormente elevado a criador do mundo, e com justiça, pois havia gerado todos os filhos que compunham o primeiro grupo. Ele era o ideal de cada um deles, venerado e temido ao mesmo tempo, algo que viria a resultar na noção de tabu. Esses filhos se juntaram numa ocasião, e o mataram e despedaçaram. Nenhum dos membros vencedores pôde se colocar no seu lugar, ou, quando um deles o fez, renovaram-se as lutas, até perceberem que todos tinham que renunciar à herança do pai. Então formaram a comunidade totêmica de irmãos, todos com direitos iguais e unidos pelas proibições do totem, destinadas a preservar e expiar a memória do assassínio. Mas continuou a insatisfação com o que haviam alcançado, e tornou-se a fonte de novos desenvolvimentos. Pouco a pouco os irmãos coligados foram reproduzindo o velho estado num novo nível, o macho tornou-se outra vez chefe de uma família e quebrou os privilégios do governo de mulheres que se havia instituído no período sem pai. Para compensar isso, ele pode ter reconhecido então as divindades maternas, cujos sacerdotes foram castrados para segurança da mãe, conforme o exemplo que o pai havia dado à horda primordial; mas a nova família era apenas uma sombra da antiga, os pais eram muitos e cada qual restringido pelos direitos dos demais.

Por esse tempo a privação nostálgica pode ter levado um indivíduo a desligar-se do grupo e assumir o papel do pai. Quem realizou isso foi o primeiro poeta épico, o avanço ocorreu em sua fantasia. O poeta "transmentiu"* a realidade no sentido de seu anseio. Ele inventou o mito heroico. Herói era aquele que sozinho havia matado o pai, que no mito ainda aparecia como monstro totêmico. Assim como o pai fora o primeiro ideal do garoto, agora o poeta criava o primeiro ideal do Eu no herói que substituiria o pai. A ligação com o herói foi provavelmente fornecida pelo filho mais jovem, o favorito da mãe, o qual ela protegera do ciúme do pai, e que na época da horda primordial se tornara o sucessor do pai. Na mentirosa transfiguração do tempo primitivo, a mulher, que fora o prêmio e chamariz para o assassinato, tornou-se provavelmente a sedutora e instigadora do malfeito.

O herói pretende haver realizado sozinho o feito, mas apenas a horda como um todo se arriscaria a tanto. Segundo a observação de Rank, porém, os contos de fadas preservaram nítidos traços do fato negado. Pois neles ocorre frequentemente que o herói, tendo uma difícil tarefa a resolver — em geral um filho jovem, não raro um que se fez de tolo, isto é, inofensivo, frente ao substituto do pai —, só pode fazê-lo com ajuda de uma hoste de pequenos animais (formigas, abelhas). Estes seriam os irmãos da horda primordial, tal como no simbolismo dos sonhos insetos e vermes significam

---

* "Transmentiu" a realidade: *log die Wirklichkeit um*; usou-se aqui um neologismo para verter uma pequena inovação de Freud, que soa natural em alemão: ele juntou o prefixo *um* — que indica transformação, no caso — ao verbo *lügen*, que significa "mentir"; as versões estrangeiras consultadas recorreram a: *transformó la realidad*, *presentó la realidad bajo una luz mentirosa*, *contraffece la realtà*, *disguised the truth with lies*.

XII. COMPLEMENTOS

irmãos em geral (pejorativamente: como crianças pequenas). Além disso, pode-se facilmente reconhecer, em cada tarefa dos mitos e contos, um sucedâneo do feito heroico.

Portanto, o mito é o passo com que o indivíduo emerge da psicologia da massa. O primeiro mito foi certamente o psicológico, o mito do herói; o mito explicador da natureza deve ter surgido bem depois. O poeta que deu este passo, e com isso libertou-se do grupo na imaginação, sabe, conforme outra observação de Rank, achar o caminho de volta para ele na realidade. Pois ele vai e conta a esse grupo os feitos de seu herói, por ele inventados. No fundo esse herói não é outro senão ele próprio. Assim ele desce até à realidade e eleva seus ouvintes até à imaginação. Mas os ouvintes entendem o poeta, eles são capazes de identificar-se com o herói a partir da mesma relação nostálgica com o pai primevo.[54]

A mentira do mito heroico culmina na divinização do herói. Talvez o herói divinizado tenha sido anterior ao deus-pai, o precursor da volta do pai primordial como divindade. A série de deuses seria, então, cronologicamente: deusa-mãe — herói — deus-pai. Mas apenas com a elevação do pai primordial, que nunca fora esquecido, a divindade adquiriu os traços que ainda hoje vemos nela.[55]

---

54 Cf. Hanns Sachs, "Gemeinsame Tagträume"[Devaneios em comum], *Internationale Zeitschrift für Psychoanalyse*, v. 6 (1920); depois publicado também em livro (Imago-Bücher, v. 3).

55 Nessa exposição abreviada deixamos de trazer, para alicerçar a construção, qualquer material das sagas, mitos, contos, história dos costumes etc.

C) Neste ensaio falamos muito de instintos sexuais diretos e inibidos em sua meta, e esperamos que tal distinção não venha a deparar com grande resistência. Mas uma discussão detalhada a respeito disso poderá ser bem-vinda, mesmo se apenas repetir o que em boa parte já foi dito em outros lugares.

O primeiro e também melhor exemplo de instintos sexuais inibidos em sua meta nós encontramos no desenvolvimento sexual da criança. Todos os sentimentos que a criança tem por seus pais e aqueles que dela cuidam se prolongam livremente nos desejos que exprimem os impulsos sexuais da criança. Ela requer dessas pessoas amadas todos os mimos que conhece, quer olhar, tocar e beijá-las; tem curiosidade de ver seus genitais e estar presente quando perfazem suas íntimas excreções; promete casar com a mãe ou babá, pouco importando o que entenda por isso; propõe-se ter um filho com o pai etc. A observação direta, assim como o posterior aclaramento analítico dos restos infantis, não deixam dúvidas acerca da imediata confluência de sentimentos de ternura e ciúme e de intenções sexuais, e nos mostram de que maneira fundamental a criança torna a pessoa amada o objeto de todos os seus empenhos sexuais ainda não propriamente centrados. (Cf. os *Três ensaios*.)

Esta primeira configuração amorosa da criança, que tipicamente se subordina ao complexo de Édipo, a partir do começo do período de latência sucumbe, como é sabido, a uma onda de repressão. O que dela sobra se nos apresenta como um laço afetivo puramente terno, dirigido às mesmas pessoas, mas que não mais se

XII. COMPLEMENTOS

deve qualificar de "sexual". A psicanálise, que aclara as profundezas da vida anímica, não encontra dificuldade em mostrar que também os laços sexuais dos primórdios da infância continuam a existir, reprimidos e inconscientes, porém. Ela nos dá coragem para dizer que, onde quer que deparemos com um sentimento terno, ele constitui o sucessor de um laço objetal inteiramente "sensual" com a pessoa em questão ou seu modelo (sua *imago*). É verdade que sem uma investigação especial ela não pode nos revelar se num determinado caso essa corrente anterior plenamente sexual ainda subsiste, reprimida, ou se já está exaurida. Colocando isso de modo mais agudo: não há dúvida de que ela ainda está presente como forma e possibilidade, e de que a todo momento pode ser investida, ativada por meio de regressão; pergunta-se apenas, e nem sempre é possível responder, que investimento e eficácia ela ainda possui no presente. Nesse ponto é preciso atentar igualmente para duas fontes de erro: a Cila da subestimação do inconsciente reprimido e a Caribdes da inclinação a medir o normal inteiramente com o metro do patológico.

Para uma psicologia que não quer ou não pode penetrar a profundeza do que é reprimido, os laços afetivos ternos se apresentam de toda forma como expressão de impulsos que não visam o sexual, embora procedam de impulsos que para isso tendiam.[56]

É justificado dizermos que foram desviados dessas me-

---

56 Os afetos hostis têm organização um pouco mais complicada, sem dúvida.

tas sexuais, embora haja alguma dificuldade em descrever esse desvio de metas conforme as exigências da metapsicologia. Além disso, tais instintos inibidos em sua meta ainda conservam algumas das metas sexuais originárias; também o terno devoto, também o amigo ou admirador busca a proximidade física e a visão da pessoa amada apenas no sentido "paulino". Se quisermos, poderemos reconhecer nesse desvio da meta um início de *sublimação* dos instintos sexuais, ou então situar mais adiante a fronteira desta. Os instintos sexuais inibidos na meta têm uma grande vantagem funcional diante dos não inibidos. Já que não são capazes de uma satisfação realmente completa, prestam-se em especial para criar ligações duradouras, enquanto os diretamente sexuais perdem cada vez sua energia com a satisfação e têm que esperar serem renovados por mais um acúmulo da libido sexual, de modo que nesse meio-tempo o objeto pode ser trocado. Os instintos inibidos são capazes de qualquer grau de mistura com os não inibidos; podem voltar a transformar-se neles, uma vez que se originaram deles. Sabe-se como é fácil que desejos eróticos se desenvolvam a partir de relações afetivas de natureza amigável, fundadas na admiração e no reconhecimento (o *"Embrassez-moi pour l'amour du Grec"*, de Molière),* entre

---

* Literalmente: "Beije-me, senhor, por amor ao grego". James Strachey reproduz, em nota, a passagem de Molière citada de cor e um tanto imprecisamente por Freud: *"Quoi! monsieur sait du grec! Ah! permettez, de grâce/ Que, pour l'amour du grec, monsieur, on vous embrasse"* [Quê! O senhor sabe grego! Ah! Então permita, por favor/ que por amor ao grego/ o senhor ganhe um beijo] (*Les femmes savantes* [As mulheres sábias], III, 5).

XII. COMPLEMENTOS

professor e aluna, artista e ouvinte encantada, sobretudo no caso de mulheres. Na verdade, o surgimento de tais ligações afetivas, de início não intencionais, fornece uma via bastante frequentada para a escolha do objeto sexual. Em *Die Frömmigkeit des Grafen von Zinzendorf* [A piedade do conde Von Zinzendorf], Pfister deu um exemplo muito nítido, e certamente não raro, de como uma intensa ligação religiosa pode reverter em fervorosa excitação sexual. Por outro lado, é também comum a transformação de impulsos sexuais diretos, por si mesmo efêmeros, em ligação duradoura e apenas terna, e a consolidação de um casamento que resultou da paixão amorosa depende em boa parte deste processo.

Naturalmente não será surpresa ouvirmos que os impulsos sexuais inibidos na meta surgem daqueles diretamente sexuais, quando obstáculos íntimos ou externos impedem o alcance das metas sexuais. A repressão durante o período de latência é um desses obstáculos interiores — ou melhor, interiorizados. Supusemos que o pai da horda primeva, com sua intolerância sexual, obrigava todos os filhos à abstinência e assim os impelia a relações inibidas na meta, enquanto para si mesmo reservava o livre gozo sexual, permanecendo sem ligações. Todas as ligações em que se baseia o grupo são da natureza dos instintos inibidos em sua meta. Mas com isso nos aproximamos da discussão de um novo tema, que trata da relação dos instintos diretamente sexuais com a formação de grupos.

D) As duas últimas observações já nos terão preparado para a constatação de que os impulsos sexuais diretos são desfavoráveis à formação de grupos. É certo que também na evolução da família houve amor sexual em relações de massa (o casamento grupal), mas, à medida que o amor sexual tornou-se mais significativo para o Eu, quanto mais se desenvolveu o enamoramento, mais cresceu a exigência de que ele se limitasse a duas pessoas — *una cum uno* —, tal como é prescrita pela natureza da meta genital. As tendências poligâmicas foram solicitadas a contentar-se com a sucessão de diferentes objetos.

Procurando estar sós, as duas pessoas que se juntam para fins de satisfação sexual manifestam-se contra o instinto gregário, o sentimento de massa. Quanto mais apaixonadas, mais inteiramente se bastam. A rejeição da influência do grupo se exterioriza como sentimento de vergonha. Os mais veementes afetos de ciúmes são convocados, para impedir que a escolha do objeto sexual seja prejudicada por uma ligação com o grupo. Somente quando o elemento terno — ou seja, pessoal — da relação amorosa recua inteiramente diante do sensual é que se torna possível o ato amoroso de um casal na presença de outros, ou atos sexuais simultâneos no interior de um grupo, como na orgia. Mas nisso houve uma regressão a um estado anterior das relações entre os sexos, no qual o enamoramento ainda não desempenhava qualquer papel, os objetos sexuais eram considerados do mesmo valor, mais ou menos no sentido da frase maliciosa de Bernard Shaw, segundo a qual estar apaixonado é exagerar enormemente a diferença entre uma mulher e outra.

XII. COMPLEMENTOS

Há indícios bastantes de que o enamoramento só apareceu tarde nas relações de sexo entre o homem e a mulher, de modo que também a oposição entre amor sexual e ligação ao grupo se desenvolveu tardiamente. Tal hipótese talvez pareça incompatível com o nosso mito da família primordial. Pois o bando de irmãos deve ter sido levado ao parricídio pelo amor às mães e irmãs, e é difícil não imaginar esse amor senão como indiviso, primitivo, ou seja, como íntima união de ternura e sensualidade. Refletindo um pouco mais, porém, esta objeção se transmuta em corroboração. Pois uma das reações ao parricídio era a instituição da exogamia totêmica, a proibição de todo laço sexual com as mulheres da família, ternamente amadas desde a infância. Isso representou a cunha que dividiu os afetos do homem em sensuais e ternos, divisão que ainda hoje persiste.[57] Em virtude dessa exogamia, as necessidades sensuais dos homens tiveram de contentar-se com mulheres desconhecidas e não amadas.

Nos grandes grupos artificiais, Igreja e Exército, não há lugar para a mulher como objeto sexual. A relação amorosa entre homem e mulher fica excluída dessas organizações. Também quando se formam grupos compostos tanto de homens como de mulheres a diferença sexual não tem qualquer importância. Dificilmente haverá sentido em perguntar se a libido que mantém os grupos é de natureza homossexual ou heterossexual, já que ela não se diferencia conforme os sexos e desconsidera particularmente as metas da organização genital da libido.

57 Ver "Sobre a mais comum depreciação na vida amorosa" (1912).

Mesmo para a pessoa que em outros aspectos foi absorvida no grupo os impulsos sexuais diretos conservam um quê de atividade individual. Quando se tornam muito intensos, desintegram qualquer formação grupal. A Igreja católica teve bons motivos para recomendar a seus crentes que não se casassem e para impor o celibato a seus padres, mas frequentemente também eles foram impelidos a deixar a Igreja por se apaixonarem. De modo semelhante, o amor à mulher irrompe através de ligações grupais de raça, particularidades nacionais e ordem social de classes, e promove, assim, realizações culturalmente importantes. Parece seguro que o amor homossexual é bem mais compatível com laços de grupo, mesmo quando aparece como impulso sexual não inibido; algo notável, cujo esclarecimento poderia levar longe.

A investigação psicanalítica das psiconeuroses nos ensinou que os seus sintomas devem ser derivados de impulsos sexuais diretos que foram reprimidos, mas permanecem ativos. Pode-se completar esta fórmula, acrescentando: ou daqueles inibidos na meta, nos quais a inibição não foi completamente bem-sucedida ou abriu espaço para um retorno à meta sexual reprimida. Isso condiz com o fato de a neurose tornar associal aquele que atinge, de retirá-lo das habituais formações de grupo. Pode-se dizer que a neurose age sobre o grupo com o mesmo efeito desintegrador que o enamoramento. Por outro lado se pode ver que quando há um poderoso ímpeto à formação de grupo as neuroses podem recuar e ao menos por algum tempo desaparecer. Foram feitas tentativas justificadas de usar terapeutica-

XII. COMPLEMENTOS

mente esse antagonismo entre neurose e formação de grupo. E mesmo os que não lamentam o fim das ilusões religiosas no mundo civilizado de hoje reconhecerão que, enquanto estavam em vigor, elas ofereciam a mais forte proteção contra o perigo das neuroses. Também não é difícil perceber, em todas as ligações a seitas e comunidades místico-religiosas ou místico-filosóficas, a expressão de curas equívocas de neuroses diversas. Isso tudo está relacionado à oposição entre os impulsos sexuais diretos e os inibidos em sua meta.

Abandonado a si mesmo, o neurótico é forçado a substituir as grandes formações de grupos, das quais está excluído, por suas formações de sintomas. Ele cria para si o seu próprio mundo de fantasia, sua religião, seu sistema delirante, e assim repete as instituições da humanidade numa deformação que claramente evidencia a contribuição poderosa dos impulsos sexuais diretos.[58]

E) Para concluir, eis uma apreciação comparativa, do ponto de vista da teoria da libido, dos estados de que nos ocupamos, o enamoramento, a hipnose, a formação de grupos e a neurose.

O *enamoramento* se baseia na existência simultânea de impulsos sexuais diretos e inibidos em sua meta, sendo que o objeto atrai para si uma parte da libido narcísica do Eu. Nele só há lugar para o Eu e o objeto.

A *hipnose* partilha com o enamoramento o fato de

58 Ver *Totem e tabu*, final da parte II, "O tabu e a ambivalência" [1913].

restringir-se a essas duas pessoas, mas baseia-se completamente em impulsos sexuais inibidos na meta e põe o objeto no lugar do ideal do Eu.

O *grupo* multiplica este processo; coincide com a hipnose na natureza dos instintos que o mantêm e na substituição do ideal do Eu pelo objeto, mas junta a isso a identificação com outros indivíduos, que originalmente foi tornada possível talvez pela mesma relação com o objeto.

Ambos os estados, hipnose e grupo, são precipitações hereditárias oriundas da filogênese da libido humana, a hipnose como disposição, o grupo também como vestígio direto. A substituição dos impulsos sexuais diretos pelos inibidos promove em ambos a separação de Eu e ideal do Eu, da qual no enamoramento já existe um começo.

A *neurose* se exclui desta série. Também ela se baseia numa peculiaridade da evolução da libido humana, o duplo início da função sexual direta, com o intervalo do período de latência.[59] Nessa medida ela partilha com a hipnose e a formação do grupo o caráter de uma regressão, que falta no enamoramento. Ela surge toda vez que a progressão de impulsos sexuais diretos a inibidos não tem êxito completo, e representa um *conflito* entre os instintos acolhidos no Eu, que perfizeram tal evolução, e partes dos mesmos instintos que, desde o inconsciente reprimido — assim como outros instintos completamente reprimidos — procuram obter satisfação direta. Em termos de conteúdo ela é muito rica, pois abarca todas as relações possíveis en-

59 Ver *Três ensaios*, 5ª ed., 1922, p. 96 [4ª página do "Resumo"].

XII. COMPLEMENTOS

tre Eu e objeto, tanto aquelas em que o objeto é mantido como outras, nas quais ele é abandonado ou instaurado no próprio Eu, mas igualmente as relações conflituosas entre o Eu e seu ideal do Eu.

SOBRE A PSICOGÊNESE DE UM CASO DE HOMOSSEXUALIDADE FEMININA (1920)

TÍTULO ORIGINAL: "ÜBER DIE PSYCHOGENESE EINES FALLES VON WEIBLICHER HOMOSEXUALITÄT". PUBLICADO PRIMEIRAMENTE EM *INTERNATIONALE ZEITSCHRIFT FÜR PSYCHOANALYSE* [REVISTA INTERNACIONAL DE PSICANÁLISE], V. 6, N. 1, PP. 1-24. TRADUZIDO DE *GESAMMELTE WERKE* XII, PP. 271-302; TAMBÉM SE ACHA EM *STUDIENAUSGABE* VII, PP. 255-81.

I

A homossexualidade feminina, sem dúvida tão frequente quanto a masculina, embora menos ruidosa, tem sido não apenas ignorada pelas leis, mas também negligenciada pela pesquisa psicanalítica. A comunicação de um simples caso, não muito agudo, no qual foi possível conhecer a gênese e história psíquica de forma quase sem lacunas e com plena segurança, pode então reivindicar alguma atenção. Se a exposição traz apenas o contorno geral dos eventos e o que descobrimos a partir do caso, silenciando todos os detalhes característicos em que se baseia a interpretação, tal limitação se explica facilmente pela discrição médica exigida, por se tratar de um caso recente.

Uma bela e inteligente garota de dezoito anos, pertencente a uma família de elevada posição social, provoca desgosto e inquietação em seus pais, pelo carinho com que persegue uma dama "da sociedade" aproximadamente dez anos mais velha. Os pais afirmam que essa dama, apesar do seu nome distinto, não passa de uma cocota. Seria notório que ela vive com uma amiga casada, com a qual tem relações íntimas, ao mesmo tempo cultivando frouxos laços amorosos com certo número de homens. A garota não discute essa má reputação, mas não deixa que ela interfira em sua adoração, embora não lhe falte senso de decoro e de propriedade. Não há proibição ou vigilância que a impeça de usufruir cada uma das raras ocasiões de estar junto à amada, de manter-se a par de todos os seus hábitos, de esperá-la durante horas em frente à sua casa ou em paradas do bonde, de enviar-lhe buquês de flores etc. É evidente que nela esse único interesse absorveu todos os demais. Não se preocupa em continuar os estudos, não dá valor ao trato social e aos entretenimentos juvenis, e conserva relação apenas com algumas amigas que lhe podem servir de confidentes ou ajudantes. Os pais não sabem até que ponto chegaram as coisas entre sua filha e essa dama duvidosa, se já foram ultrapassados os limites de um entusiasmo carinhoso. Nela não notaram interesse por rapazes nem gosto por suas homenagens; por outro lado, veem claramente que a atual inclinação por uma mulher apenas prossegue, em grau mais intenso, o que nos últimos anos ela evidenciava por outras figuras femininas, e que já despertava suspeita e rudeza no pai.

Havia dois aspectos em sua conduta, aparentemente opostos, que irritavam sobremaneira seus pais. O fato de não ter escrúpulo em aparecer abertamente, em ruas movimentadas, com sua mal-afamada amiga, não atentando assim para a sua própria reputação, e também de não desdenhar nenhum meio de engano, nenhum subterfúgio ou mentira para possibilitar e ocultar suas entrevistas com ela. Demasiada franqueza de um lado e completa dissimulação do outro. Um dia sucedeu, o que nas circunstâncias era mesmo inevitável, que o pai encontrou a filha na rua, em companhia da dama sobre a qual já tinha informações. Passou por elas com olhar furioso, que nada de bom pressagiava. Imediatamente a garota correu e jogou-se por sobre a mureta da linha de trem suburbano que passava próximo. Essa tentativa de suicídio, indubitavelmente séria, custou-lhe um longo

SOBRE A PSICOGÊNESE DE UM CASO DE HOMOSSEXUALIDADE FEMININA I

período de cama, mas felizmente não trouxe lesões duradouras. Após seu restabelecimento, a situação ficou mais favorável do que nunca aos seus desejos. Os pais não mais ousavam se opor tão decididamente a eles, e a dama, que até então recebera friamente sua corte, sentiu-se tocada por uma tão nítida prova de séria paixão, e começou a tratá-la mais amavelmente.

Uns seis meses após o acidente, os pais se dirigiram ao médico e lhe confiaram a tarefa de trazer sua filha de volta à normalidade. Provavelmente a tentativa de suicídio lhes mostrara que as medidas de disciplina domésticas não eram capazes de lidar com a perturbação evidente. Mas convém tratar separadamente as atitudes do pai e da mãe. O pai era um homem sério, respeitável, no fundo bastante afetuoso, algo distanciado dos filhos pelo rigor que adotara. Seu comportamento para com a única filha era muito influenciado por considerações pela esposa, mãe da garota. Quando tomou conhecimento das inclinações homossexuais da filha, enfureceu-se e quis reprimi-las com ameaças. Talvez hesitasse, então, entre concepções diversas e igualmente dolorosas, não sabendo se deveria vê-la como uma criatura viciosa, uma degenerada ou uma doente mental. Mesmo depois do acidente não chegou à elevada resignação que um de nossos colegas médicos exprimiu, por ocasião de um deslize análogo em sua família, com as seguintes palavras: "É uma infelicidade como outra qualquer!". A homossexualidade de sua filha tinha algo que lhe despertava grande amargura. Ele estava resolvido a combatê-la por todos os meios. O menosprezo à psicanálise, bastante difundi-

SOBRE A PSICOGÊNESE DE UM CASO DE HOMOSSEXUALIDADE FEMININA

do em Viena, não impediu que se voltasse para ela em busca de auxílio. Se esse recurso falhasse, mantinha em reserva o antídoto mais poderoso: um súbito matrimônio deveria estimular os instintos naturais [*natürliche Instinkte*] da garota e sufocar suas tendências antinaturais.

A atitude da mãe da menina não era tão transparente. Era uma mulher de aparência ainda jovem, que obviamente não queria renunciar à pretensão de ela mesma agradar com a sua beleza. Estava claro que não via de forma tão trágica o entusiasmo da filha e de modo algum se indignava como o pai. Até mesmo gozara da confiança da filha por um certo tempo, no tocante ao amor desta por aquela dama. Sua oposição a ele parecia determinada, essencialmente, pela prejudicial franqueza com que a filha manifestava seus sentimentos perante todos. Ela mesma fora neurótica por vários anos, desfrutava de grande solicitude por parte do marido e tratava os filhos de maneira bastante desigual, era realmente dura com a filha e afetuosa em demasia com os três meninos, dos quais o mais jovem era temporão, não tinha três anos de idade. Não foi fácil saber mais sobre seu caráter, pois, por motivos que somente depois serão compreensíveis, ao falar da mãe a paciente mantinha uma reserva que não se verificava no caso do pai.

O médico que se encarregasse do tratamento analítico da garota tinha razões para não se sentir à vontade. Ele não encontrava a situação requerida pela análise, a única na qual ela pode experimentar sua eficácia. Como se sabe, na sua forma ideal esta situação ocorre quando um indivíduo, normalmente senhor de si, sofre de um confli-

SOBRE A PSICOGÊNESE DE UM CASO DE HOMOSSEXUALIDADE FEMININA I

to interior que não é capaz de resolver sozinho, e então vai ao psicanalista, externa a sua queixa e solicita ajuda. O médico trabalha de mãos dadas com uma parte da personalidade morbidamente desunida, contra a outra parte do conflito. Situações diferentes desta são desfavoráveis para a psicanálise em maior ou menor grau, acrescentando novas dificuldades internas àquelas já existentes. Situações como a do proprietário que encomenda ao arquiteto uma mansão conforme seu gosto e suas necessidades, ou a do patrocinador devoto que solicita ao pintor um quadro de tema sagrado, num canto do qual se veja ele próprio em adoração, não são realmente compatíveis com as exigências da psicanálise. Sempre ocorre que um marido procure o médico com a seguinte instrução: "Minha mulher está nervosa, por isso relaciona-se mal comigo; devolva-lhe a saúde, para que o nosso casamento volte a ser feliz". Mas frequentemente se verifica que tal solicitação é irrealizável, isto é, que o médico não pode produzir o resultado em vista do qual o homem queria o tratamento. Logo que a mulher se livra de suas inibições neuróticas, resolve acabar o matrimônio, que se mantinha apenas com a premissa de sua neurose. Sucede também que um casal de pais deseje que se cure o filho nervoso e desobediente. Para eles, um filho saudável é aquele que não lhes cria problemas e que pode lhes dar alegrias. O médico talvez obtenha a cura desse filho, mas após o restabelecimento ele toma seu próprio caminho com maior decisão, e os pais ficam mais insatisfeitos do que antes. Em suma, não é algo indiferente que uma pessoa busque a análise por iniciativa própria ou que outros a conduzam a ela, que a pessoa mesma deseje

SOBRE A PSICOGÊNESE DE UM CASO DE HOMOSSEXUALIDADE FEMININA

a sua mudança ou apenas os parentes que a amam, ou dos quais se espera tal amor.

Outros fatores desfavoráveis eram que a garota não estava doente — não sofria de nada em si mesma, não se queixava do seu estado — e que a tarefa proposta não consistia em resolver um conflito neurótico, mas converter em outra uma variante da organização sexual genital. Esse trabalho, eliminar a inversão genital ou homossexualidade, nunca me pareceu fácil. Constatei, isto sim, que apenas em circunstâncias muito favoráveis ele é bem-sucedido, e mesmo então o êxito consistiu essencialmente em liberar à pessoa restrita à homossexualidade o caminho, obstruído até então, para o sexo oposto — ou seja, restaurar a sua plena função bissexual. Ela podia então resolver se queria largar o outro caminho, condenado pela sociedade, e em alguns casos foi o que fez. É preciso dizer que também a sexualidade normal baseia-se numa restrição da escolha de objeto, e, de modo geral, a empresa de transformar em heterossexual um homossexual plenamente desenvolvido não é mais promissora do que a contrária, com a diferença de que esta, por boas razões práticas, nunca é tentada.

No tratamento da homossexualidade — que, aliás, assume formas bem diversas — não são realmente significativos os êxitos da terapia psicanalítica. Via de regra, o homossexual não consegue abandonar seu objeto de prazer; não é possível convencê-lo de que, caso mudasse, reencontraria no outro objeto o prazer a que renuncia. Quando chega a iniciar tratamento, geralmente são motivos externos que o movem a isso, as desvantagens e os

SOBRE A PSICOGÊNESE DE UM CASO DE HOMOSSEXUALIDADE FEMININA I

perigos de sua escolha de objeto, e tais componentes do instinto de autoconservação revelam-se muito fracos na luta contra as tendências sexuais. Logo descobrimos seu plano secreto de obter, com o retumbante fracasso dessa tentativa, o sentimento tranquilo de haver feito o possível contra a sua natureza especial e poder então entregar-se a ela com boa consciência. Quando a tentativa de cura é motivada pela consideração a pais e parentes amados, o caso é um tanto diferente. Então realmente há tendências libidinais que podem desenvolver energias contrárias à escolha homossexual de objeto, mas a sua força raramente basta. Apenas quando a fixação no objeto de mesmo sexo ainda não se tornou forte o bastante, ou quando se acham consideráveis rudimentos e vestígios da escolha heterossexual de objeto, ou seja, numa organização ainda oscilante ou nitidamente bissexual, pode-se fazer um prognóstico mais favorável para a terapia psicanalítica.

Por essas razões evitei dar aos pais alguma esperança de que seu desejo se realizaria. Apenas me declarei disposto a estudar cuidadosamente a garota por algumas semanas ou meses, para poder manifestar-me sobre a perspectiva de eficácia mediante o prosseguimento da análise. Em bom número de casos, a análise se divide em duas fases claramente demarcadas. Na primeira, o médico adquire o necessário conhecimento do paciente, familiariza-o com os pressupostos e postulados da análise, e desenvolve perante ele a construção da gênese do seu sofrimento, construção que lhe parece autorizada pelo material fornecido na análise. Numa segunda fase, o paciente se apropria ele mesmo do material à sua frente, elabora-o, recorda-se do que é capaz de recordar, daquilo que nele foi supostamente reprimido, e procura repetir o restante como se o vivesse novamente. Nisso pode corroborar, complementar e retificar as colocações do médico. Apenas durante esse trabalho experimenta ele, com a superação das resistências, a transformação interna que se busca, e adquire as convicções que o tornam independente da autoridade do médico. Nem sempre essas duas fases distinguem-se de modo claro no curso do tratamento analítico; isso pode ocorrer apenas quando a resistência obedece a determinadas condições. Quando é esse o caso, podemos fazer uma comparação com as duas partes de uma viagem. A primeira compreende todos os preparativos necessários, atualmente tão complicados e de realização tão difícil, até que recebemos o bilhete, pisamos na plataforma e tomamos assento no vagão. Então temos o direito e a possibilidade de viajar à terra distante, mas, com todos esses preparativos, ainda não estamos lá, não nos aproximamos nem um quilômetro do objetivo. Para isso, temos que perfazer o trajeto, uma estação após a outra, e essa parte da viagem bem pode ser comparada à segunda fase.

A análise de minha paciente transcorreu segundo esse esquema, mas não prosseguiu além do começo da segunda fase. No entanto, uma constelação especial da resistência permitiu alcançar plena confirmação de minhas construções e um conhecimento satisfatório, em linhas gerais, do desenvolvimento da sua inversão. Antes de expor os resultados dessa análise, todavia, devo abordar alguns pontos em que já toquei ou que já se impuseram ao interesse do leitor.

O prognóstico me parecia depender, em boa parte, de até onde a garota havia chegado a satisfazer sua paixão. Nisso era favorável a informação que tive durante a análise. Com nenhum dos objetos de seu entusiasmo ela fruíra mais que alguns beijos e abraços; a sua castidade genital, se nos permitem a expressão, permanecera intacta. Mesmo a dama de duvidosa fama, que lhe despertara os sentimentos mais recentes e mais fortes, mostrara-se reservada para com ela, não lhe concedendo favor maior que a permissão de beijar sua mão. Provavelmente a garota fez da carência uma virtude, ao enfatizar sempre a pureza do seu amor e sua aversão física ao ato sexual. Mas talvez não estivesse inteiramente errada ao louvar, em sua sublime amada, o fato de, sendo de origem nobre e tendo sido levada à posição atual por condições familiares adversas, conservar em tudo bastante dignidade. Pois essa dama, sempre que a via, instava para que abandonasse a inclinação por ela e pelas mulheres em geral, e a rejeitara continuamente até a tentativa de suicídio.

Um segundo ponto, que logo procurei esclarecer, dizia respeito aos motivos da própria garota que talvez amparassem o tratamento analítico. Ela não tentou enganar-me com a afirmação de que tinha necessidade urgente de livrar-se da sua homossexualidade. Pelo contrário, não podia imaginar outra espécie de paixão, mas era pelos pais, acrescentou, que queria honestamente colaborar na tentativa terapêutica, pois sentia muito lhes dar essa preocupação. Também essa declaração vi como um bom sinal; não podia adivinhar que atitude afetiva inconsciente se ocultava por trás dela. Aquilo que de-

SOBRE A PSICOGÊNESE DE UM CASO DE HOMOSSEXUALIDADE FEMININA

pois veio à luz, quanto a isso, influiu decisivamente na configuração da terapia e em sua prematura interrupção.

Os leitores não analíticos devem estar esperando com impaciência a resposta a duas outras questões. Essa garota homossexual mostrava nítidas características físicas do outro sexo? Era ela um caso de homossexualidade inata ou adquirida (desenvolvida mais tarde)?

Não ignoro a importância da primeira questão. Apenas não se deve exagerar essa importância, e deixar que ela obscureça o fato de que frequentemente ocorrem traços secundários do outro sexo em indivíduos normais, e de que características físicas acentuadas do sexo oposto podem se achar em pessoas cuja escolha objetal não experimentou mudança no sentido de uma inversão; em outras palavras, em ambos os sexos *o grau de hermafroditismo físico é independente, em elevada medida, do grau de hermafroditismo psíquico*. Restringindo os dois enunciados, acrescentemos que tal independência é mais clara no homem que na mulher, na qual regularmente coincidem os traços físicos e os psíquicos do sexo oposto. Entretanto, não me é possível responder satisfatoriamente à primeira das duas questões colocadas. O psicanalista não costuma fazer um exame físico detalhado do paciente em certos casos.* De todo

---

* A expressão "em certos casos" soa estranha, pois sabe-se que os psicanalistas, como o próprio Freud, não fazem um exame clínico dos pacientes. Mas está no original (*in bestimmten Fällen*), inclusive numa edição mais recente do texto, a da *Studienausgabe*. As versões estrangeiras consultadas — a espanhola, a argentina, a italiana, a inglesa e a holandesa — trazem o mesmo sentido, sem acrescentar comentário.

modo, não se notava qualquer desvio da compleição física feminina, e tampouco algum distúrbio menstrual. Se a bela e bem-proporcionada garota tinha a elevada estatura do pai e feições marcantes, em vez de suaves, podemos ver nisso indicações de uma masculinidade física. Também a uma natureza masculina poderíamos relacionar alguns dos seus atributos intelectuais, como a agudeza da compreensão e a fria clareza do pensamento, quando não se achava sob o domínio de sua paixão. Mas tais diferenças são antes convencionais do que fundamentadas cientificamente. Mais significativo, sem dúvida, é que no seu comportamento ante o objeto amoroso ela adotava o tipo masculino, isto é, mostrava a humildade e a enorme superestimação sexual do homem apaixonado, a renúncia a toda satisfação narcísica, a preferência por amar a ser amado. Portanto, ela havia não só escolhido um objeto feminino, mas assumido uma postura masculina para com ele.

A outra questão, se o seu caso corresponderia a uma homossexualidade inata ou adquirida, deverá ser respondida ao longo da história do desenvolvimento de seu distúrbio. Nela se verá até que ponto essa questão mesma é estéril e inapropriada.

II

Após uma introdução tão prolixa, resta-me apenas apresentar de modo sucinto e panorâmico a história libidinal desse caso. Na infância a menina passou pela

SOBRE A PSICOGÊNESE DE UM CASO DE HOMOSSEXUALIDADE FEMININA

atitude normal do complexo de Édipo feminino,[1] sem eventos notáveis, e também começou a substituir o pai pelo irmão um pouco mais velho. Não se recordava de traumas sexuais na primeira infância, nem a análise os revelou. A comparação dos genitais do irmão com os seus, sucedida no começo do período de latência (aos cinco anos ou um pouco antes), deixou-lhe uma forte impressão e teria efeitos duradouros. Havia bem poucos indícios de masturbação infantil, ou a análise não avançou o suficiente para esclarecer esse ponto. O nascimento de um outro irmão, quando ela tinha cinco ou seis anos de idade, não influiu de maneira especial no seu desenvolvimento. No período escolar, na pré-puberdade, ela gradualmente se inteirou dos fatos da vida sexual, e recebeu-os com um misto de volúpia e temerosa rejeição, que deve ser considerado normal e que não foi de medida exagerada. Estas informações parecem escassas, e não posso garantir que sejam completas. Talvez a história de sua infância e juventude tenha sido bem mais rica, não sei. A análise cessou pouco tempo depois, como disse, fornecendo uma anamnese que não é muito mais confiável que outras anamneses de homossexuais, justificadamente questionadas. Além disso, a garota jamais fora neurótica e não trouxe à análise nenhum sintoma histérico, de modo que não se produziram facilmente oportunidades para a investigação de sua história.

---

1 Não vejo progresso ou vantagem na utilização do termo "complexo de Electra", e não o recomendo.

Aos treze e quatorze anos ela mostrou uma afetuosa e, segundo o juízo de todos, exagerada predileção por um menino pequeno, de quase três anos de idade, que via regularmente num parque infantil. Apegou--se tanto ao menino, que dali nasceu uma constante amizade aos pais da criança. Esse episódio nos permite concluir que naquele tempo a dominava um forte desejo de ela própria ser mãe e ter um filho. Mas pouco depois ficou indiferente ao menino e passou a demonstrar interesse por mulheres maduras, mas de aparência ainda jovem, interesse que logo lhe custou uma severa reprimenda por parte do pai.

Foi constatado, acima de qualquer dúvida, que essa transformação coincidiu com um evento que se deu na família, do qual é lícito esperarmos, então, algum esclarecimento sobre a mudança. Antes a sua libido orientava-se para a maternidade, depois ela se tornou uma homossexual apaixonada por mulheres mais maduras, e assim permaneceu desde então. Esse evento, tão significativo para a nossa compreensão do caso, foi uma nova gravidez da mãe e o nascimento do terceiro irmão, quando a garota tinha cerca de dezesseis anos.

A situação que passo a deslindar não é produto de meu talento para a combinação; foi-me sugerida por material analítico tão digno de confiança que posso reivindicar certeza objetiva para ela. Uma série de sonhos inter-relacionados e de fácil interpretação, em particular, foi decisiva quanto a isso.

A análise permitiu ver, inequivocamente, que a senhora amada era um substituto para — a mãe. É ver-

SOBRE A PSICOGÊNESE DE UM CASO DE HOMOSSEXUALIDADE FEMININA

dade que ela mesma não era mãe, mas também não era o primeiro amor da garota. Os primeiros objetos de sua afeição, desde o nascimento do último irmão, eram realmente mães, mulheres de trinta a 35 anos de idade, que ela conheceu, acompanhadas por seus filhos, nas férias de verão ou no círculo de famílias da capital. A condição da maternidade foi depois abandonada, pois não se harmonizava bem com uma outra, cada vez mais importante. A ligação particularmente intensa com a última amada, a "dama", tinha também outra razão, que um dia a garota percebeu facilmente. A figura esbelta, a beleza austera e a natureza rude daquela dama lembravam-lhe seu próprio irmão, aquele um tanto mais velho. O objeto finalmente escolhido, portanto, correspondia não apenas ao seu ideal de mulher, mas também ao seu ideal de homem; juntava a satisfação da tendência homossexual do desejo com a da heterossexual. Sabe-se que a análise de homossexuais masculinos mostra, em numerosos casos, a mesma conjunção, o que é um aviso para não concebermos de forma demasiado simples a natureza e a gênese da inversão, e não perdermos de vista a bissexualidade geral do ser humano.[2]

Mas como se entende o fato de o nascimento tardio de uma criança, quando a garota já estava madura e tinha seus próprios desejos fortes, tê-la movido a orientar seu apaixonado afeto para a mulher que gerou essa criança,

2 Cf. I. Sadger, "Jahresbericht über sexuelle Perversionen" [Relato anual sobre perversões sexuais], *Jahrbuch der Psychoanalyse*, VI, 1914, e outros trabalhos.

SOBRE A PSICOGÊNESE DE UM CASO DE HOMOSSEXUALIDADE FEMININA II

sua própria mãe, e a expressá-lo numa representante da mãe? Conforme tudo o que sabemos, seria de esperar o oposto. Em tais circunstâncias, as mães geralmente sentem-se incomodadas ante as filhas em idade núbil, e as filhas tendem a sentir uma mescla de compaixão, desprezo e inveja pela mãe, algo que não contribui para aumentar a ternura por ela. A garota sob nossa observação tinha poucos motivos para abrigar ternura pela mãe. Essa filha, que desabrochara tão rapidamente, era uma concorrente importuna para aquela mulher ainda jovem. A mãe a preteria em favor dos filhos, limitava ao máximo sua independência e cuidava zelosamente em mantê-la afastada do pai. Justificava-se, pois, que desde sempre a garota necessitasse de uma mãe mais amorosa. Por que esta necessidade eclodiu então, e em forma de uma consumidora paixão, não é compreensível.

A explicação é a seguinte. A menina encontrava-se na fase de revivescência, na puberdade, do complexo de Édipo infantil, quando teve o desapontamento. Tomou clara consciência do desejo de ter um filho, e um filho homem; que ele devia ser um filho do seu pai, e uma cópia deste, é algo que o seu consciente não podia saber. Mas então sucedeu que não foi ela a ter o filho, e sim a rival que odiava no inconsciente, a mãe. Revoltada e amargurada, voltou as costas ao pai, aos homens em geral. Após esse primeiro grande malogro, ela rejeitou sua feminilidade e pôs-se a buscar uma outra colocação para a sua libido.

Nisso comportou-se de modo igual a muitos homens, que, após uma primeira experiência dolorosa,

SOBRE A PSICOGÊNESE DE UM CASO DE HOMOSSEXUALIDADE FEMININA

rompem com o infiel sexo feminino e tornam-se misóginos. Conta-se, de uma das figuras de príncipe mais atraentes e infelizes de nossa época, que ele tornou-se homossexual porque sua noiva o traiu com outro homem. Não sei se é uma verdade histórica, mas um quê de verdade psicológica se esconde por trás desse rumor. Em todos nós, a vida inteira, a libido normalmente oscila entre o objeto masculino e o feminino; o homem solteiro abandona suas amizades quando se casa, e retorna à sua mesa do bar quando o casamento se torna insosso. É certo que, quando a oscilação é radical e definitiva, nossa conjectura se volta para um fator especial que beneficia decisivamente um ou outro lado, que teria apenas aguardado o instante apropriado para determinar conforme entende a escolha do objeto.

Portanto, após aquela decepção a garota havia afastado de si o desejo de um filho, o amor a um homem e o papel feminino. Evidentemente, coisas bem diversas poderiam ter acontecido então; o que realmente ocorreu foi algo extremo. Ela converteu-se em homem e tomou a mãe, em vez do pai, como objeto de amor.[3] Sem dúvida, sua relação com a mãe fora ambivalente desde o início, e foi fácil reanimar o antigo amor por ela e, com ajuda deste, efetuar uma sobrecompensação da atual hostilidade que sente por ela. Dado que pouco se podia

---

3 Não é raro, absolutamente, que uma relação amorosa seja rompida pelo fato de a pessoa identificar-se ela mesma com o objeto, o que corresponde a uma espécie de regressão ao narcisismo. Depois que isto acontece, pode-se, numa nova escolha de objeto, investir facilmente a libido no sexo oposto à escolha anterior.

SOBRE A PSICOGÊNESE DE UM CASO DE HOMOSSEXUALIDADE FEMININA II

fazer com a mãe real, a transformação afetiva que descrevemos resultou na busca por um sucedâneo da mãe, ao qual era possível ligar-se apaixonadamente.[4]

A isto se juntava, como "benefício da doença", um motivo prático, oriundo de sua relação real com a mãe. Esta ainda atribuía grande valor aos galanteios e festejos dos homens. Tornando-se homossexual, deixando para a mãe os homens, "pondo-se de lado", por assim dizer, a garota tirava do caminho algo que, até então, fora parcialmente responsável pelo desfavor da mãe.[5]

4 Sem dúvida, os deslocamentos da libido que aqui descrevemos são familiares a todo psicanalista, com base na investigação das anamneses dos neuróticos. Mas nestes ocorrem na tenra infância, na época da primeira florescência da vida amorosa, e nessa garota, de modo algum neurótica, sucedem nos primeiros anos depois da puberdade, também de forma inteiramente inconsciente, aliás. Talvez esse fator temporal venha a se mostrar muito significativo algum dia.

5 Como esse "pôr-se de lado" não foi mencionado até agora entre as causas da homossexualidade, nem no mecanismo da fixação libidinal, relatarei aqui uma observação analítica similar, que é interessante devido a uma circunstância especial. Certa vez conheci dois gêmeos que eram igualmente dotados de fortes impulsos libidinais. Um deles tinha muita sorte com mulheres, envolvendo-se com inúmeras delas. O outro iniciou pelo mesmo caminho, mas logo tornou-se-lhe desagradável entrar na seara do irmão, ser confundido com ele em situações íntimas, graças à semelhança dos dois, e resolveu a dificuldade tornando-se homossexual. Deixou para o irmão as mulheres e assim "pôs-se de lado". Em outra ocasião tratei de um homem ainda jovem, artista e de disposição claramente bissexual, no qual a homossexualidade se apresentara juntamente com um distúrbio em relação ao trabalho. Evitava tanto as mulheres como o seu trabalho. A análise, que conseguiu devolvê-lo a ambos, mostrou que o temor ao pai era o mais poderoso motivo psíquico para os dois distúrbios, que eram propriamente

SOBRE A PSICOGÊNESE DE UM CASO DE HOMOSSEXUALIDADE FEMININA

A postura libidinal assim adquirida foi reforçada quando ela notou que isso desagradava bastante ao pai. Desde a reprimenda inicial, por uma ligação demasiado terna a uma mulher, ela sabia como irritar o pai e de que modo vingar-se dele. Permaneceu então homossexual, em desafio ao pai. E também não teve escrúpulo em mentir para ele e enganá-lo de qualquer maneira. Com a mãe, era insincera apenas na medida necessária para que o pai nada soubesse. Minha impressão é de que ela agia segundo a lei de talião: "Se você me enganou, tem de aceitar que eu o engane". Também não posso julgar de outra forma as claras imprudências de uma garota bastante inteligente. O pai tinha de saber ocasionalmente dos seus encontros com aquela dama, de outro modo lhe escaparia a satisfação da vingança, que era a mais premente para ela. Então cuidou para que isto sucedesse, aparecendo publicamente com aquela que adorava,

---

renúncias. Em sua imaginação, todas as mulheres pertenciam ao pai, e ele fugiu para os homens por respeito, a fim de esquivar-se a um conflito com o pai. Uma tal motivação da escolha homossexual de objeto não deve ser rara; nos primórdios do gênero humano, todas as mulheres pertenciam provavelmente ao pai e chefe da horda primitiva. — No caso de irmãos que não são gêmeos, esse esquivar-se desempenha papel de relevo também em outros âmbitos que não o da escolha amorosa. Por exemplo, o irmão mais velho cultiva a música e é admirado por isso; o mais jovem, bem mais dotado musicalmente, interrompe os estudos musicais pouco depois, não obstante seu gosto por eles, e é impossível fazê-lo tocar de novo um instrumento. Eis um único exemplo de algo que ocorre frequentemente, e a investigação dos motivos que levam a esquivar, em vez de aceitar, a concorrência, revela condições psíquicas bem complicadas.

passeando com ela nas ruas vizinhas ao negócio do pai etc. Essas faltas de precaução eram deliberadas. É digno de nota que ambos os pais se comportavam como se entendessem a psicologia secreta da filha. A mãe mostrava-se tolerante, como se visse no "pôr-se de lado" da filha um obséquio; o pai se enfurecia, como que sentindo o propósito de vingança dirigido contra a sua pessoa.

Mas a inversão da garota teve um reforço derradeiro, quando ela encontrou, na "dama", um objeto que simultaneamente dava satisfação à parte heterossexual de sua libido, ainda apegada ao irmão.

III

A exposição linear não se presta muito para a descrição de processos psíquicos intrincados e que transcorrem em diferentes camadas da psique.

Afirmei que, em sua relação com a dama venerada, a moça adotou o tipo masculino de amor. Sua humildade e sua terna despretensão, *"che poco spera e nulla chiede"* [que pouco espera e nada pede];* a felicidade, quando lhe era permitido acompanhar um pouco a dama e beijar-lhe a mão em despedida; a alegria, quando escutava lhe louvarem a beleza, enquanto nada significava lhe reconhecerem sua própria beleza; sua peregrinação pelos lugares em que a amada tinha estado uma vez; o silenciar de todo desejo sensualmente mais ousado: esses

---

* Citação de Tasso, *Jerusalém libertada*, canto V, estrofe 16.

pequenos traços correspondiam, todos eles, à primeira inflamada paixão de um adolescente por uma artista famosa, que ele crê estar muito acima dele mesmo, e à qual ele ousa erguer o olhar apenas timidamente. Chega até aos detalhes a correspondência ao "tipo masculino de escolha de objeto", por mim descrito,* cujas particularidades fiz remontar à ligação com a mãe. Pode parecer surpreendente que ela não fosse minimamente desencorajada pela má reputação da amada, embora suas próprias observações a convencessem do caráter justo dessa fama. Afinal, era uma moça casta e bem-educada, que pessoalmente evitara toda aventura sexual e que considerava antiestética a satisfação sensual crua. Mas já os seus primeiros entusiasmos diziam respeito a mulheres a que não se atribuía uma moral muito severa. O primeiro protesto de seu pai contra a sua escolha amorosa foi despertado pela teimosia com que ela buscara, num local de veraneio, a companhia de uma atriz de cinema. Nunca eram mulheres com fama de homossexuais, que lhe oferecessem a perspectiva de uma satisfação desse tipo; ela antes cortejava, ilogicamente, mulheres cocotas no sentido comum da palavra; rejeitou, sem hesitar, uma amiga homossexual de sua idade que se colocara de muito bom grado à sua disposição. Mas justamente a má reputação daquela "dama" era uma condição para seu amor, e tudo o que há de enigmático nessa conduta desaparece quando lembramos que também para aque-

---

* "Um tipo especial de escolha de objeto feita pelo homem", *Contribuições à psicologia do amor* I, 1910.

le tipo masculino de escolha objetal, derivado da mãe, existe a condição de a amada ser "mal-afamada" de algum modo, de poder ser qualificada de cocota. Ao descobrir, mais tarde, em que medida essa designação cabia para a sua adorada, e que esta vivia simplesmente de entregar o próprio corpo, reagiu com enorme compaixão e desenvolveu fantasias e planos para "salvá-la" dessa situação indigna. As mesmas tendências salvadoras nos chamaram a atenção nos homens do tipo que descrevi, e no mencionado trabalho busquei mostrar de onde derivam psicanaliticamente essas tendências.

É a âmbitos bem diferentes de explicação que nos leva a análise da tentativa de suicídio, que é preciso ver como sincera, e que, aliás, melhorou consideravelmente a posição da garota junto aos pais e também junto à amada. Certo dia, ela foi passear com esta num determinado local, numa hora em que era possível encontrar o pai, que saía do escritório. Ele passou de fato por elas, e lançou um olhar raivoso à filha e à acompanhante, que ele já conhecia. Pouco depois ela jogou-se no fosso da linha de trem. Parece plausível o que ela afirmou sobre a causa imediata de sua decisão. Confessou à dama que o senhor que olhara de modo irritado para elas era seu pai, que proibira absolutamente a relação das duas. A dama então se encolerizou, mandou que a deixasse imediatamente e que nunca mais aguardasse por ela ou a abordasse; essa história tinha de acabar naquele momento. No desespero de haver perdido a amada para sempre, ela buscou a morte. Por trás da sua interpretação, porém, a análise descobriu outra, mais profunda, que se apoiava nos seus próprios sonhos. A tentativa de suicídio significava, como era de se esperar, duas outras coisas: a execução de um castigo (autopunição) e a realização de um desejo. Nesse último sentido, era a consecução do desejo cuja decepção a impelira à homossexualidade, isto é, ter um filho do pai, pois ela "caiu"* por culpa do pai.[6] O fato de naquele instante a mulher haver falado exatamente como o pai, e haver enunciado a mesma proibição, forma o nexo entre essa interpretação mais funda e aquela superficial, da qual a garota era consciente. Como autopunição, o ato da garota nos evidencia que ela desenvolvera, no inconsciente, fortes desejos de morte em relação a um ou outro genitor. Talvez por vingança, contra o pai que impedia seu amor; mais provavelmente contra a mãe, quando ela estava grávida do irmão menor. Pois a psicanálise trouxe a seguinte explicação para o enigma do suicídio: talvez ninguém encontre a energia psíquica para se matar, se, primeiro, não estiver matando também um objeto com o qual se identificou, e, em segundo lugar, se não estiver dirigindo contra si mesmo um desejo de morte que era voltado para outra pessoa. A descoberta regular de tais desejos inconscientes de morte no suicida não deve surpreender, nem impressionar como uma confirmação das nos-

---

* O verbo usado no texto original, *niederkommen* ("parir"), é composto de *nieder* ("baixo") e *kommen* ("vir"), podendo ser entendido, de forma literal, como "vir para baixo, cair".

6 Há muito tempo é conhecida dos analistas essa interpretação dos modos de suicídio como realizações do desejo sexual. (Envenenar-se = engravidar; afogar-se = dar à luz; cair de uma altura = parir.)

SOBRE A PSICOGÊNESE DE UM CASO DE HOMOSSEXUALIDADE FEMININA III

sas deduções, pois o inconsciente de todos os vivos está pleno de tais desejos de morte, inclusive em relação a pessoas amadas.[7] Na identificação com a mãe, que deveria ter morrido no parto desse filho que lhe fora negado (a ela, a filha), esse cumprimento do castigo torna-se ele mesmo cumprimento do desejo. Por fim, não destoa de nossa expectativa o fato de que motivos poderosos e variados tivessem de cooperar para tornar possível um ato como o da garota.

Na motivação da garota não comparece o pai, nem sequer o medo da sua ira é mencionado. Na motivação divisada pela psicanálise, cabe a ele o papel principal. A relação com o pai teve a mesma importância decisiva no transcorrer e no desenlace da terapia — ou melhor, exploração — analítica. Por trás da pretendida consideração aos pais, graças à qual ela queria tentar uma transformação, escondia-se a postura de desafio e vingança para com o pai, que a manteve na homossexualidade. Assegurada por esta cobertura, a resistência deixou livre para a investigação analítica uma ampla região. A análise efetuou-se quase sem indícios de resistência, com viva participação intelectual da analisanda, mas também com tranquilidade de ânimo da sua parte. Quando, certa vez, expus-lhe algo bem importante da teoria, e que lhe tocava diretamente, ela exclamou, num tom inimitável: "Ah, que interessante!", como uma dama do mundo que é conduzida por um museu e exa-

7 Cf. "Considerações atuais sobre a guerra e a morte", *Imago*, IV, 1915.

SOBRE A PSICOGÊNESE DE UM CASO DE HOMOSSEXUALIDADE FEMININA

mina, com seu *lorgnon*, objetos que lhe são indiferentes. A impressão que dava a sua análise semelhava a de um tratamento hipnótico, em que a resistência recuou igualmente até uma determinada linha, na qual se mostra então invencível. A mesma tática russa — como poderíamos chamá-la — é seguida pela resistência em muitos casos de neurose obsessiva, que por algum tempo fornecem resultados claríssimos e permitem uma profunda visão das causas dos sintomas. Mas começamos a nos perguntar por que progressos tão fartos na compreensão psicanalítica não trazem a menor mudança nas compulsões e inibições do doente, até percebermos, enfim, que tudo o que foi obtido estava sujeito à reserva da dúvida, o muro protetor por trás do qual a neurose pôde sentir-se segura. "Seria ótimo", acha o doente, muitas vezes de modo consciente, "se eu tivesse necessariamente de acreditar nesse homem, mas isso está fora de questão, e não preciso mudar enquanto assim for." Ao nos aproximarmos da motivação dessa dúvida, irrompe seriamente a luta com as resistências.

Na nossa paciente não foi a dúvida, mas o fator afetivo da vingança do pai que possibilitou sua fria reserva, que dividiu claramente a análise em duas fases e tornou os resultados da primeira fase tão completos e visíveis. Parecia também que nela não se produzira nada semelhante a uma transferência para com o médico. Mas isso é, naturalmente, um contrassenso ou uma forma inexata de expressão. Alguma relação com o médico tem de acontecer, e quase sempre ela é transferida de um relacionamento infantil. Na realidade, a garota transferiu para

SOBRE A PSICOGÊNESE DE UM CASO DE HOMOSSEXUALIDADE FEMININA III

mim a profunda rejeição aos homens que sentia desde a decepção que o pai lhe infligira. Via de regra, é fácil a amargura em relação ao homem satisfazer-se no médico; ela não necessita provocar manifestações afetivas tempestuosas, mostra-se simplesmente ao fazer fracassar todos os esforços dele e apegar-se à doença. Sei, por experiência, como é difícil levar o analisando a compreender tais sintomas mudos e tornar consciente, sem pôr em perigo o tratamento, essa hostilidade latente, muitas vezes excessivamente forte. De modo que interrompi a análise, tão logo percebi a atitude da garota em relação ao pai, e recomendei que prosseguisse a tentativa terapêutica com uma médica, se a ela dava importância. Enquanto isso, a garota prometeu ao pai deixar de ver a "dama", pelo menos, e não sei se minha recomendação, cujos motivos são óbvios, será efetivamente seguida.

Uma única vez, nessa análise, sucedeu algo que pude ver como transferência positiva, como revivescência muito debilitada da paixão original pelo pai. Também essa manifestação não estava isenta de outro motivo suplementar, mas eu a menciono porque, numa outra direção, ela coloca um interessante problema de técnica psicanalítica. Num certo momento, não muito depois do início da terapia, a garota apresentou uma série de sonhos que, devidamente deformados e vazados em correta linguagem onírica, eram de tradução fácil e segura, porém. Seu conteúdo, quando interpretado, era surpreendente. Eles antecipavam a cura da inversão pelo tratamento, expressavam a alegria da moça com as perspectivas de vida que se descortinavam para ela, admitiam o anseio pelo amor de um homem e por filhos, e podiam ser saudados, então, como auspiciosa preparação à transformação desejada. A contradição entre eles e as manifestações no estado de vigília era grande. Ela não me ocultou que pensava realmente em casar, mas apenas para fugir à tirania do pai e seguir em paz suas verdadeiras inclinações. Comentou, não sem algum desprezo, que saberia lidar com o marido, e que, afinal, pode-se ter relações sexuais com um homem e uma mulher ao mesmo tempo, como se via pelo exemplo da mulher que adorava. Advertido por alguma ligeira impressão, falei-lhe, certo dia, que não acreditava nesses sonhos, que eles eram mendazes ou hipócritas, e sua intenção era enganar-me, como enganava o pai. Eu estava certo, esse tipo de sonho não reapareceu depois disso. Mas também creio que, juntamente com a intenção de despistar, havia nesses sonhos um quê de sedução; eram também uma tentativa de ganhar meu interesse e minha boa opinião, talvez para me desiludir mais radicalmente depois.

Posso imaginar que a alusão à existência de tais sonhos mendazes e complacentes desencadeará uma verdadeira tempestade de confusa indignação em vários leitores que se intitulam psicanalistas. "Com o quê também o inconsciente pode mentir! O autêntico núcleo de nossa vida psíquica, aquilo que em nós é tão mais próximo do divino do que nossa mísera consciência! Como será possível, então, basear-se nas interpretações da análise e na certeza de nossos conhecimentos?" A isso devemos responder que o reconhecimento de tais sonhos mendazes não constitui uma novidade avassaladora. Bem sei que a necessidade humana de misticismo é inerradicável, e que sempre faz tentativas de reconquistar para o misticismo o território que lhe foi tomado pela *Interpretação dos sonhos*, mas no caso em questão as coisas são simples. O sonho não é o "inconsciente", é o molde em que pôde ser refundido, graças ao favorecimento do estado de sono, um pensamento descartado do pré-consciente ou mesmo do consciente da vida desperta. No estado de sono ele adquiriu o apoio de desejos inconscientes, sofrendo assim distorção pelo "trabalho do sonho", que é determinado pelos mecanismos que vigoram para o inconsciente. Na nossa garota, a intenção de me induzir em erro, como costumava fazer com o pai, vinha certamente do pré-consciente, se não fosse mesmo consciente; pôde então prevalecer ao ligar-se com o desejo inconsciente de agradar ao pai (ou substituto do pai), e assim criou um sonho mentiroso. As duas intenções, enganar o pai e agradar ao pai, vêm do mesmo complexo; a primeira nasceu da repressão da segunda, esta é referida àquela pelo trabalho do sonho. Não se pode falar, portanto, de uma degradação do inconsciente, de um abalo da confiança nos resultados de nossa análise.

Não quero perder a oportunidade de manifestar meu assombro pelo fato de as pessoas poderem atravessar longas e importantes áreas de sua vida amorosa sem lhes dar muita atenção, ou mesmo sem delas ter a menor ideia, e de, quando lhes vêm à consciência, enganarem-se tão radicalmente no juízo que delas fa-

SOBRE A PSICOGÊNESE DE UM CASO DE HOMOSSEXUALIDADE FEMININA

zem. Isso acontece não apenas nas condições da neurose, em que estamos familiarizados com o fenômeno,
mas parece ser comum de modo geral. Em nosso caso,
uma garota desenvolve um entusiasmo por mulheres
que inicialmente apenas irrita os pais e quase não é levado a sério. Ela mesma sabe o quanto isso a ocupa,
mas experimenta pouco as sensações de uma paixão
enérgica, até que uma determinada frustração provoca
uma reação excessiva, que mostra a todos os envolvidos
que estão a lidar com uma paixão devoradora, de força
elementar. Quanto às premissas para a irrupção de tal
tormenta psíquica, a garota jamais as percebeu. Outras
vezes encontramos garotas ou mulheres com severas
depressões, que, perguntadas sobre as possíveis causas
de sua condição, informam haver tido um certo interesse por determinada pessoa, mas este não se aprofundou,
e logo elas superaram a situação, depois que tiveram de
abandoná-lo. E foi esta renúncia, aparentemente fácil de
suportar, que se tornou a causa do grave distúrbio. Ou
lidamos com homens que passaram por relações amorosas superficiais com mulheres e só a partir das consequências descobrem que eram muito apaixonados pelo
objeto supostamente menosprezado. Surpreendemo-
-nos também com os efeitos inesperados que decorrem
de um aborto intencional, da liquidação de um feto que
fora decidida sem lamento e hesitação. Vemo-nos assim
obrigados a dar razão aos poetas, que gostam de nos
retratar pessoas que amam sem o saber, ou que não sabem se amam, ou que acreditam odiar, e na realidade
amam. Ao que parece, justamente a informação que

nossa consciência obtém de nossa vida amorosa pode ser incompleta, cheia de lacunas ou falseada. Naturalmente não deixei, nessas considerações, de descontar a parte de um esquecimento posterior.

IV

Retomo agora a discussão do caso, interrompida anteriormente. Obtivemos uma ideia geral das forças que fizeram a libido da garota passar da atitude edípica normal à postura homossexual, assim como das vias psíquicas que foram então percorridas. Em primeiro lugar, entre essas forças moventes, estava a impressão gerada pelo nascimento do irmão menor, o que nos leva a classificar o caso como uma inversão adquirida tardiamente.

No entanto, aqui nos apercebemos de algo que encontramos em muitos outros exemplos de esclarecimento psicanalítico de um processo mental. Quando seguimos o desenvolvimento em direção contrária, a partir do resultado final, surge-nos uma conexão sem lacunas, e nossa compreensão nos parece inteiramente satisfatória, talvez exaustiva. Mas se tomamos o caminho inverso, partindo de pressupostos achados mediante a análise e procurando segui-los até o resultado, falta-nos completamente a impressão de um encadeamento necessário, que não poderia ser determinado de outra forma. Logo notamos que o resultado poderia ter sido outro, e que o teríamos compreendido e explicado igualmente. Portanto, a síntese não é tão satisfatória como a análise; em outras palavras, não seríamos capazes de prever a natureza do resultado a partir do conhecimento das premissas.

Não é nada difícil chegar às causas desse triste reconhecimento. Ainda que nos sejam inteiramente conhecidos os fatores etiológicos decisivos para um determinado êxito, nós os conhecemos apenas em seu traço qualitativo, não em sua força relativa. Alguns deles, muito fracos, serão suprimidos por outros e não influirão no resultado final. Mas nunca sabemos antecipadamente que fatores determinantes se revelarão mais fracos ou mais fortes. Apenas no final dizemos que aqueles que se afirmaram eram os mais fortes. Assim, as causas são sempre de reconhecimento seguro na direção da análise, mas não é possível predizê-las na direção da síntese.

Não queremos dizer, portanto, que sucumbirá à homossexualidade toda garota cuja ânsia de amor, derivada da atitude edípica da puberdade, experimenta uma decepção assim. Pelo contrário, serão mais frequentes reações de outro tipo a esse trauma. Nessa garota devem ter pesado fatores especiais, exteriores ao trauma, provavelmente de natureza interna. Também não é difícil apontá-los.

Sabe-se que também no indivíduo normal é preciso algum tempo até que se imponha definitivamente a decisão relativa ao sexo do objeto amoroso. Entusiasmos homossexuais, amizades bastante fortes e de matiz sensual são comuns em ambos os sexos, nos primeiros anos após a puberdade. Assim foi também com essa garota, mas nela tais inclinações mostraram-se indubitavelmente mais fortes e duraram mais tempo do que em

SOBRE A PSICOGÊNESE DE UM CASO DE HOMOSSEXUALIDADE FEMININA IV

outras. Além disso, tais prenúncios da homossexualidade posterior sempre apareceram em sua vida consciente, enquanto a atitude oriunda do complexo de Édipo permaneceu inconsciente e exteriorizou-se apenas em indícios como a ternura com aquele menino pequeno. Durante alguns anos, na escola, foi apaixonada por uma professora severa e pouco acessível, um óbvio substituto da mãe. Ela havia mostrado interesse bastante vivo por algumas jovens mães, bem antes do nascimento do irmão e, com maior certeza ainda, muito antes da primeira repreensão do pai. Portanto, desde muito cedo a sua libido fluiu em duas correntes, e delas a mais superficial pode ser facilmente designada de homossexual. Esta era, provavelmente, a continuação direta e não modificada de uma fixação infantil na mãe. É possível que, com nossa análise, não tenhamos descoberto senão o processo que, numa ocasião apropriada, levou também a corrente libidinal heterossexual, mais profunda, à corrente homossexual manifesta.

A análise demonstrou, além disso, que a garota trouxera da infância um "complexo de masculinidade" bastante acentuado. Vivaz, combativa, nada disposta a ficar na sombra do irmão pouco maior, desde aquela inspeção dos genitais ela desenvolvera uma forte inveja do pênis, cujos derivados ainda lhe tomavam o pensamento. Ela era, na verdade, uma feminista; achava injusto que as garotas não gozassem das mesmas liberdades que os meninos, e revoltava-se contra a sina das mulheres. Na época da análise, a ideia de engravidar e ter filho não lhe era agradável; também, suponho, pela deformação física que envolvia. Seu narcisismo de garota, que não mais se exteriorizava como orgulho de sua beleza, havia recuado até essa defesa.[8] Diferentes indícios apontavam, naquele tempo, para um forte prazer em olhar e exibir--se. Quem não quiser ver diminuído o papel da aquisição na etiologia, chamará a atenção para o fato de que o comportamento da garota, como foi aqui descrito, era exatamente o que havia de resultar do efeito conjunto da negligência materna e da comparação de seus genitais com os do irmão, dada uma intensa fixação na mãe. Também aqui existe a possibilidade de fazer remontar ao cunho deixado por influência externa, atuante bem cedo na vida, aquilo que se gostaria de ver como peculiaridade constitucional. E parte dessa aquisição — se realmente ocorreu — deverá também ser creditada à constituição inata. Assim se junta e se mistura continuamente, na observação, o que na teoria queremos separar como um par de opostos: herança e aquisição.

Se um desfecho provisório da análise levou à afirmação de que se tratava de um caso de aquisição tardia da homossexualidade, o reexame do material que agora empreendemos nos faz concluir que é antes um caso de homossexualidade congênita, que, como de hábito, fixou-se e mostrou-se inequivocamente apenas depois da puberdade. Cada uma dessas classificações faz justiça a apenas uma parte das coisas verificáveis pela observação, e negligencia a outra parte. O melhor é não atribuirmos demasiado valor a essa colocação do problema.

8 Cf. a admissão de Cremilda na *Canção dos nibelungos*.

A bibliografia sobre a homossexualidade não costuma separar nitidamente a questão da escolha do objeto, por um lado, e a questão das características e da atitude sexual, por outro lado, como se a decisão quanto a um desses pontos estivesse ligada necessariamente ao outro. A experiência mostra o contrário, porém. Um homem de características predominantemente masculinas, e que também apresenta o tipo masculino na vida amorosa, pode, no entanto, ser invertido no tocante ao objeto, amar apenas homens, em vez de mulheres. Um homem em cujo caráter predominam obviamente traços femininos, que no amor chega a comportar-se como uma mulher, deveria, por essa atitude feminina, tomar um homem como objeto de amor; ele pode, entretanto, ser heterossexual, e não mostrar mais inversão, no que toca ao objeto, do que medianamente um indivíduo normal. O mesmo vale para as mulheres, também nelas as características sexuais psíquicas e a escolha do objeto não correspondem de maneira fixa. Portanto, o segredo da homossexualidade não é tão simples como popularmente se crê: "uma alma feminina, destinada a amar os homens, que infelizmente está num corpo de homem, ou uma alma masculina, atraída irresistivelmente pelas mulheres, mas aprisionada num corpo feminino". Na verdade, lidamos aí com três séries de características:

– características sexuais somáticas (hermafroditismo físico)
– característica sexual psíquica (atitude masculina/feminina)
– tipo de escolha do objeto

que, até certo grau, variam independentemente uma da outra, e que nos diferentes indivíduos se acham em permutações várias. Uma bibliografia tendenciosa dificultou a nossa visão desses nexos, destacando por motivos práticos a conduta no terceiro ponto (a escolha do objeto), o único a chamar a atenção dos leigos, e também exagerando a fixidez da relação entre este e o primeiro ponto. E ela obstrui seu caminho para uma compreensão mais profunda de tudo isso que é uniformemente chamado de homossexualidade, ao recusar dois fatos fundamentais descobertos pela pesquisa psicanalítica. O primeiro, que os homens homossexuais experimentaram uma fixação particularmente forte na mãe; o segundo, que todos os indivíduos normais deixam transparecer, ao lado de sua heterossexualidade manifesta, uma considerável medida de homossexualidade latente ou inconsciente. Levando-se em conta esses achados, cai por terra, certamente, a hipótese de um "terceiro sexo" criado pela natureza num momento de capricho.

Não cabe à psicanálise resolver o problema da homossexualidade. Ela tem de contentar-se em desvendar os mecanismos psíquicos que levaram à decisão na escolha do objeto, e em seguir os caminhos que vão deles às disposições instintuais. Então ela para e deixa o restante à pesquisa biológica, que justamente agora, com as experiências de Steinach,[9] traz informações bem significativas sobre a influência que a segunda e a terceira séries de caracterís-

9 Ver A. Lipschütz, *Die Pubertätsdrüse und ihre Wirkungen* [A glândula da puberdade e seus efeitos], Berna, 1919.

SOBRE A PSICOGÊNESE DE UM CASO DE HOMOSSEXUALIDADE FEMININA IV

ticas acima mencionadas sofrem da primeira. Ela se acha no mesmo terreno da biologia, tomando por pressuposto uma bissexualidade original do indivíduo humano (como do animal). Mas a essência do que é chamado de "masculino" e "feminino", no sentido convencional ou no biológico, a psicanálise não pode esclarecer; ela adota os dois conceitos e os toma por base de seus trabalhos. Se procura examiná-los mais, a masculinidade se dissolve em atividade e a feminilidade, em passividade, o que é pouco. Já procurei expor em que medida cabe (ou é confirmada pela experiência) a expectativa de que esse tanto de trabalho elucidativo que faz parte da análise possibilite uma mudança na inversão. Comparando esse grau de influência às formidáveis transformações que Steinach obteve, em alguns casos, com suas intervenções cirúrgicas, a impressão feita não é grande. Seria uma precipitação e um nocivo exagero, porém, se desde agora tivéssemos esperança de uma "terapia" da inversão que fosse de uso geral. Os casos de homossexualidade masculina em que Steinach teve êxito preenchiam a condição, que nem sempre se acha, de um nítido "hermafroditismo" somático. O tratamento de uma homossexualidade feminina por via análoga é muito pouco claro no momento. Se consistisse na remoção dos ovários provavelmente hermafroditas e na implantação de outros, que se espera serem unissexuais, ele teria pouca possibilidade de aplicação. Uma mulher que se sente masculina, e que amou de maneira masculina, dificilmente permitirá que lhe imponham o papel feminino, se tiver de pagar essa transformação, não inteiramente vantajosa, com a renúncia à maternidade.

[PSICANÁLISE E TELEPATIA] (1941 [1921])

TÍTULO ORIGINAL DO MANUSCRITO: "VORBERICHT" [COMUNICAÇÃO PRELIMINAR]. REDIGIDO EM 1921 E PUBLICADO POSTUMAMENTE EM *GESAMMELTE WERKE* XVII, PP. 27-44, COM O TÍTULO "PSYCHOANALYSE UND TELEPATHIE". ESTE TRABALHO NÃO SE DESTINAVA A PUBLICAÇÃO, FOI APRESENTADO APENAS AOS COLABORADORES MAIS PRÓXIMOS. AO PUBLICÁ-LO, EM 1941, OS EDITORES DOS *GW* LHE DERAM ESSE TÍTULO E OMITIRAM VÁRIAS PASSAGENS, A FIM DE PRESERVAR A IDENTIDADE DOS PACIENTES, SOBRETUDO. ESSAS MODIFICAÇÕES FORAM APONTADAS POR ILSE GRUBRICH-SIMITIS EM *ZURÜCK ZU FREUDS TEXTEN* (FRANKFURT: FISCHER, 1993, CAP. 8; ED. BRAS.: *DE VOLTA AOS TEXTOS DE FREUD*. RIO DE JANEIRO: IMAGO, 1995).

[PSICANÁLISE E TELEPATIA]

Não parece estar em nosso destino poder trabalhar calmamente na ampliação de nossa ciência. Mal acabamos de rechaçar vitoriosamente dois ataques — um deles procurou recentemente negar aquilo que elucidamos e ofereceu-nos, em lugar de todo o conteúdo, apenas o motivo dessa negação, e o outro quis nos persuadir de que não compreendemos a natureza desse conteúdo e que faríamos bem em trocá-lo por outro* —, mal começamos a nos sentir salvos desses inimigos, portanto, eis que surge outro perigo à nossa frente, dessa vez algo imponente, elementar, que ameaça não apenas a nós, mas talvez ainda mais a nossos inimigos.

Ao que parece, não é mais possível rejeitar o estudo dos assim chamados fenômenos ocultos, daqueles fatos que supostamente garantem a real existência de forças psíquicas diversas das mentes humana e animal que conhecemos, ou que revelam faculdades até agora insuspeitadas nessas mentes. O impulso atual para essas pesquisas parece irresistível; no breve período dessas férias, em três ocasiões me recusei a colaborar com novas revistas dedicadas a esse estudo. Acreditamos compreender de onde essa corrente extrai sua força. Ela é, ao mesmo tempo, expressão da perda de valor que tudo atingiu desde a catástrofe da Grande Guerra, um tatear na direção da grande reviravolta para a qual nos dirigimos, cuja extensão ainda não podemos calcular e, sem dúvida, também uma tentativa de compensação, a fim de obter em outra esfera — ultraterrena — o en-

---

* Referências a Adler e Jung.

[PSICANÁLISE E TELEPATIA]

canto que perdeu a vida nessa Terra. É possível que alguns eventos das ciências exatas tenham favorecido esse desenvolvimento. A descoberta do [elemento químico] rádio embaraçou e ampliou igualmente as possibilidades de explicação do mundo físico, e a percepção recentemente adquirida pela chamada teoria da relatividade teve o efeito, em muitos dos admiradores que não a compreendem, de reduzir a confiança na credibilidade objetiva da ciência. Lembrem-se de que o próprio Einstein, há não muito tempo, teve ocasião de protestar contra esse mau entendimento.

Não é seguro que o maior interesse pelo ocultismo envolva um perigo para a psicanálise. Pelo contrário, seria de esperar simpatia mútua entre aquele e esta. Os dois sofreram o mesmo tratamento arrogante e depreciativo por parte da ciência oficial. Ainda hoje a psicanálise é suspeita de misticismo, e seu inconsciente é visto como uma dessas coisas entre o céu e a Terra, com que a filosofia não pode sonhar. As inúmeras solicitações para colaboração, que recebemos dos ocultistas, mostram que eles desejam nos tratar como aliados e ter nosso apoio contra a autoridade da ciência exata. Por outro lado, a psicanálise não tem interesse em defender essa autoridade com o próprio sacrifício, ela mesma se acha em oposição a tudo limitado convencionalmente, fixado, reconhecido de forma geral; não seria a primeira vez que ela empresta sua ajuda às intuições obscuras mas indestrutíveis do povo, contra a presunção de sabedoria dos cultos. Uma aliança e cooperação entre analistas e ocultistas pareceria natural e promissora.

[PSICANÁLISE E TELEPATIA]

Uma consideração mais detida revela dificuldades, porém. A grande maioria dos ocultistas não é impulsionada pela vontade de saber, pela vergonha de a ciência haver longamente descuidado de tomar conhecimento de problemas inegáveis e pela necessidade de submeter a esta novos campos de fenômenos. Eles são, isto sim, pessoas já convencidas, que procuram confirmações, que querem uma justificativa para declarar abertamente a sua fé. Mas a crença que inicialmente adotam e depois querem impor aos demais é a velha fé religiosa que foi dispensada pela ciência no decorrer da evolução humana, ou uma outra, ainda mais próxima das ultrapassadas convicções dos primitivos. Já os psicanalistas não podem negar sua procedência da ciência exata e sua afinidade com os representantes desta. Extremamente desconfiados do poder dos desejos humanos, das tentações do princípio do prazer, eles se dispõem a tudo sacrificar para alcançar um pouco de verdade objetiva: o ofuscante brilho de uma teoria sem lacunas, a exaltada consciência de possuir uma visão de mundo bem-acabada, a tranquilidade psíquica que vem de amplas motivações para agir de forma ética e conveniente. Em vez disso, contentam-se com pedaços de conhecimento e hipóteses fundamentais imprecisas, que sempre aguardam revisão. Em vez de espreitar a ocasião que lhes permitirá subtrair-se à coerção das leis físicas e químicas, têm a esperança de que apareçam leis naturais mais amplas e mais profundas, às quais estão dispostos a submeter-se. Os analistas são, no fundo, mecanicistas e materialistas incorrigíveis, ainda que não pretendam despojar o psíquico e espiritual de suas

[PSICANÁLISE E TELEPATIA]

peculiaridades ainda não reconhecidas. Eles se põem a investigar os fenômenos ocultos apenas porque esperam, desse modo, excluir definitivamente da realidade material os produtos do desejo humano.

Considerando essas disposições mentais tão diferentes, a colaboração entre analistas e ocultistas não oferece perspectiva de êxito. O analista tem seu campo de trabalho, que não deve abandonar: o inconsciente da vida psíquica. Se ficasse à espreita de fenômenos ocultos durante seu trabalho, arriscaria não enxergar tudo o que lhe é mais próximo. Perderia a imparcialidade, a ausência de prevenção e de expectativa que constituem parte essencial de seu armamento analítico. Se tais fenômenos se impuserem à sua atenção de modo semelhante aos outros, ele não os evitará, assim como não evita os outros. Este seria o único propósito compatível com a atividade do analista.

Contra o perigo subjetivo de desperdiçar o interesse nos fenômenos ocultos o analista pode se defender mediante a autodisciplina. Sucede de outro modo com o perigo objetivo. Há pouca dúvida de que o trato com os fenômenos ocultos logo resultará na confirmação de que certo número deles é real; é de presumir que levará muito tempo até que se chegue a uma teoria aceitável desses novos fatos. Mas aqueles avidamente atentos não esperarão tanto. Já na primeira aprovação os ocultistas declararão vitoriosa a sua causa, estenderão a crença de uma afirmação a todas as outras, e dos fenômenos às explicações que lhe são mais agradáveis e mais congeniais. Os métodos da investigação científica devem lhes servir apenas como escada para se erguer acima da ciência. Que pena se su-

[PSICANÁLISE E TELEPATIA]

birem tão alto! Ceticismo nenhum dos que os rodeiam e os escutam poderá fazê-los refletir, nenhuma objeção da maioria poderá detê-los. Serão saudados como liberadores da importuna coação do pensamento, serão jubilosamente recebidos por toda a credulidade que se acha disponível desde os dias de infância da humanidade e os anos de infância do indivíduo. Talvez seja então iminente um terrível colapso do pensamento crítico, da exigência determinista, da ciência mecanicista; a técnica poderá detê-lo mediante o inflexível apego à grandeza da força, à massa e qualidade do material?

É uma vã esperança que justamente o trabalho analítico, pelo fato de ocupar-se do misterioso inconsciente, venha a subtrair-se a essa derrocada de valores. Se os espíritos familiares às pessoas derem as explicações derradeiras, não poderá restar interesse pelas trabalhosas abordagens de poderes psíquicos desconhecidos, realizadas pela investigação analítica. Também serão abandonados os caminhos da técnica analítica, se houver a esperança de mediante procedimentos ocultos colocar-se em relação direta com os espíritos atuantes, exatamente como os hábitos do trabalho paciente são descuidados, quando há a esperança de tornar-se rico mediante uma bem-sucedida especulação. Durante essa guerra, soubemos de pessoas que se achavam entre duas nações inimigas, pertencendo a uma pelo nascimento, à outra por opção e local de residência; seu destino foi serem tratadas como inimigas, primeiro por um lado e depois, se tiveram a sorte de escapar, pelo outro. O destino da psicanálise poderia ser desse tipo.

[PSICANÁLISE E TELEPATIA]

No entanto é preciso suportar o destino, qualquer que seja ele. Também a psicanálise terá de se haver com o seu. Retornemos agora ao presente, à tarefa imediata. Nesses últimos anos fiz algumas observações que não pretendo esconder, ao menos do círculo dos mais próximos. A relutância em transigir com uma corrente dominante nesse tempo, a preocupação em não desviar o interesse da psicanálise e a absoluta ausência de um véu de discrição são os motivos que conjuntamente me levam a não dar maior publicidade a esta comunicação. Penso que meu material tem duas vantagens que raramente se encontram. Primeiro, está livre das dúvidas e reservas de que geralmente sofrem as observações dos ocultistas e, em segundo lugar, mostra sua força comprobatória somente depois de submetido à elaboração analítica. É preciso dizer que ele consiste apenas em dois casos de natureza semelhante; um terceiro caso, de outra espécie, é acrescentado à maneira de apêndice e está sujeito a avaliação distinta. Os dois primeiros casos, que agora exporei amplamente, referem-se a eventos do mesmo tipo, profecias de videntes profissionais que *não* se realizaram. No entanto, produziram enorme impressão nos indivíduos a quem foram enunciadas, de maneira que o essencial nelas não pode ser a relação com o futuro. Qualquer contribuição para seu esclarecimento e qualquer reparo a seu valor comprobatório me serão muito bem-vindos. Minha atitude pessoal diante desse material continua a ser relutante e ambivalente.

I

Alguns anos antes da guerra, um jovem da Alemanha procurou-me para análise, queixando-se de que não conseguia trabalhar, tinha esquecido sua vida passada e perdido o interesse em tudo. Ia graduar-se em filosofia, estudava em Munique, estava diante do exame final; de resto, era um jovem esperto e de grande cultura, infantilmente travesso, e seu pai era um financista que, como depois se verificou, havia elaborado com sucesso um imenso erotismo anal. Quando lhe perguntei se realmente nada lembrava de sua vida ou seus interesses, admitiu ter o projeto de um romance que havia esboçado, que se passava no tempo de Amenófis IV, no Egito, e no qual um certo anel tinha grande importância. Nosso ponto de partida foi esse romance; o anel se revelou como um símbolo do casamento, e dali conseguimos reavivar todos os seus interesses e recordações. Seu colapso psíquico fora consequência de um enorme esforço de superação. Ele tinha uma única irmã, alguns anos mais nova, à qual se ligava com amor total e não dissimulado. "Por que não podemos nos casar?", haviam se perguntado com frequência. Contudo, essa afeição jamais ultrapassara a medida do que é permitido entre irmãos.

Um jovem engenheiro se apaixonou por essa irmã. Foi correspondido por ela, mas não teve a simpatia dos pais severos. Em seu apuro, o casal se voltou para o irmão, pediu-lhe ajuda. Este abraçou a causa dos enamorados, intermediou sua correspondência, possibilitou seus encontros, quando se achava na casa da família, de

[PSICANÁLISE E TELEPATIA]

férias, e terminou por influir para que os pais concordassem no noivado e casamento dos apaixonados. Durante o noivado aconteceu algo suspeito. O irmão conduziu o futuro cunhado numa subida ao Zugspitze,* mas os dois se extraviaram na montanha, correram o risco de despencar, e a duras penas se salvaram. O paciente não objetou muito quando interpretei essa aventura como uma tentativa de assassinato e suicídio. Poucos meses após o casamento da irmã, ele iniciou a análise.

Deixou-a depois de seis a nove meses, inteiramente capaz de trabalhar, a fim de fazer seus exames e escrever sua tese. Retornou um ano depois para prosseguir a análise, já como doutor em filosofia, porque, segundo falou, a psicanálise tinha para ele, como filósofo, um interesse que ia além do sucesso terapêutico. Sei que recomeçou em outubro. Algumas semanas depois me contou a seguinte experiência, já não me recordo a propósito de quê.

Em Munique há uma vidente que goza de grande reputação. Os príncipes da Baviera têm o hábito de visitá-la antes de empreender algo. Tudo o que ela solicita é que lhe deem uma data. (Não perguntei se é preciso incluir o ano.) Pressupõe-se que seja a data do aniversário de determinada pessoa, mas ela não pergunta quem. Tendo essa data, ela consulta livros de astrologia, faz longos cálculos e, por fim, profetiza algo em relação a essa pessoa. No mês de março anterior, meu paciente resolvera consultar a vidente e lhe dera a data de nascimento de seu cunhado, natural-

---

* O monte mais elevado dos Alpes na Baviera.

[PSICANÁLISE E TELEPATIA] I

mente sem dizer o nome deste e sem revelar que o tinha em mente. O oráculo foi de que a pessoa morreria em julho ou agosto, de uma intoxicação por ostras ou camarão. Depois de relatar isso, meu paciente acrescentou: "Isso foi formidável!".

Eu não compreendi e repliquei vivamente: "O que você acha formidável nisso? Há algumas semanas você vem aqui; se o seu cunhado tivesse morrido, há muito você teria me contado isso; ele ainda vive, portanto. A profecia foi em março, deveria se cumprir no verão, e agora estamos em novembro. Não se cumpriu, portanto. O que você pode admirar nisso?".

Ele: "É verdade que ela não se cumpriu. Mas o curioso é que meu cunhado adora ostras, camarões etc., e em agosto *passado* teve realmente uma intoxicação por camarão,* e quase morreu dela". Depois não falamos mais disso.

Queiram agora examinar esse caso comigo.

Eu acredito na sinceridade do narrador. É um homem realmente sério, atualmente ensina filosofia em K. Não sei de nenhum motivo que pudesse fazê-lo me enganar. O relato foi episódico e nada tendencioso, nenhuma coisa mais foi ligada a ele nem foram tiradas conclusões dele. Não houve a intenção de me convencer da existência de fenômenos psíquicos ocultos, e tive a impressão de que ele não fazia ideia clara do significado de sua experiência. Eu próprio fiquei tão surpreso —

---

* Esse caso também é relatado em "Sonhos e ocultismo", uma das *Novas conferências introdutórias à psicanálise* (1933), mas de maneira menos detalhada e com a ligeira diferença, nesse ponto, de que a intoxicação do cunhado foi devida a ostras.

[PSICANÁLISE E TELEPATIA]

penosamente tocado, na verdade — que não fiz utilização analítica de sua comunicação.

A observação também me parece irrepreensível de outro ponto de vista. Está provado que a vidente não conhecia o visitante. Mas perguntem a si mesmos que grau de intimidade é preciso para que se reconheça uma data como o dia de aniversário do cunhado de um conhecido. Por outro lado, duvidarão tenazmente, como eu, que mediante algumas fórmulas e com algumas tabelas alguém possa inferir, a partir da data de nascimento, um evento tão específico como uma intoxicação por lagosta. Não esqueçamos que muitos indivíduos nascem no mesmo dia; vocês acham possível que chegue a semelhante detalhe a comunhão de destinos que seria baseada no mesmo dia de nascimento? Portanto, atrevo-me a excluir inteiramente da discussão os cálculos astrológicos; acho que a vidente poderia ter feito qualquer outra coisa, sem alterar o resultado da indagação. Assim, parece-me que também do lado da vidente — digamos logo: da médium — estaria descartada uma fonte de engano.

Se vocês admitirem a realidade e veracidade dessa observação, estaremos diante de sua explicação. E logo advertimos algo que vale para a maioria desses fenômenos, que sua explicação com hipóteses ocultas é extraordinariamente adequada, cobre de maneira total o que tem de ser explicado, exceto que é tão insatisfatória em si mesma. O conhecimento de que o homem nascido naquele dia teve intoxicação por camarão não podia estar presente na adivinhadora, nem ela podia tê-lo adquirido de seus cálculos e tabelas.

[PSICANÁLISE E TELEPATIA] I

Mas estava presente naquele que a consultava. O fato se explica integralmente se nos dispomos a supor que tal conhecimento se transferiu dele para ela, a suposta profeta, por um meio desconhecido, que exclui as formas de comunicação que nos são familiares. Ou seja, teríamos que tirar esta conclusão: existe transmissão de pensamento.* O trabalho astrológico da vidente corresponderia, então, a uma atividade que distrai suas próprias forças psíquicas, ocupando-as de modo inofensivo, de maneira que ela possa tornar-se receptiva e permeável aos pensamentos do outro indivíduo, uma verdadeira "médium". Vimos procedimentos análogos no chiste, por exemplo, quando se trata de garantir a um processo psíquico um decurso mais automático.**

O recurso à psicanálise proporciona algo mais nesse caso, porém, e realça a sua importância. Ensina-nos que não se comunicou uma informação irrelevante qualquer a uma segunda pessoa pela via da indução, mas sim que o desejo excepcionalmente forte de uma pessoa, que se achava em relação especial com sua consciência, pôde achar, com o auxílio de uma segunda pessoa, expressão consciente sob ligeiro disfarce — exatamente como, numa placa sensível à luz, o final

---

* "Transmissão de pensamento": *Gedankenübertragung*; o termo *Übertragung* também pode significar "transporte, translado, tradução" e "transferência" (é o mesmo usado para designar o fenômeno da transferência do paciente em relação ao analista).
** Cf. *O chiste e sua relação com o inconsciente* (1905), cap. v; *Psicologia das massas e análise do Eu* (1921), cap. x.

[PSICANÁLISE E TELEPATIA]

invisível do espectro se revela aos sentidos como extensão colorida. Acreditamos ser possível reconstruir a linha de pensamentos do jovem após a doença e recuperação do cunhado por ele odiado como um rival. "Bem, dessa vez ele escapou; mas nem por isso abandona esse gosto perigoso, e da próxima vez *é de esperar* que se vá." Esse "é de esperar" é o que converte na profecia. Como contrapartida desse episódio, eu poderia lhes relatar o sonho de uma outra pessoa, no qual uma profecia aparece como material, e a análise do sonho mostra que o conteúdo da profecia coincide com a realização de um desejo.*

Não posso simplificar minhas afirmações, caracterizando o desejo de morte do paciente em relação ao cunhado como inconscientemente reprimido. Esse desejo tinha se tornado consciente durante a terapia do ano anterior, e as consequências da repressão haviam cedido ao tratamento. Mas ele persistia, não mais patogênico, mas com intensidade bastante. Poderíamos defini-lo como "refreado".**

---

* Não sabemos exatamente a que sonho Freud se refere. Strachey afirma que talvez seja o relatado no manuscrito "Um sonho premonitório realizado", de 1899 (publicado em 1941), mas admite que nele não há uma profecia específica.

** "Refreado": tradução aqui dada a *unterdrückt*, particípio do verbo *unterdrücken*, que em outras ocasiões traduzimos por "suprimir"; nas versões estrangeiras consultadas se acha: *contenido, sofocado, represso, suppressed*. Cf. notas sobre a versão de *Unterdrückung* no v. 12 destas *Obras completas*, pp. 83 e 223.

II

Na cidade de F. cresce uma menina, a maior de cinco irmãs. A mais jovem tem dez anos menos que ela; esta a deixou cair dos braços uma vez, quando ainda era bebê, e a chama de "minha filha". A irmã que vem depois dela tem uma diferença mínima de idade, nasceram no mesmo ano. A mãe, mais velha que o pai, não é uma mulher muito amável. Este, mais jovem não apenas na idade, dedica-se bastante às filhas e as impressiona com suas habilidades. Infelizmente não impressiona em outros aspectos; incompetente como homem de negócios, não pode manter a família sem a ajuda dos parentes. A filha mais velha se torna, bem cedo, a confidente de todas as apreensões que resultam da precariedade econômica do pai.

Tendo mostrado um caráter rígido e passional durante a infância, cresceu para se tornar um verdadeiro espelho de virtudes. Seu elevado senso moral é acompanhado de uma inteligência limitada. Tornou-se professora de uma escola pública e é bastante respeitada. As tímidas homenagens de um jovem parente, seu professor de música, deixam-na indiferente. Nenhum outro homem despertou ainda seu interesse.

Um dia aparece um parente da mãe, bem mais velho do que a moça; mas, como ela tem apenas dezenove anos, ele é ainda um homem jovem. É estrangeiro, vive na Rússia, como diretor de uma grande firma comercial, tornou-se muito rico. Serão necessárias nada menos que uma guerra mundial e a queda do maior despotismo

[PSICANÁLISE E TELEPATIA]

existente para empobrecer também a ele. Apaixona-se pela jovem e severa prima, quer torná-la sua mulher. Os pais não procuram convencê-la, mas ela sabe o que desejam. Por trás de todos os ideais éticos vislumbra a realização do desejo, cultivado na fantasia, de ajudar o pai, salvando-o de sua penúria. Ela imagina que o futuro noivo apoiará o pai, enquanto este prosseguir com os negócios, o aposentará, quando ele finalmente abandoná--los, e fornecerá dotes e enxovais para as irmãs, de modo que poderão casar-se. Apaixona-se por ele, casa-se pouco depois e o acompanha na volta para a Rússia.

Exceto por alguns pequenos incidentes, que somente em retrospecto ganharão significado, tudo corre esplendidamente nesse matrimônio. Ela se torna uma mulher amorosa, sensualmente satisfeita, e a benfeitora de sua família. Falta apenas uma coisa, ela não tem filhos. Está com 27 anos, no oitavo ano do casamento, vive agora na Alemanha e, após superar todas as hesitações, procura um ginecologista de lá. Este lhe promete êxito, com a habitual ligeireza dos especialistas, caso ela se submeta a uma pequena operação. Ela está de acordo, e no dia anterior fala com o marido a respeito disso. Anoitece, ela vai acender a luz. O marido lhe pede que não o faça, pois quer lhe dizer algo e para isso prefere a escuridão. Ela deve suspender a operação, é dele a culpa pela falta de filhos. Durante um congresso de medicina, dois anos atrás, ele soube que determinadas doenças podem tornar um homem incapaz de procriar, e um exame demonstrou que esse era seu caso. Após essa revelação, a cirurgia deixa de se realizar. Algo na mulher desmorona subitamente, em vão ela tenta escondê-lo. Ela pôde amar aquele homem apenas como sucedâneo do pai, e agora ouve que ele nunca se tornará pai. Três caminhos se abrem para ela, todos eles inviáveis: a infidelidade, a renúncia a ter filhos, a separação do marido. Este último ela não pode seguir por evidentes motivos práticos, o segundo, pelos fortes motivos inconscientes, que vocês facilmente imaginam. Toda a sua infância foi dominada pelo desejo, três vezes baldado, de ter um filho com o pai. Então lhe resta aquela saída que a tornará tão interessante para nós. Sucumbe a uma grave neurose. Durante algum tempo, defende-se de várias tentações com o auxílio de uma histeria de angústia, mas depois ela muda para graves ações obsessivas. Vai para sanatórios e, após dez anos de enferma, chega também a mim. Seu sintoma mais saliente era que, ao deitar na cama, prendia sua roupa ao lençol com presilhas. Assim revelava o segredo da contaminação* do marido, que a deixara sem filhos.

Certa vez essa paciente me contou — ela tinha então quarenta anos de idade, talvez — uma experiência da época do início de sua depressão, antes que irrompesse a neurose obsessiva. Para distraí-la, seu marido a levou consigo numa viagem de negócios a Paris. Eles estavam sentados no hall do hotel, com um colega dele, quando notaram certo movimento no local. Ela perguntou a um funcionário o que sucedia, e soube que *Monsieur le professeur* chegava para atender na salinha junto à entrada.

---

* "Contaminação": *Ansteckung*; o verbo traduzido por "prender", na frase anterior, é *anstecken*.

[PSICANÁLISE E TELEPATIA]

Segundo ele, *M. le professeur* era um grande adivinho, não fazia perguntas, apenas instruía o visitante para que pusesse a mão dentro de um recipiente com areia, e vaticinava o futuro pelo exame da marca deixada. Ela afirmou que também queria consultá-lo, mas seu marido foi contra, disse que era algo absurdo. Depois que ele saiu com o parceiro de negócios, porém, ela tirou do dedo a aliança e entrou no gabinete do adivinho. Este examinou longamente a impressão de sua mão e anunciou: "No futuro próximo a senhora passará por grandes conflitos, mas tudo sairá bem, a senhora se casará e com 32 anos terá dois filhos". Ao contar essa história, ela dava sinais evidentes de admiração e incompreensão. Observei que lamentavelmente o prazo da profecia já havia expirado oito anos antes, mas isso não lhe causou impressão. Refleti que talvez ela admirasse a confiante audácia dessa predição, o "olhar do rabino".*

É pena que minha memória, normalmente confiável, não esteja segura da primeira parte da profecia, se dizia: "Tudo sairá bem, a senhora se casará" ou, em vez disso, "A senhora será feliz". Minha atenção se concentrou demasiadamente na frase final, com seus detalhes pregnantes. Na realidade, porém, as afirmações iniciais sobre os conflitos que terminarão bem correspondem às fórmulas vagas que aparecem em todas as profecias, até mesmo nas vendidas prontas. Sobressaem mais ainda, portanto, os dois números enunciados na frase final. Seria inte-

---

* Alusão a uma piada contada em *O chiste e sua relação com o inconsciente*, cap. II, seção 8.

ressante, não há dúvida, saber se o professor realmente falou em *casamento*. Ela não usou a aliança e, com 27 anos, parecia jovem o bastante para ser tida como solteira, mas, por outro lado, não é preciso muito refinamento para perceber a marca de um anel num dedo.

Limitemo-nos, então, ao problema da última frase, que promete dois filhos aos 32 anos. Esses detalhes parecem inteiramente arbitrários e inexplicáveis. Nem o indivíduo mais crédulo tentaria deduzi-los das marcas da mão. Eles encontrariam uma justificação irrefutável se o destino os tivesse confirmado, mas isso não ocorreu, ela já estava com quarenta anos e não tinha nenhum filho. Quais eram, então, a origem e o significado desses números? A paciente mesma não fazia ideia. A coisa óbvia a fazer seria abandonar a questão e incluir o episódio entre as inúmeras manifestações sem sentido, supostamente ocultas.

Isto seria ótimo, a mais simples solução e uma facilitação muito desejada, se — infelizmente devo dizer — a análise não estivesse em condições de dar um esclarecimento sobre os dois números, e isso de maneira satisfatória, até mesmo evidente para a situação. Pois os dois números cabiam perfeitamente na história da vida da mãe de nossa paciente. Ela havia se casado após os trinta anos e justamente aos 32, diferenciando-se da maioria das mulheres e como que recuperando o atraso, conseguira dar à luz dois filhos. Então é fácil traduzir a profecia: "Não se entristeça com sua falta de filhos, isso não quer dizer nada, você ainda pode ter o mesmo destino de sua mãe, que com sua idade ainda não era casada e com 32 teve dois filhos". Esta profecia lhe promete que

[PSICANÁLISE E TELEPATIA]

se realizará a identificação com a mãe que fora o segredo de sua infância, e é feita por um vidente que ignora todas essas coisas pessoais e trabalha com uma impressão deixada na areia. Nada nos impede de acrescentar, como pressuposto dessa realização de desejo inconsciente em todo sentido, o seguinte: "Você se livrará de seu marido inútil, com a morte dele, ou encontrará forças para se divorciar dele". A primeira possibilidade corresponderia melhor à natureza da neurose obsessiva, e a segunda teria relação com os conflitos vitoriosos de que fala a profecia.

Vocês observam que o papel da interpretação analítica é ainda mais importante nesse caso do que no anterior; pode-se dizer que com ela criou-se o fato oculto. Por conseguinte, deveríamos também atribuir a esse exemplo uma enorme força comprobatória da possibilidade de transmitir um desejo inconsciente poderoso e os pensamentos e informações a ele relacionados. Vejo apenas uma forma de escapar à conclusão imposta por esse caso, e certamente não a ocultarei. É possível que a paciente tenha desenvolvido uma paramnésia nos doze ou treze anos decorridos entre a profecia e seu relato, que o professor tenha dito apenas algumas vagas palavras de consolo, o que não seria de estranhar, e que pouco a pouco ela tenha introduzido os números significativos, a partir de seu inconsciente. Então desapareceria o fato que nos impõe tão sérias conclusões. De bom grado nos identificamos com um indivíduo cético, que dá valor a uma comunicação dessas apenas quando sucede logo após o evento. E não sem hesitar, mesmo então. Lembro-me que após minha nomeação para professor

[PSICANÁLISE E TELEPATIA] II

tive uma audiência de agradecimento com o ministro. Voltando dessa audiência, surpreendi-me tentando falsear as palavras que havíamos trocado, e nunca mais pude lembrar exatamente a conversa que tivemos. Deixarei que vocês decidam se consideram esta explicação aceitável. Não posso refutá-la nem prová-la. Assim, esta segunda observação, embora mais impressionante que a primeira, não estaria menos sujeita à dúvida do que ela.

Os dois casos que lhes apresentei correspondem a profecias não realizadas. Creio que observações assim trazem o melhor material para o problema da transmissão de pensamentos, e quero encorajá-los a reunir coisas similares. Eu também havia preparado para vocês um material de outro tipo, o caso de um paciente especial, que durante uma sessão falou coisas que se ligavam notavelmente a uma experiência que eu acabara de ter. Mas lhes darei uma prova tangível de que apenas com enorme resistência me ocupo dessas questões de ocultismo. Quando, em Gastein,* eu buscava os apontamentos que tinha levado para preparar esta comunicação, não consegui achar a folha em que anotara essa última observação, e sim uma outra, levada por engano, com anotações de outra espécie inteiramente. Contra uma resistência tão nítida não há o que fazer; ficarei lhes devendo esse caso, pois não posso completá-lo de memória.

Em vez disso, farei algumas observações sobre uma pessoa bastante conhecida em Viena, um grafólogo chamado Rafael Schermann, a quem se atribuem rea-

---

* Local onde Freud passava férias então.

[PSICANÁLISE E TELEPATIA]

lizações assombrosas. Ele seria capaz não só de adivinhar o caráter de alguém mediante uma amostra de sua caligrafia, como também de descrever a pessoa e fazer predições que depois são confirmadas pelo destino. No entanto, muitas dessas proezas vêm de seus próprios relatos. Certa vez, um amigo fez a experiência, sem meu conhecimento, de deixá-lo fantasiar sobre uma amostra de minha escrita. Ele disse apenas que ela procedia de um homem velho — fácil de notar — e de difícil convivência, pois era um insuportável tirano doméstico. Bem, dificilmente isto será confirmado pelas pessoas que vivem comigo. Mas, como se sabe, no terreno do ocultismo há o cômodo princípio de que os casos negativos nada provam.

Não observei Schermann diretamente, mas através de um paciente adquiri certa ligação com ele, da qual nada sabe. Disso lhes falarei agora.* Há alguns anos fui procurado por um jovem que me causou uma impressão extremamente simpática, de modo que lhe dei a preferência em relação a muitos outros. Ele estava envolvido numa relação com uma conhecida cortesã e desejava rompê-la, porque lhe tirava a autodeterminação, mas não conseguia fazê-lo. Foi-me possível liberá-lo e, ao mesmo tempo, compreender plenamente sua compulsão. Poucos meses antes, ele havia contraído

---

* Tanto o caso seguinte como o anterior, da mulher sem filhos que consultou um adivinho, foram reaproveitados em "Sonhos e ocultismo", em geral com menos detalhes; sendo que o anterior também aparece em "Alguns complementos à interpretação dos sonhos" (1925).

[PSICANÁLISE E TELEPATIA] II

um matrimônio normal, socialmente satisfatório. Logo se verificou, na análise, que a compulsão contra a qual lutava não dizia respeito à cortesã, mas a uma senhora de seu próprio ambiente, com a qual tinha uma relação desde o início da juventude. A cortesã apenas servia como bode expiatório para os sentimentos de ciúme e vingança que se dirigiam à amada, na realidade. Segundo um modelo nosso conhecido, ele havia se subtraído à inibição própria da ambivalência mediante o deslocamento para um novo objeto.

A essa cortesã, que por ele se apaixonara quase desinteressadamente, ele costumava atormentar da maneira mais refinada. Quando ela já não podia esconder o sofrimento, porém, ele a cobria da ternura que sentia pelo amor da juventude, dava-lhe presentes e a tranquilizava, e assim prosseguia o ciclo. Quando, por influência do tratamento, ele enfim terminou com ela, tornou-se claro o que pretendia alcançar, agindo daquela forma com a substituta da amada: a reparação por uma tentativa de suicídio na juventude, quando a amada não ouvia suas súplicas. Após essa tentativa, finalmente conquistou a amada, mais velha que ele. Nessa época do tratamento ele costumava procurar Schermann, seu conhecido, que várias vezes lhe interpretou a letra da dama galante, dizendo-lhe que ela estava no fim das forças, à beira do suicídio, e certamente se mataria. Mas ela não se matou; em vez disso, desvencilhou-se de suas fraquezas humanas e lembrou-se dos princípios de sua profissão e de seus deveres em relação ao amigo oficial. Para mim ficou claro que o homem

[PSICANÁLISE E TELEPATIA]

dos prodígios havia apenas revelado a meu paciente o seu próprio desejo íntimo.

Superada a ligação com esta pessoa substituta, meu paciente se dedicou seriamente a livrar-se de sua verdadeira amarra. Por alguns sonhos percebi o plano que nele se formava, de como poderia dissolver a ligação com o amor da juventude sem magoá-la nem prejudicá-la materialmente. Ela tinha uma filha que se mostrava bem terna com o jovem amigo da casa e que, presumivelmente, nada sabia do papel secreto que ele desempenhava. Com essa garota ele pretendia casar. Pouco depois o plano se tornou consciente, e o jovem deu os primeiros passos para executá-lo. Apoiei sua intenção, que correspondia a uma saída irregular, mas possível, de uma complicada situação. Mas pouco depois veio um sonho que exprimia hostilidade para com a moça, e ele novamente consultou Schermann, que emitiu o parecer de que a moça era infantil, neurótica e inapta para o casamento. O grande conhecedor dos seres humanos tinha razão dessa vez; o comportamento da garota, que já era tida como noiva do jovem, tornou-se mais e mais contraditório, e decidiu-se encaminhá-la a uma análise. O resultado dessa análise foi o abandono do projeto de casamento. A garota tinha conhecimento inconsciente das relações entre sua mãe e seu noivo, e ligava-se a ele apenas devido a seu próprio complexo de Édipo.

Nessa época interrompemos a análise. O paciente se achava livre e capacitado a seguir por si próprio seu caminho. Escolheu para mulher uma garota respeitável,

[PSICANÁLISE E TELEPATIA] II

de fora do círculo familiar,* sobre a qual Schermann havia se pronunciado favoravelmente. Esperamos que dessa vez ele acerte de novo.

Vocês terão compreendido de que maneira tendo a interpretar essas minhas experiências com Schermann. Vejam que todo o meu material lida apenas com a indução de pensamentos; nada tenho a dizer sobre todos os demais prodígios de que fala o ocultismo. Minha própria vida transcorreu particularmente pobre em matéria de eventos ocultos, como já afirmei publicamente. Talvez o problema da transmissão de pensamentos lhes pareça mínimo, comparado ao grande mundo mágico do oculto. Mas ponderem que sério passo adiante, para além da concepção que até hoje tivemos, a admissão dessa única hipótese já representaria. Continua sendo verdadeiro o que o custódio [da basílica] de Saint-Denis acrescentava à história do martírio do santo. Depois que lhe cortaram a cabeça, Saint-Denis a teria apanhado do chão e andado um bom trecho com ela sob o braço. O custódio observou sobre isso: *"Dans des cas pareils, ce n'est que le premier pas qui coûte* [Em casos assim, apenas o primeiro passo é que custa]". O resto vem por si.

---

* Como foi dito na página inicial desse texto, ele não foi redigido para publicação e sofreu modificações por parte dos editores, ao ser publicado postumamente. Entre as mudanças reveladas pela pesquisadora Grubrich-Simitis, a mais significativa foi a omissão de que o "amor da juventude" do paciente era, na verdade, sua cunhada, e que ele seria o pai do filho mais novo dela. Assim se explica a afirmação de que não pertencia ao "círculo familiar" a garota com quem ele afinal se casou.

SONHO
E TELEPATIA
(1922)

TÍTULO ORIGINAL: "TRAUM UND
TELEPATHIE", PUBLICADO
PRIMEIRAMENTE EM *IMAGO*,
V. 8, 1, PP. 1-22; TRADUZIDO
DE *GESAMMELTE WERKE*
XIII, PP. 165-91.

Nesses tempos de tão grande interesse pelos fenômenos chamados "ocultos", um tema como o anunciado deve despertar expectativas bem definidas. Então eu me apresso em contrariá-las. Os senhores nada aprenderão, nesta conferência,* sobre o enigma da telepatia, nem mesmo poderão concluir se creio ou não na existência de uma "telepatia". Eu me propus, aqui, a tarefa bem modesta de investigar a relação das ocorrências telepáticas, qualquer que seja a sua origem, com o sonho; ou, mais precisamente, com a nossa teoria do sonho. Como sabem, o vínculo entre sonho e telepatia é geralmente considerado bastante estreito. Eu defenderei a opinião de que os dois têm muito pouco a ver entre si, e, ainda que a existência de sonhos telepáticos fosse confirmada, isso em nada mudaria nossa concepção do sonho.

O material em que se baseia esta comunicação é pequeno. Antes de tudo, devo lamentar não poder trabalhar com meus próprios sonhos, como fiz ao escrever *A interpretação dos sonhos* (1900). Mas o fato é que nunca tive um sonho "telepático". Não que me faltassem sonhos contendo a informação de que em certo lugar distante estaria ocorrendo determinada coisa, cabendo ao sonhador decidir se o acontecimento se dá naquele instante ou nalgum tempo futuro. E não poucas vezes também tive, em plena vida desperta, pressentimentos de fatos distantes, mas nenhum desses prenúncios, intuições e previsões se

---

* Este trabalho parece ter sido concebido como uma palestra para a Sociedade Psicanalítica de Viena, embora não haja evidência de ela realmente ter sido ministrada.

"verificou", como se diz. Sucedeu que não houve realidade externa que lhes correspondesse, e eles tiveram de ser vistos como expectativas puramente subjetivas.

Durante a guerra, por exemplo, eu sonhei que um de meus filhos, que se achava no front, havia sucumbido. O sonho não o dizia diretamente, mas de forma inequívoca; expressava-o com os meios do conhecido simbolismo da morte, primeiramente oferecido por Wilhelm Stekel.* (Não vamos deixar de cumprir aqui o dever, muitas vezes incômodo, da escrupulosidade literária!) Vi o jovem soldado numa passarela de embarque, entre a terra e a água; parecia-me bastante pálido, falei com ele, mas não respondeu. E havia outras indicações inconfundíveis. Ele não vestia uniforme militar, e sim um traje de esquiador, como o que usara num grave acidente, alguns anos antes da guerra. Estava sobre uma espécie de banquinho, em frente a um armário, situação que me sugeria a interpretação de "queda", graças a uma minha recordação de infância, pois com pouco mais de dois anos de idade eu mesmo havia trepado num banquinho como aquele, para pegar algo de um armário — provavelmente algo gostoso —, e havia caído e me machucado, ganhando uma cicatriz que ainda hoje tenho. Mas meu filho, que aquele sonho declarava morto, retornou são e salvo da guerra.

Há pouco tempo tive um outro sonho de mau augú-

---

* Freud se refere a Wilhelm Stekel, *Die Sprache des Traumes* [A linguagem do sonho], Wiesbaden, 1911; a guerra mencionada é, naturalmente, a Primeira Guerra.

SONHO E TELEPATIA

rio, acho que pouco antes de me decidir a escrever este breve comunicado. Dessa vez não houve muito disfarce no sonho. Vi minhas duas sobrinhas que moram na Inglaterra, elas estavam de preto e me diziam: "Nós a enterramos na quinta-feira". Eu sabia que falavam da morte de sua mãe, que tinha 87 anos, esposa de meu falecido irmão mais velho.

Houve então, naturalmente, um período de dolorosa expectativa para mim. O súbito falecimento de uma senhora tão idosa não seria nada surpreendente, mas seria desagradável se o meu sonho coincidisse com aquele evento. No entanto, a primeira carta vinda da Inglaterra dissipou esse temor. Para todos aqueles preocupados por causa da teoria do sonho como realização de desejo, quero deixar a tranquilizadora informação de que não foi difícil a análise revelar os presumíveis motivos inconscientes também nesses sonhos relativos à morte.

Agora não me interrompam com a objeção de que tais comunicados não têm valor, pois as experiências negativas provam tão pouco nisso como em outras áreas menos ocultas. Também sei disso, e não trouxe esses exemplos com a intenção de provar algo ou de instilar-lhes uma determinada atitude. Quis apenas justificar a escassez do meu material.

Mais significativo me parece um outro fato: o de que durante uma atividade de 27 anos como analista eu nunca encontrei um sonho realmente telepático. As pessoas que tratei eram uma boa coleção de naturezas seriamente neuropáticas e altamente "sensitivas". Muitas delas me relataram os mais curiosos acontecimentos de sua vida, nos quais baseavam sua crença em misteriosas influências ocultas. Acidentes, enfermidades de parentes próximos, especialmente morte de pai ou mãe, sucederam com razoável frequência e interromperam a análise, mas nem uma única vez essas contingências, que se prestavam para isso por sua natureza, deram-me ocasião de flagrar um sonho telepático, embora o tratamento se estendesse por um semestre, um ano inteiro ou vários anos. Uma explicação para esse fato, que implica mais uma restrição de meu material, poderá ser buscada por quem se interessar em fazê-lo. Os senhores verão que ela não influi no teor desta minha comunicação.

Tampouco pode me embaraçar a questão de por que não recorri ao acervo de sonhos telepáticos reunidos na literatura sobre o tema. Não precisaria procurar muito, já que as publicações da Society for Psychical Research inglesa e da americana se acham à minha disposição, na qualidade de membro. Em nenhuma dessas comunicações há uma tentativa de apreciação psicanalítica do sonho, tal como nos interessa em primeira linha.[1] Por outro lado, logo os senhores verão que para os objetivos da presente comunicação bastará um só exemplo de sonho.

Portanto, meu material consiste apenas em dois relatos, que me vieram de dois correspondentes na Alemanha. Não os conheço pessoalmente, mas forneceram

---

1 Em dois textos do autor mencionado, W. Stekel (*Der telepathische Traum* [O sonho telepático], sem ano de publicação, e *Die Sprache des Traumes*, 2ª ed., 1922), há pelo menos esboços de aplicação da técnica psicanalítica a sonhos supostamente telepáticos. O autor manifesta sua crença na realidade da telepatia.

nome e local de residência; não há o menor motivo para crer que tivessem a intenção de me enganar.

I

Com um deles eu já estava em correspondência; ele tinha a amabilidade de enviar-me, como muitos outros leitores, observações sobre eventos cotidianos e coisas assim. Esse homem, obviamente culto e inteligente, colocou seu material à minha disposição, se eu quisesse "aproveitá-lo literariamente".

Eis a sua carta:

"O sonho seguinte me parece de interesse bastante para que o envie ao senhor, como material para seus estudos.

"Primeiramente devo informar isto: minha filha, que é casada e vive em Berlim, terá seu primeiro parto em meados de dezembro. Eu pretendo viajar para Berlim nessa época, com minha (segunda) esposa, a madrasta de minha filha. Na noite de 16 para 17 de novembro sonhei, de modo mais vivo e claro do que nunca, que *minha mulher teve gêmeos. Vejo os dois esplêndidos bebês, com suas bochechas rosadas, deitados um ao lado do outro no berço, o sexo não percebo; um deles, com cabelo louro-claro, tem nitidamente os meus traços, com algo de minha mulher; o outro, com cabelo castanho, tem nitidamente os traços de minha mulher, com algo de meu. Digo a minha mulher, que*

SONHO E TELEPATIA

tem cabelo louro-avermelhado: 'Provavelmente o cabelo castanho de seu bebê também ficará vermelho depois'. Minha mulher dá o peito às duas crianças. Ela cozinhou (no sonho) marmelada numa bacia de banho, e os bebês engatinham na bacia e lambem o conteúdo.

"Este foi o sonho. Quatro ou cinco vezes eu quase acordei, perguntando-me se era verdade que tínhamos gêmeos, e concluindo, sem plena certeza, que havia apenas sonhado. O sonho durou até que acordei, e depois ainda um momento, até que me dei conta da verdade. No café da manhã relatei a minha mulher o sonho, que muito a divertiu. Ela falou: 'Mas Ilse (minha filha) vai ter gêmeos?'. Eu respondi: 'Acho difícil, pois nem na minha família nem na de G. (seu marido) há gêmeos'. No dia 18 de novembro, às dez da manhã, recebi um telegrama de meu genro, passado na tarde anterior, em que comunicava o nascimento de gêmeos, um garoto e uma menina. O nascimento se deu, portanto, quando sonhei que minha mulher teve gêmeos. O parto ocorreu quatro semanas antes do que esperávamos, pelas conjecturas de minha filha e do marido.

"E ainda isto: na noite seguinte sonhei que *minha falecida mulher, a mãe de minha filha, adotou 48 recém-nascidos. Quando a primeira dúzia é trazida, eu protesto.* Assim acaba o sonho.

"Minha falecida mulher gostava muito de crianças. Com frequência dizia que gostaria de ter um bando delas ao redor, quanto mais, melhor; que tinha aptidão e se sentiria bem em tomar conta de um jardim de infância. Barulho de criança era música para seus ouvidos. De vez em quando ela chamava muitas crianças da rua e lhes servia bolo e chocolates no pátio de nossa casa. Certamente minha filha se lembrou da mãe após o parto, ainda mais com a surpresa do evento prematuro e com os gêmeos de sexo diferente. Sabia que ela receberia o acontecimento com grande alegria e interesse. 'Que diria mamãe, se estivesse comigo agora?' Sem dúvida lhe veio o pensamento. E eu tenho este sonho com minha falecida primeira mulher, com quem sonho raramente, e de quem não havia falado nem pensado após o primeiro sonho.

"O senhor julga um acaso a coincidência entre sonho e evento nos dois casos? Minha filha, que me é bastante próxima, certamente pensou em mim durante seu parto, inclusive porque me correspondi bastante com ela sobre sua conduta durante a gravidez, sempre lhe dando conselhos."

É fácil imaginar minha resposta a essa carta. Lamentei que também no caso dele o interesse analítico fosse inteiramente suplantado pelo interesse na telepatia. Esquivei-me de sua pergunta direta, observei que o sonho também continha muitas coisas além de sua relação com o nascimento dos gêmeos, e solicitei que me transmitisse os dados e associações que me permitiriam uma interpretação do sonho.

Então recebi esta segunda carta, que não satisfez inteiramente meu pedido:

"Somente hoje venho a responder sua amável carta

do dia 24. Vou lhe informar de bom grado, 'com franqueza e sem lacunas', todas as associações que me ocorrem. Infelizmente não há muita coisa; numa comunicação oral haveria bem mais.

"Muito bem. Minha esposa e eu não desejamos mais filhos. Quase já não nos relacionamos sexualmente, e na época do sonho não havia nenhum 'perigo', de todo modo. O parto de minha filha, esperado para meados de dezembro, era objeto frequente de nossas conversas, claro. Ela havia sido examinada e havia feito raios X no verão, e o médico constatou que seria um menino. Minha mulher dizia ocasionalmente: 'Eu vou rir, se for menina'. Ela também achava que seria melhor se fosse um H. do que um G. (nome de família do meu genro); minha filha é mais bonita e de figura mais imponente do que meu genro, embora ele tenha sido oficial da marinha. Eu me ocupei de questões de hereditariedade, e tenho o hábito de olhar atentamente para os bebês, a fim de ver com quem se parecem. Mais uma coisa. Nós temos um cachorro pequeno, que à noite se senta à mesa conosco, obtém sua ração e lambe inteiramente os pratos e travessas. Todo esse material aparece no sonho.

"Gosto de crianças pequenas e já disse, com frequência, que bem gostaria de criar novamente um serzinho desses, agora que posso fazê-lo com muito mais calma, compreensão e interesse, mas não quero ter um filho com minha mulher, que não possui as aptidões para educar sensatamente uma criança. O sonho me presenteou com duas — o sexo não cheguei a constatar. Ainda posso vê-las na cama, e reconheço claramente os traços, uma delas mais 'eu', a outra mais minha mulher, mas cada uma com pequenos traços da outra parte. Minha mulher tem cabelo louro-avermelhado, uma das crianças tem cabelo castanho-avermelhado. Eu disse: 'Ora, vai ficar ruivo depois'. Os dois bebês engatinham numa grande bacia de banho, em que minha esposa cozinhou a marmelada, e lambem o fundo e as bordas (no sonho). A origem desse detalhe se explica facilmente; o próprio sonho não seria difícil de compreender e interpretar, se não coincidisse com o inesperado nascimento de meus netos (prematuros em três semanas) quase exatamente (não posso dizer com precisão a hora em que teve início o sonho, meus netos nasceram às nove e quinze, aproximadamente às onze fui me deitar, à noite sonhei), e se já não soubéssemos que seria um menino. A incerteza de que a previsão estava correta — se o bebê seria homem ou mulher — pode ter feito aparecer gêmeos no sonho, é verdade, mas há sempre a coincidência cronológica entre o sonho com gêmeos e a inesperada vinda dos gêmeos para minha filha, adiantada em três semanas.

"Não é a primeira vez que acontecimentos distantes me chegam à consciência antes de eu receber a notícia. Esse foi um entre muitos! Em outubro fui visitado por meus três irmãos. Havia trinta anos que não nos víamos todos (dois a dois sim, com maior frequência, claro), apenas duas vezes, muito rapidamente, no enterro de meu pai e no de minha mãe. Ambas as mortes haviam sido esperadas, não 'pressenti' nenhuma das duas. Mas há cerca de 25 anos meu irmão caçula morreu repentinamente, e, quando o carteiro me entregou o cartão com a notícia da morte, logo me veio à cabeça, antes de olhar o seu conteúdo, este pensamento: 'Está aí que o teu irmão morreu'. Ele era o único que ainda vivia com os pais, um rapaz forte e saudável, enquanto nós, os quatro mais velhos, havíamos nos tornado independentes e deixado a casa paterna. Durante a visita de meus irmãos, a conversa caiu nessa minha experiência, e todos os três, como que seguindo um comando, afirmaram que naquele instante lhes havia acontecido exatamente o mesmo. Já não sei dizer se foi da mesma forma, mas cada um declarou que havia tido a certeza interior da morte, logo antes de receber a notícia totalmente imprevista. Nós quatro temos, por herança materna, naturezas sensíveis, mas somos indivíduos grandes e robustos, e não temos a menor inclinação para o ocultismo e o espiritismo, pelo contrário, rejeitamos decididamente as duas coisas. Meus irmãos são todos três de formação acadêmica, dois são professores de ginásio, um é agrimensor, são bem meticulosos e pouco fantasiosos. — Isso é tudo o que tinha para lhe dizer sobre o sonho. Se o senhor quiser aproveitá-lo literariamente, coloco-o à sua disposição."

Receio que os senhores se comportarão como o autor dessas duas cartas. Também se interessarão sobretudo em saber se este sonho pode realmente ser visto

SONHO E TELEPATIA I

como um prenúncio telepático do inesperado nascimento de gêmeos, não se dispondo a submetê-lo à análise, como fariam com qualquer outro. Prevejo que sempre será assim, quando psicanálise e ocultismo se encontrarem. A primeira tem todos os instintos psíquicos* contra si, por assim dizer, enquanto este conta com fortes e obscuras simpatias. Mas não adotarei a postura de que sou apenas um psicanalista, de que as questões do ocultismo não me dizem respeito; isso os senhores veriam como simples fuga do problema. Afirmo, isto sim, que seria uma grande satisfação poder convencer a mim mesmo e aos outros, mediante observações irrepreensíveis, que existem processos telepáticos, mas que as informações relativas a este sonho são muito insuficientes para justificar uma resolução assim. Observem que não ocorre a esse homem inteligente, interessado no problema de seu sonho, dizer-nos quando viu pela última vez a filha grávida ou que notícias dela teve recentemente. Ele escreve, na primeira carta, que o nascimento se deu com um mês de antecipação, mas na segunda carta são apenas três semanas, e em nenhuma delas somos informados se ele foi realmente prematuro ou se as pessoas envolvidas calcularam mal, como frequentemente sucede. Mas necessitaríamos desse e de outros detalhes, se fossemos considerar a probabilidade de uma avaliação e adivinhação inconsciente por parte daquele que sonha. Achei também que não adiantaria muito se obtivesse resposta para algumas dessas questões. Nas tentativas

* "Instintos psíquicos": *seelische Instinkte*, no original.

de alcançar a prova sempre surgiriam novas dúvidas, que somente poderiam ser eliminadas tendo o homem à nossa frente e lhe avivando as lembranças todas que talvez tenha afastado como não essenciais. Certamente ele está certo ao dizer, no início da segunda carta, que numa comunicação oral apareceriam mais coisas.

Pensem num outro caso semelhante, em que não tem participação o perturbador interesse no ocultismo. Sem dúvida já estiveram na situação de poder comparar a anamnese e o relato da doença, feitos na primeira sessão por um paciente neurótico, com aquilo que aprenderam sobre ele após alguns meses de análise. Fora a inevitável abreviação, quantas informações essenciais não foram omitidas ou suprimidas, quantas relações não foram deslocadas, em suma quanta coisa inverídica e incorreta ele não lhes contou na primeira vez! Acho que não me julgarão demasiado crítico se eu me recusar a decidir, na presente situação, se o sonho relatado corresponde a um fato telepático ou a uma sutil realização inconsciente do sonhador, ou se deve ser visto como simples coincidência. Nossa curiosidade terá que aguardar uma ocasião futura, em que nos seja dado interrogar oralmente e de forma detalhada a pessoa que sonhou. Mas os senhores não podem se declarar decepcionados com esse resultado de nossa indagação, pois eu lhes avisei que não aprenderiam nada que lançasse luz sobre o problema da telepatia.

Se agora passamos ao tratamento analítico desse sonho, temos de mais uma vez confessar nosso desgosto. O material dos pensamentos que o sonhador relaciona ao conteúdo manifesto do sonho é também insuficiente;

SONHO E TELEPATIA I

com ele não podemos fazer uma análise do sonho. Esse se detém, por exemplo, na semelhança dos bebês com os pais, discute a cor dos cabelos e a provável mudança deles no futuro, e, como explicação para o prolongamento nesses detalhes há apenas a mera informação, da parte do sonhador, de que ele sempre se interessou por questões de hereditariedade e semelhança. Estamos acostumados a esperar muito mais! Mas há *um* ponto em que o sonho permite uma interpretação psicanalítica, justamente nele a psicanálise — que, de resto, nada tem a ver com o ocultismo — vem insolitamente socorrer a telepatia. É devido apenas a essa passagem que chamo a sua atenção para este sonho.

Se o observamos bem, este sonho não tem nenhum direito de ser chamado "telepático". Ele não informa ao sonhador nada que — fora de seu conhecimento normal — ocorra simultaneamente num outro lugar; o que o sonho relata é algo bem diferente do anunciado dois dias depois por um telegrama. Sonho e acontecimento divergem num ponto extremamente importante; tirando a simultaneidade, concordam apenas num outro elemento, muito interessante. No sonho, a *mulher* do sonhador tem gêmeos. Mas ocorre que sua *filha* que mora longe é que deu à luz gêmeos. O sonhador não ignora essa diferença, ele parece não saber como superá-la, e, não tendo predileção pelo ocultismo, segundo ele próprio afirma, apenas pergunta timidamente se pode ser mais que um acaso o fato de sonho e acontecimento coincidirem num ponto. Mas a interpretação psicanalítica de sonhos elimina essa diferença entre sonho

SONHO E TELEPATIA

e acontecimento e atribui a ambos o mesmo conteúdo. Se recorremos ao material de associações relativo a este sonho, ele nos mostra, apesar de sua escassez, que há aqui um íntimo laço afetivo entre pai e filha, um laço tão habitual e natural que deveríamos deixar de nos envergonhar dele, que na vida cotidiana só se manifesta como afetuoso interesse e apenas em sonho é levado às últimas consequências. O pai sabe que a filha lhe é muito apegada, está convencido de que ela pensou muito nele na hora do parto; creio que, no fundo, não a concedeu de boa vontade ao genro, que recebe alguns comentários depreciativos na carta. Por ocasião do parto (fosse esperado ou comunicado telepaticamente) ativa-se no reprimido este desejo inconsciente:* "Ela deveria ser minha (segunda) esposa", e é esse desejo que deforma o pensamento onírico e provoca a diferença entre o conteúdo onírico manifesto e o acontecimento. É lícito substituirmos a segunda mulher do sonho pela filha. Se tivéssemos mais material relativo ao sonho, certamente poderíamos assegurar e aprofundar essa interpretação.

Agora chego ao que desejaria lhes mostrar. Esforçamo-nos pela mais rigorosa imparcialidade e admitimos duas concepções do sonho como igualmente possíveis e não provadas. De acordo com a primeira, o sonho é a reação a uma mensagem telepática: "Sua filha está dando à luz gêmeos". Conforme a segunda, há um incons-

---

* "Ativa-se no reprimido este desejo inconsciente": é o que consta no original — *wird im Verdrängten der unbewußte Wunsch rege* — embora fosse antes de esperar: "ativa-se no inconsciente este desejo reprimido".

ciente trabalho de pensamento por trás do sonho, que poderia ser traduzido mais ou menos assim: "Hoje é o dia em que haveria o parto, se os jovens em Berlim se enganaram realmente em um mês, como eu acredito. E se minha (primeira) mulher ainda vivesse, ela não ficaria satisfeita com um só neto! Para ela, deveriam ser no mínimo dois". Se a segunda concepção é correta, não surgem novos problemas para nós. Trata-se de um sonho como qualquer outro. Ao mencionado (pré-consciente) pensamento onírico juntou-se o (inconsciente) desejo de que apenas a filha se tornasse a segunda mulher do sonhador, e desse modo surgiu o sonho manifesto que nos foi comunicado.

Se preferem supor, no entanto, que uma mensagem telepática sobre o parto da filha chegou ao homem que dormia, aparecem novas questões, acerca da relação de tal mensagem com o sonho e da sua influência na formação do sonho. A resposta não é difícil, e pode ser formulada inequivocamente. A mensagem telepática é tratada como uma porção do material que vai para a formação do sonho, como algum outro estímulo externo ou interno, um barulho perturbador vindo da rua, uma insistente sensação de um órgão do sonhador. É claro, em nosso exemplo, como ela é retrabalhada, com ajuda de um desejo à espreita, reprimido, até se tornar realização de desejo; infelizmente, não é tão fácil mostrar que ela e outro material, ativado simultaneamente, se fundem num sonho. Portanto, uma mensagem telepática — se for realmente reconhecida como tal — nada pode alterar na formação do sonho, a telepatia nada tem a ver com a natureza do

SONHO E TELEPATIA

sonho. Para evitar a impressão de que quero esconder algo pouco claro em termos abstratos e bem-sonantes, disponho-me a repetir: a natureza do sonho consiste no peculiar processo do trabalho do sonho, que, com o auxílio de um desejo inconsciente, transporta pensamentos pré-conscientes (restos diurnos) para o conteúdo manifesto do sonho. O problema da telepatia, assim como o da angústia, não diz respeito ao sonho.

Espero que concordem quanto a isso, mas que também façam a objeção de que existem outros sonhos telepáticos, em que não há diferença entre acontecimento e sonho e se encontra apenas a reprodução não deformada do acontecimento. Também não conheço tais sonhos telepáticos por experiência própria, mas sei que são relatados com frequência. Supondo que estivéssemos diante de um sonho telepático desses, não deformado e não contaminado, então caberia uma outra pergunta: devemos chamar de "sonho" uma vivência telepática assim? Os senhores certamente o farão, se adotarem o costume popular de considerar sonho tudo o que ocorre na vida psíquica durante o sono. Talvez digam também: "Eu me revirei no sonho", e não vejam incorreção em dizer: "Eu chorei no sonho", ou "me angustiei no sonho". Mas devem notar que em todos esses casos usam "sonho" e "sono" indiferenciadamente. Acho que, no interesse da precisão científica, é melhor manter uma clara distinção entre um e outro. Por que deveríamos criar uma contrapartida para a confusão gerada por Maeder, que descobriu uma nova função para o sonho, recusando-se a distinguir entre o trabalho do sonho e os pensamentos oníricos latentes?* Assim, se encontrarmos um puro "sonho" telepático desses, vamos preferir chamá-lo de vivência telepática ocorrida no sono. Um sonho sem condensação, deformação e dramatização, e sobretudo sem realização de desejo, não merece esse nome, afinal. Os senhores me lembrarão que há outras produções psíquicas no sono a que devemos negar o direito de se chamarem sonhos. Pode ocorrer que vivências reais do dia sejam simplesmente repetidas no sono; há pouco tempo, as reproduções de cenas traumáticas no "sonho" nos levaram a uma revisão da teoria dos sonhos. Existem sonhos que se diferenciam do tipo habitual por características muito especiais, que nada são, de fato, senão fantasias noturnas incólumes e não contaminadas, de resto inteiramente similares às conhecidas fantasias diurnas. Seria desagradável, certamente, excluir essas formações da categoria de "sonhos". Mas elas vêm todas de dentro, são produtos de nossa vida psíquica, enquanto o sonho puramente "telepático" é, por definição, uma percepção externa, diante da qual a psique mantém uma atitude passiva e receptiva.

II

O segundo caso que desejo lhes relatar situa-se numa linha diversa, na verdade. Não nos traz um sonho telepático, e sim um que sempre retorna desde a infância,

* Cf. duas notas de Freud em *A interpretação dos sonhos*, cap. VI, parte I, e cap. VII, parte D.

SONHO E TELEPATIA

numa pessoa que teve muitas vivências telepáticas. Sua carta, que transcrevo em seguida, contém coisas dignas de nota, acerca das quais não podemos formar julgamento. Algumas delas podem interessar ao problema da relação entre a telepatia e os sonhos.

1. "[...] Meu médico, o dr. N., recomendou-me lhe contar um sonho que há aproximadamente trinta, 32 anos me acompanha. Segui o conselho dele; o sonho talvez tenha algum interesse científico para o senhor. Como, em sua opinião, esses sonhos se ligam a alguma vivência de natureza sexual durante a primeira infância, ofereço também recordações da infância; são vivências que ainda hoje produzem impressão, e que foram tão marcantes que determinaram minha religião.

"Peço-lhe que, após tomar conhecimento dele, o senhor me informe de que maneira explicaria este sonho, e se não é possível tirá-lo de minha vida, pois ele me segue como um fantasma e, por causa das circunstâncias que o acompanham — eu sempre caio da cama e já me machuquei consideravelmente —, é doloroso e intolerável para mim."

2. "Tenho 37 anos de idade, sou robusta e fisicamente saudável; quando criança, além de sarampo e escarlatina, fui acometida de nefrite. Com cinco anos tive uma grave infecção dos olhos, que deixou como sequela uma diplopia. As imagens aparecem oblíquas uma em relação à outra, os contornos da imagem são borrados, porque cicatrizes das úlceras

afetam a clareza. Segundo os especialistas, não haverá mais nenhuma mudança ou melhora na visão. De tanto eu apertar o olho esquerdo, para ver mais claro, a metade esquerda do rosto ficou puxada para cima. Com exercícios e força de vontade, consigo fazer delicados trabalhos de costura; assim também, quando tinha seis anos, consertei o estrabismo com exercícios diante do espelho, de modo que hoje não se percebe o defeito na visão.

"Já em meus primeiros anos eu sempre ficava sozinha, afastava-me das outras crianças e tinha visões (clarividência e ouvido aguçado), mas não podia distingui-las da realidade e, então, frequentemente entrava em conflitos, que me tornaram uma pessoa tímida e reservada. Como desde que era pequena já sabia mais do que teria podido aprender, simplesmente não entendia mais as crianças de minha idade. Eu sou a mais velha de doze irmãos.

"Dos seis aos dez anos frequentei a escola do bairro, e depois, até os dezesseis, a escola secundária das ursulinas, em B. Com dez anos, em quatro semanas — foram oito aulas particulares — aprendi tanto francês quanto as outras crianças em dois anos. Só precisava repetir, era como se já soubesse e apenas tivesse esquecido. Depois não precisei nunca ter aulas de francês, diferentemente do inglês, que não trouxe dificuldade, mas era desconhecido para mim. De modo semelhante ao francês foi o latim, que não estudei propriamente, e conheço apenas pelo latim da igreja, que me é inteiramente familiar, no entanto. Se

SONHO E TELEPATIA

hoje em dia leio uma obra em francês, penso imediatamente em francês, enquanto isso nunca sucede com o inglês, embora eu domine melhor o inglês. — Meus pais são camponeses, durante gerações não falaram outras línguas que não o alemão e o polonês.

"*Visões*: às vezes a realidade desaparece momentaneamente e vejo outra coisa. Em meu apartamento, por exemplo, muitas vezes enxergo um velho casal e uma criança, e o apartamento tem outra mobília. — Ainda no sanatório, minha amiga veio bem cedo, às quatro da manhã, ao meu quarto, eu estava acordada, tinha a lâmpada acesa e lia, sentada à mesa, pois sofro bastante de insônia. Essa aparição sempre significou aborrecimento, também dessa vez.

"Em 1914, meu irmão estava no campo de batalha, eu não estava com nossos pais em B., mas sim em Ch. Eram dez horas da manhã, 22 de agosto, quando ouvi a voz de meu irmão chamar 'mãe, mãe'. Eu a consolei e nada falei de mim. Três semanas depois veio uma carta de meu irmão, que ele havia escrito entre nove e dez horas do dia 22, pouco depois ele morreu.

"Em 27 de setembro de 1921, no sanatório, recebi uma espécie de mensagem. Houve duas ou três batidas fortes na cama de minha colega de quarto. Nós duas estávamos acordadas, perguntei se ela havia batido, ela nem sequer havia escutado algo. Após oito semanas, soube que uma de minhas amigas havia morrido na noite de 26 para 27.

"Agora algo que seria uma alucinação — questão de ponto de vista! Tenho uma amiga que se casou com um viúvo com cinco filhos, eu o conheci apenas através dela. Em seu apartamento sempre vejo, quando estou lá, uma senhora que vai e vem. Era de supor que fosse a primeira mulher do marido. Em certa ocasião pedi para ver uma fotografia, mas não pude identificar a aparição pela imagem. Sete anos depois, com um dos filhos, vi uma foto que continha os traços da mulher. Era a primeira esposa. Na foto ela tinha aparência bem melhor, havia feito um tratamento de engorda, o que lhe mudou o aspecto (era doente dos pulmões). — Esses são alguns exemplos entre muitos.

"*O sonho: Vejo uma língua de terra cercada de água. As ondas são impelidas para a frente pela arrebentação, e depois novamente para trás. No pedaço de terra há uma palmeira, um tanto curvada para a água. Uma mulher tem o braço em torno do tronco da palmeira e se inclina bastante para a água, onde um homem procura chegar a terra. Por fim, ela se deita na terra, com a mão esquerda se mantém agarrada à palmeira e estende a mão direita para o homem na água, o máximo que pode, sem alcançá-lo.* Nisso eu caio da cama e acordo. — Eu tinha quinze ou dezesseis anos quando percebi que era essa mulher, e não só experimentava a angústia da mulher por causa do homem, às vezes também estava ali como uma terceira pessoa que não participava, apenas olhava. Sonhava isso também em etapas. À medida que o interesse pelo homem crescia em mim (de dezoito a vinte anos), procurava reconhecer o rosto do homem, mas não era possível. A espuma das águas deixava à mostra somente a nuca e a parte de trás da cabeça. Fiquei noiva por duas vezes, mas, pela cabeça e o feitio do corpo, não era nenhum desses dois noivos. — Certa vez, quando estava no sanatório, sob o efeito do paraldeído, vi o rosto do homem que me aparece em todo sonho. É o do médico que cuida de mim, que me é simpático como médico, mas com quem não tenho outros laços.

"*Lembranças*. Entre seis e nove meses de idade. Eu no carrinho de bebê, à minha direita dois cavalos, um deles, castanho, olha para mim com olho grande e expressivo. É a experiência mais forte, eu tinha a sensação de que era uma pessoa.

"*Com um ano de idade*. Meu pai e eu no parque da cidade, onde um vigia do parque me dá um pequeno pássaro na mão. Os olhos deste me fitam, eu penso: 'É um ser como você'.

"*Animais sendo abatidos*. Quando os porcos grunhiam, eu sempre gritava por socorro e exclamava: 'Vocês estão matando uma pessoa' (com quatro anos de idade). Sempre recusei carne. Carne de porco sempre me causou vômitos. Só durante a guerra aprendi a comer carne, mas a contragosto; agora estou me desacostumando novamente disso.

"*Cinco anos de idade*. Minha mãe estava dando à luz e eu a ouvia gritar. Tive a sensação de que havia um animal ou uma pessoa em grande aflição, como quando animais eram abatidos.

"Quando criança, era totalmente indiferente ao sexo; aos dez anos, pecados contra a castidade ainda escapavam à minha compreensão. Aos doze anos

SONHO E TELEPATIA II

tive a primeira menstruação. Aos 26 anos, depois que tive um filho, é que despertei como mulher; até então (por seis meses) sempre vomitava fortemente no coito. Também depois tinha vômitos, quando sofria a menor contrariedade.

"Tenho uma capacidade de observação extremamente aguda e uma audição excepcional; também meu olfato é bastante desenvolvido. Posso reconhecer pessoas familiares pelo cheiro, de olhos fechados, no meio de muitas outras.

"Não relaciono o fato de ver e ouvir mais a uma natureza doentia, e sim a uma sensibilidade mais fina e uma maior capacidade de combinação; mas falei sobre isso apenas com meu professor de religião e com o dr..., e muito a contragosto com esse último, pois receava ouvir que tenho atributos negativos que pessoalmente vejo como positivos, e porque fiquei bastante receosa, devido à incompreensão quando era pequena."

Não é difícil entender o sonho que esta senhora nos pede para interpretar. Trata-se de um sonho de salvação da água, ou seja, um típico sonho de nascimento. Como sabem os senhores, a linguagem do simbolismo não conhece gramática, é um caso extremo de língua de infinitivos, em que o modo ativo e o passivo são representados com a mesma imagem. Quando uma mulher, no sonho, tira (ou quer tirar) um homem da água, isso pode significar que quer ser sua mãe (reconhece-o como filho, como a filha do faraó fez com Moisés), ou também que quer se tornar mãe através dele, ter com ele um filho, que, sendo sua imagem fiel, equivale a ele. O tronco que ela segura é facilmente reconhecível como símbolo fálico, também por não estar reto, mas inclinado — curvado, como diz o sonho — para a superfície da água. O fluxo e refluxo da arrebentação sugeriu a outra mulher, que tivera um sonho muito semelhante, a comparação com as dores intermitentes do parto, e quando perguntei a ela, que não havia ainda dado à luz, de onde conhecia essa característica do trabalho de parto, respondeu que imaginava as dores como uma espécie de cólica, o que é irrepreensível do ponto de vista fisiológico. Ela fez a associação "Ondas do mar e do amor".* Como a nossa sonhadora pôde chegar, numa idade tão tenra, a uma apresentação tão refinada dos símbolos (língua de terra, palmeiras), isso é algo que não sei dizer. Mas não esqueçamos que, quando as pessoas afirmam que há anos são perseguidas pelo mesmo sonho, muitas vezes se constata que não é manifestamente o mesmo. Apenas o cerne do sonho retorna a cada vez, pormenores do conteúdo são mudados ou acrescentados.

No final desse sonho claramente angustiado, a sonhadora cai da cama. Isso é uma nova representação do parto. A investigação psicanalítica das fobias de altura, do medo do impulso de jogar-se pela janela, certamente já levou todos os senhores a esse mesmo resultado.

E quem é o homem do qual a sonhadora deseja um filho, ou de cujo sósia gostaria de ser mãe? Ela se esforçou

---

* "Ondas do mar e do amor": *Des Meeres und der Liebe Wellen*, título de uma peça do dramaturgo austríaco Franz Grillparzer (1791-1872).

SONHO E TELEPATIA II

bastante para ver o rosto, mas o sonho não o permitiu, o homem devia permanecer incógnito. Inúmeras análises nos revelam o que significa esse ocultamento, e nossa conclusão por analogia é reforçada por outra indicação da sonhadora. Sob efeito do paraldeído ela reconheceu o rosto do homem do sonho como sendo o do médico que a tratava no sanatório, que nada significava em sua vida emocional consciente. O original nunca havia se mostrado, portanto, mas sua cópia na "transferência" permite a conclusão de que antes devia ser sempre o pai. Estava certo Ferenczi, quando indicou os "sonhos dos que não desconfiam" como preciosos documentos para a confirmação de nossas hipóteses analíticas!* Nossa sonhadora era a primogênita de doze filhos; com que frequência não foi atormentada pelo ciúme e pela desilusão quando sua mãe, e não ela, obteve do pai o filho desejado!

Muito acertadamente, ela compreendeu que suas primeiras recordações da infância seriam valiosas para a interpretação do sonho que teve bem cedo e que sempre retorna. Na primeira cena, antes de um ano de idade, ela está sentada no carrinho de bebê, e a seu lado há dois cavalos, um dos quais olha para ela de modo firme e expressivo. Ela designa isso como sua vivência mais intensa, teve a sensação de que era uma pessoa que a fitava. Mas só podemos entender essa avaliação se supusermos que dois cavalos representam aí, como frequentemente

---

* Freud se refere ao ensaio "Träume der Ahnungslosen" [Sonhos dos que não desconfiam, que não fazem ideia do que seja], de Sandor Ferenczi, *Internationale Zeitschrift für Psychoanalyse*, v. 9, n. 69, 1917.

SONHO E TELEPATIA

sucede, um casal, o pai e a mãe. É como que um vislumbre do totemismo infantil. Se pudéssemos falar com a mulher que nos escreve, perguntaríamos se o pai, segundo a cor da pele, não poderia ser reconhecido no cavalo *castanho* que a olha tão humanamente. A segunda recordação é associada à primeira através do mesmo "olhar compreensivo". Mas o fato de pegar o passarinho na mão lembra ao analista, que tem suas ideias preconcebidas, um outro elemento do sonho, em que a mão da mulher entra em contato com um outro símbolo fálico.

As duas recordações seguintes relacionam-se estreitamente, oferecem ainda menos dificuldade para a interpretação. Os gritos da mãe, na hora do parto, lembram-lhe diretamente os grunhidos dos porcos ao serem abatidos em casa, e suscitam o mesmo arrebatamento de compaixão. Mas também imaginamos que haja uma forte reação a um malvado desejo de morte referente à mãe.

Com essas indicações de ternura pelo pai, de contatos genitais com ele e de desejos de morte em relação à mãe traçam-se as linhas do complexo de Édipo feminino. A prolongada ignorância sexual e a posterior frigidez correspondem a essas premissas. Nossa missivista se tornou virtualmente — e, por algum tempo, de fato — uma neurótica histérica. As forças da vida, para sorte dela, arrastaram-na consigo, possibilitaram-lhe as sensações sexuais femininas, a felicidade de mãe e as atividades profissionais, mas uma parte de sua libido ainda se apega às fixações da infância, ela continua a sonhar aquele sonho que a derruba da cama e a pune com "machucados consideráveis" pela escolha incestuosa de objeto.

SONHO E TELEPATIA II

Agora ela espera, do esclarecimento epistolar de um médico que não conhece, algo que as mais fortes influências de sua vida posterior não puderam produzir. Dadas as circunstâncias, tive de me contentar em lhe dizer que estou convencido de que sofre as consequências de uma forte ligação afetiva ao pai e correspondente identificação com a mãe, mas que eu mesmo não acredito que essa explicação lhe seja proveitosa. Curas espontâneas de neuroses costumam deixar cicatrizes, que de quando em quando voltam a ser dolorosas. Sentimos orgulho de nossa arte, quando realizamos uma cura mediante a psicanálise, mas nem sempre podemos evitar o desenlace da formação de uma cicatriz dolorosa.

Essa pequena série de recordações ainda reterá um pouco a nossa atenção. Escrevi, certa vez, que tais cenas infantis são "lembranças encobridoras", que numa época posterior são selecionadas, reunidas e, não raro, falseadas. Às vezes podemos descobrir a que tendência serve essa elaboração posterior. Em nosso caso, praticamente ouvimos o Eu da missivista se gabar ou se consolar mediante esta série de recordações: "Já quando pequena eu era uma criatura nobre e compassiva. Logo percebi que os animais têm alma como nós, e não tolerava crueldade com os animais. Os pecados da carne me eram estranhos, e por muito tempo mantive a castidade". Com declarações assim ela contraria ostensivamente as suposições que fizemos sobre sua infância, com base em nossa experiência analítica: que ela abrigava impulsos sexuais precoces e fortes impulsos de ódio para com a mãe e os irmãos mais novos. (Além de ter o signi-

SONHO E TELEPATIA

ficado genital que lhe atribuímos, o passarinho pode ser símbolo de um bebê, como todos os bichos pequenos, e a recordação enfatiza a equiparação desse pequeno ser com ela mesma.) Assim, a breve série de recordações proporciona um belo exemplo de formação psíquica com duplo aspecto. Olhada superficialmente, dá expressão a uma ideia abstrata, que aqui, como em geral ocorre, diz respeito à ética; conforme a designação de H. Silberer, ela tem conteúdo *anagógico*. Numa investigação mais aprofundada, ela se mostra como uma cadeia de fatos do âmbito da vida instintual reprimida, manifesta seu conteúdo *psicanalítico*. Como sabem, Silberer, um dos primeiros a nos advertir que não esquecêssemos a parte nobre da alma humana, afirmou que todos ou a maioria dos sonhos admitem tal interpretação dupla, uma mais pura, anagógica, acima da interpretação vulgar, psicanalítica. Infelizmente não é assim; pelo contrário, uma sobreinterpretação assim raramente é possível; pelo que sei, até hoje não foi publicado um exemplo útil de tal análise de sonho com dupla interpretação. Mas nas séries de associações trazidas por nossos pacientes em tratamento analítico os senhores podem fazer tais observações com relativa frequência. Por um lado, os pensamentos espontâneos que se sucedem são ligados por uma associação evidente; por outro lado, os senhores se dão conta de um tema mais ao fundo, mantido em segredo, que participa de todos esses pensamentos espontâneos. A oposição entre os dois temas dominantes na mesma série não é sempre aquela entre elevado-anagógico e vulgar-analítico, mas entre *chocante* e *decente* ou indiferente, o que permi-

SONHO E TELEPATIA II

te compreender facilmente o motivo para o surgimento da cadeia associativa. Certamente não é um acaso, em nosso exemplo, que anagogia e interpretação psicanalítica estejam em tão clara oposição; ambas dizem respeito ao mesmo material, e a tendência ulterior é justamente a das formações reativas, que se ergueram contra os impulsos instintuais repudiados.

Mas por que buscamos nós uma interpretação psicanalítica, não nos satisfazendo com a anagógica, mais acessível? Isso está relacionado a diversas coisas, à existência da neurose simplesmente, às explicações que ela inevitavelmente requer, ao fato de a virtude não tornar as pessoas tão felizes e fortes como seria de esperar, como se ainda carregasse muita coisa de sua origem — também nossa sonhadora não foi bem recompensada por sua virtude — e a várias outras que não preciso abordar diante dos senhores.

No entanto, até agora deixamos de lado a telepatia, o outro elemento a determinar nosso interesse neste caso. É hora de retornar a ela. De certo modo, nossa tarefa é aqui mais fácil do que no caso do sr. H.* Para uma pessoa que tão facilmente e já na infância se subtrai à realidade, pondo em seu lugar um mundo de fantasia, torna-se muito grande a tentação de juntar suas vivências telepáticas e "visões" à sua neurose e derivá-las dela, embora também aqui não devamos nos iludir acerca da força persuasiva de nossas proposições. Apenas colo-

---

* Na edição alemã está "sr. G.", o que é evidentemente um erro, como já foi apontado por alguns leitores e tradutores; G. é o nome de família do genro do sr. H., o homem que relata o sonho (cf. p. 180).

SONHO E TELEPATIA

camos possibilidades compreensíveis no lugar do que é desconhecido e incompreensível.

Em 22 de agosto de 1914, às dez horas da manhã, a missivista tem a percepção telepática de que seu irmão, que se acha na frente de guerra, grita "Mãe, mãe!". O fenômeno é puramente acústico, repete-se pouco depois, mas ela nada enxerga. Dois dias depois ela vê sua mãe e a encontra muito abatida, pois o jovem anunciou-se a ela gritando repetidamente "Mãe, mãe!". Ela se lembra que a mesma mensagem telepática lhe foi transmitida naquele mesmo instante, e realmente se verifica, após algumas semanas, que o jovem soldado havia morrido naquele dia, na hora assinalada.

Não pode ser provado, mas também não pode ser descartado, que tenha acontecido o seguinte, na verdade. A mãe lhe comunicou, um dia, que o filho se manifestara telepaticamente. Imediatamente surgiu nela a convicção de que tivera a mesma experiência naquele instante. Tais ilusões de memória aparecem com força coerciva, que retiram de uma fonte real; mas transformam realidade psíquica em realidade material. O forte nessa ilusão de memória é poder se tornar uma boa expressão para a tendência, presente na irmã, de identificar-se com a mãe. "Você se preocupa com o garoto, mas eu sou a mãe dele. O grito era dirigido para mim, eu é que recebi a mensagem telepática." Naturalmente, a irmã rejeitaria com firmeza a nossa tentativa de explicação e se apegaria à crença na autenticidade de sua vivência. E não poderia agir de outra forma. Tem de acreditar na realidade do efeito patológico, enquanto lhe é desconhe-

SONHO E TELEPATIA II

cida a realidade da pressuposição inconsciente. A força e a natureza inatacável de todo delírio se devem ao fato de procederem de uma realidade psíquica inconsciente. Quero mencionar também que não nos cabe explicar a experiência da mãe nem investigar sua autenticidade.

Mas o irmão falecido não é apenas o filho imaginário de nossa missivista; também representa um rival que já no nascimento foi recebido com ódio. A grande maioria dos pressentimentos telepáticos diz respeito à morte ou à possibilidade de morte; aos pacientes que nos informam sobre a frequência e a infalibilidade de suas sombrias premonições nós podemos demonstrar, com a mesma regularidade, que eles abrigam fortes desejos inconscientes de morte em relação aos entes mais próximos, e por isso há muito tempo os suprimem. O paciente cuja história relatei nas *Observações sobre um caso de neurose obsessiva*, de 1909,* era um exemplo disso; seus parentes o chamavam também de "pássaro de mau agouro"; mas quando esse homem amável e inteligente — que depois desapareceu na guerra — começou a melhorar, ele próprio me ajudou a esclarecer seus ilusionismos psicológicos. Também a informação contida na carta de nosso primeiro missivista, de que ele e seus três irmãos acolheram a notícia da morte do irmão mais novo como algo que havia muito sabiam interiormente, não parece necessitar de outra explicação. Os irmãos mais velhos teriam desenvolvido, cada qual para si, a convicção da superfluidade desse novo rebento.

Eis outra "visão" de nossa sonhadora, que talvez se

---

* Trata-se do célebre caso do "Homem dos ratos" (1909).

SONHO E TELEPATIA

torne mais compreensível mediante a percepção psicanalítica. As amigas têm, é evidente, uma grande importância em sua vida afetiva. A morte de uma delas foi-lhe anunciada, recentemente, por batidas na cama de uma colega de quarto no sanatório. Uma outra amiga se casou, muitos anos atrás, com um viúvo que tinha muitos filhos (cinco). Na casa dela lhe aparecia regularmente, em suas visitas, uma dama que ela imaginou ser a falecida primeira mulher, o que não pôde ser confirmado logo, e apenas sete anos mais tarde, ao acharem uma nova fotografia da defunta, ela teve certeza daquilo. Essa experiência visionária se acha na mesma dependência íntima dos complexos familiares da missivista, nossos conhecidos, que seu pressentimento da morte do irmão. Ao se identificar com a amiga, pôde encontrar na pessoa dela a realização de seu desejo, já que todas as filhas mais velhas de famílias numerosas cultivam no inconsciente a fantasia de se tornar, com a morte da mãe, a segunda mulher do pai. Se a mãe adoece ou morre, a filha mais velha toma naturalmente seu lugar em relação aos irmãos, e também com o pai pode assumir uma parte das funções da esposa. O desejo inconsciente preenche a outra parte.

Isso é o que queria lhes comunicar. Acrescentarei ainda a observação de que os casos de mensagem ou experiência telepática aqui discutidos relacionam-se claramente a emoções que pertencem ao âmbito do complexo de Édipo. Isso pode parecer surpreendente, mas não deve ser visto como nenhuma grande descoberta. Voltemos ao resultado obtido na investigação do sonho em nosso primeiro caso. A telepatia nada tem a ver com a natureza do sonho, também não pode aprofundar nossa compreensão analítica do sonho. Por outro lado, a psicanálise pode fazer avançar o estudo da telepatia, na medida em que, com o auxílio de suas interpretações, torne mais inteligíveis algumas obscuridades dos fenômenos telepáticos, ou pela primeira vez demonstre que outros fenômenos ainda duvidosos são realmente de natureza telepática.

O que resta da aparente relação íntima entre telepatia e sonho é o fato inegável de que o sono favorece a telepatia. Claro que ele não é uma condição indispensável para o surgimento de fenômenos telepáticos, consistam eles em mensagens ou em atividade inconsciente. Se os senhores ainda não sabiam disso, podem percebê-lo pelo nosso segundo exemplo, em que o jovem se anuncia entre nove e dez da manhã. Mas é preciso dizer que não se podem contestar as observações telepáticas porque o evento e a premonição (ou mensagem) não ocorreram na mesma hora astronômica. É perfeitamente concebível que uma mensagem telepática chegue no mesmo instante do evento e, contudo, só durante o sono da noite seguinte — ou também na vida desperta, mas após algum tempo, durante uma pausa da atividade intelectual — seja percebida pela consciência. Pois também achamos que o sonho não começa a se formar apenas quando se instaura o sono necessariamente. Muitas vezes os pensamentos oníricos latentes podem ter sido preparados ao longo do dia, até que, durante a noite, entram em contato com o desejo inconsciente que os transforma em sonho. Mas, se o fenômeno telepático é apenas uma realização do inconsciente, não há um novo problema;

as leis da vida psíquica inconsciente se aplicam também à telepatia.

Terei lhes dado a impressão de que sorrateiramente me inclino pela realidade da telepatia, no sentido ocultista? Se assim for, lamento muito que seja difícil evitar essa impressão. Pois procurei realmente ser imparcial. Tenho todas as razões para isso, pois não tenho juízo formado, nada sei a respeito do tema.

SOBRE ALGUNS MECANISMOS NEURÓTICOS NO CIÚME, NA PARANOIA E NA HOMOSSEXUALIDADE (1922)

TÍTULO ORIGINAL: "ÜBER EINIGE NEUROTISCHE MECHANISMEN BEI EIFERSUCHT, PARANOIA UND HOMOSEXUALITÄT". PUBLICADO PRIMEIRAMENTE NA *INTERNATIONALE ZEITSCHRIFT FÜR PSYCHOANALYSE* [REVISTA INTERNACIONAL DE PSICANÁLISE], V. 8, N. 3, PP. 249-58. TRADUZIDO DE *GESAMMELTE WERKE* XIII, PP. 195-207; TAMBÉM SE ACHA EM *STUDIENAUSGABE* VII, PP. 217-28.

SOBRE ALGUNS MECANISMOS NEURÓTICOS

A

O ciúme é um dos estados afetivos que, como o luto, podem ser designados como normais. Quando parece estar ausente no caráter e na conduta de alguém, justifica-se concluir que sofreu uma forte repressão e, por isso, tem um papel tanto maior na vida psíquica inconsciente. Os casos de ciúme anormalmente intenso, encontrados na análise, mostram-se constituídos de três camadas. Esses estratos ou estágios do ciúme podem receber os nomes de: 1) *competitivo* ou normal; 2) *projetado*; 3) *delirante*.

Acerca do ciúme *normal* há pouco a dizer psicanaliticamente. É fácil ver que ele se constitui essencialmente do luto, da dor pelo objeto amoroso que se acredita haver perdido e da injúria narcísica, na medida em que esta se diferencia da outra; e também de sentimentos hostis pelo rival favorecido e de um grau maior ou menor de autocrítica, que busca responsabilizar o próprio Eu pela perda amorosa. Este ciúme, embora o chamemos de normal, está longe de ser inteiramente racional, isto é, nascido de relações presentes, proporcional às circunstâncias reais e totalmente governado pelo Eu consciente, pois é profundamente enraizado no inconsciente, dá continuidade aos primeiros impulsos da afetividade infantil e vem do complexo de Édipo ou do complexo de irmãos do primeiro período sexual. No entanto, é digno de nota que algumas pessoas o experimentem de forma bissexual, ou seja, pode haver no homem, além da dor pela

SOBRE ALGUNS MECANISMOS NEURÓTICOS A

mulher amada e do ódio pelo rival, tristeza* por causa do homem inconscientemente amado e ódio pela mulher como rival, num ciúme reforçado. Sei também de um homem que sofria enormes ataques de ciúme e que, segundo seu próprio relato, sentia tormentos atrozes ao se pôr conscientemente no lugar da mulher infiel. A sensação de completo desamparo que então experimentava, as imagens com que descrevia seu estado — abandonado à sanha do abutre, como Prometeu, ou lançado a um ninho de cobras amarrado —, ele próprio ligava às impressões deixadas por alguns ataques homossexuais, quando era menino.

O ciúme da segunda camada, o *projetado*, deriva, tanto no homem como na mulher, da própria infidelidade realmente praticada ou de impulsos à infidelidade que cederam à repressão. A experiência cotidiana mostra que a fidelidade, sobretudo aquela exigida no casamento, é mantida em face de contínuas tentações. Quem as nega em si próprio, contudo, sente sua pressão de forma tão intensa que faz uso de um mecanismo inconsciente para se aliviar. Obtém esse alívio, essa absolvição perante sua consciência, quando projeta seus próprios impulsos à infidelidade no parceiro ao qual deve fidelidade. Esse forte motivo pode então servir-se das percepções que revelam o mesmo tipo de impulso inconsciente no outro, e a pessoa poderia justificar-se

---

* "Tristeza": *Trauer*, em alemão; a mesma palavra também se traduz por "luto", como na frase inicial do texto (e no ensaio "Luto e melancolia", de 1915).

SOBRE ALGUNS MECANISMOS NEURÓTICOS

com a reflexão de que o parceiro ou parceira provavelmente não é também muito melhor do que ela.[1]

Os costumes sociais levaram sabiamente em conta esse fato, concedendo alguma margem ao anseio de agradar da mulher casada e ao anseio de conquistas do marido, esperando assim desafogar e tornar inofensiva a imperiosa tendência à infidelidade. A convenção estabelece que nenhum dos dois deve considerar os pequenos passos do outro na direção da infidelidade, e geralmente consegue que o desejo provocado pelo novo objeto encontre satisfação no próprio objeto, num certo retorno à fidelidade. Mas o indivíduo ciumento não quer admitir essa tolerância convencional, não acredita que haja uma parada ou uma volta no caminho encetado, que o "flerte" social possa representar um seguro contra a real infidelidade. Ao tratar um ciumento como esse, não devemos contestar o material em que ele se apoia; podemos apenas procurar induzi-lo a uma outra avaliação do material.

É certo que o ciúme originado de uma tal projeção tem caráter quase delirante, mas ele não resiste ao trabalho analítico que revela as fantasias inconscientes da própria infidelidade. Mais problemático é o ciúme do terceiro estágio, o verdadeiramente *delirante*. Também ele provém de reprimidas inclinações à infidelidade,

---

1 Cf. a cantiga de Desdêmona [Shakespeare, *Otelo*, ato IV, cena 3]:
I called my love false love, what answered he then?
If I court more women, you will couch with more men.
[Chamei de falso o meu amor, que respondeu ele então?/ Se eu cortejar outras mulheres, dormirás com outros homens.]

SOBRE ALGUNS MECANISMOS NEURÓTICOS B

mas os objetos dessas fantasias são do mesmo sexo do indivíduo. O ciúme delirante corresponde a uma homossexualidade desandada,* e justificadamente toma seu lugar entre as formas clássicas da paranoia. Como tentativa de defesa de um impulso homossexual extremamente forte, ele pode ser descrito (no homem) com a seguinte fórmula: "Não sou *eu* quem o ama, é *ela*".[2]

Num caso de delírio de ciúme, devemos estar preparados para encontrar ciúme de todas as três camadas, nunca da terceira somente.

B

Paranoia. Por razões já conhecidas, os casos de paranoia não se prestam geralmente à investigação psicanalítica. No entanto, o estudo intenso de dois paranoicos me possibilitou descobrir algo novo recentemente.

O primeiro caso foi o de um homem jovem com ciúme paranoico bem desenvolvido, tendo por objeto a esposa, que era imaculadamente fiel. Já havia passado por uma fase tempestuosa, em que o delírio o dominara

---

* No original: *einer vergorenen Homossexualität*, em que o qualificativo é o particípio passado de *vergären*, "fermentar, desandar"; as versões estrangeiras consultadas apresentam: [omissão na antiga tradução espanhola], *fermentada, che ha seguito il suo corso, that has run its course*.

2 Cf. meu exame do caso Schreber: *Observações psicanalíticas sobre um caso de paranoia* (dementia paranoides) *relatado em autobiografia* (1911).

SOBRE ALGUNS MECANISMOS NEURÓTICOS

continuamente. Quando o conheci, tinha apenas ataques isolados, que duravam alguns dias e, curiosamente, apresentavam-se no dia seguinte ao de um ato sexual — aliás, satisfatório para os dois. É lícito concluir que a cada vez, após a satisfação da libido heterossexual, o componente homossexual, simultaneamente estimulado, impunha sua expressão com o ataque de ciúmes.

Os ataques retiravam seu material da observação de pequenos indícios, imperceptíveis para outra pessoa, nos quais se revelava para ele o inconsciente coquetismo da mulher. Ora a sua mão havia roçado sem querer no homem sentado junto a ela, ora o seu rosto se havia inclinado demasiadamente na direção dele, ou mostrado um sorriso mais radiante do que quando ela estava sozinha com o marido. Ele demonstrava uma atenção extraordinária para essas manifestações do inconsciente da esposa e sempre sabia como interpretá-las corretamente, de modo que sempre tinha razão e podia invocar também a análise para justificar seu ciúme. Na verdade, sua anormalidade se reduzia ao fato de que observava mais agudamente e dava bem mais importância ao inconsciente da mulher do que um outro pensaria em fazer.

Lembramo-nos de que também os paranoicos perseguidos se comportam de maneira muito semelhante. Também eles nada veem de indiferente nos outros, e em seu "delírio de referências" utilizam os menores sinais que esses outros, desconhecidos, lhes dão. O sentido do seu delírio de referências é que esperam de todos os desconhecidos algo assim como amor; mas os outros não demonstram nada disso, sorriem consigo mesmos, agitam

SOBRE ALGUNS MECANISMOS NEURÓTICOS B

suas bengalas ou até mesmo cospem no chão ao passar por ele, e isso realmente não se faz quando se tem algum interesse amigável na pessoa que está próxima. Faz-se isso apenas quando há indiferença para com a pessoa, quando se pode tratá-la como se fosse ar, e, com a afinidade básica entre as noções de "desconhecido" e "inimigo", o paranoico não está tão errado ao sentir tal indiferença como hostilidade, em relação à sua exigência de amor.

Começamos a suspeitar que descrevemos de maneira insatisfatória o comportamento do paranoico ciumento e do perseguido, ao dizer que eles projetam para fora, para outros, o que não querem perceber no seu próprio interior.

Certamente eles o fazem, mas não projetam no vazio, ali onde não se acha nada semelhante; são guiados por seu conhecimento do inconsciente, isto sim, e deslocam para o inconsciente do outro a atenção que desviam do seu próprio inconsciente. Nosso marido ciumento reconhece a infidelidade da esposa em vez da sua própria; ao se tornar consciente e magnificar enormemente a infidelidade da mulher, ele consegue manter inconsciente a sua própria. Se tomamos esse exemplo como paradigmático, podemos concluir que também a hostilidade que o perseguido sente nos outros é reflexo dos próprios sentimentos hostis para com esses outros. Como sabemos que no paranoico é justamente a pessoa mais querida do mesmo sexo que se torna o perseguidor, surge a questão de qual a procedência dessa reversão do afeto, e a resposta que se oferece é que a ambivalência afetiva, continuamente presente, fornece a base para o ódio, e o não

SOBRE ALGUNS MECANISMOS NEURÓTICOS

cumprimento das reivindicações de amor o reforça. Assim, a ambivalência de sentimentos presta ao perseguido o mesmo serviço, a defesa contra a homossexualidade, que o ciúme presta ao nosso paciente.

Os sonhos do meu paciente ciumento constituíram uma grande surpresa. Não se apresentaram simultaneamente à irrupção do ataque de ciúme, mas ainda na vigência do delírio, e eram, no entanto, completamente livres de delírio, e deixavam perceber os impulsos homossexuais subjacentes com disfarce não maior que o habitual. Como tinha pouca experiência com sonhos de paranoicos, tendi a supor que, de modo geral, a paranoia não penetra no sonho.

Não era difícil observar o estado homossexual nesse paciente. Ele não havia formado amizades nem interesses sociais; tinha-se a impressão de que somente o delírio se encarregara de desenvolver suas relações com os homens, como que para recuperar um tanto do que fora negligenciado. A pouca importância do pai em sua família e um vergonhoso trauma homossexual na infância haviam se combinado para reprimir sua homossexualidade e obstruir-lhe a via da sublimação. Toda a sua infância e adolescência fora dominada por uma forte ligação à mãe. Entre os vários filhos, ele era o favorito declarado da mãe, e desenvolveu em relação a ela um forte ciúme de tipo normal. Mais tarde, quando escolheu esposa, governado essencialmente pelo motivo de tornar a mãe rica, sua necessidade de uma mãe virgem se manifestou em dúvidas obsessivas quanto à virgindade da noiva. Os primeiros anos de seu casamento foram livres de ciúme.

SOBRE ALGUNS MECANISMOS NEURÓTICOS B

Depois ele foi infiel à esposa e deu início a uma longa relação com outra mulher. Apenas quando, amedrontado por uma certa suspeita, ele pôs fim a esse caso amoroso, irrompeu nele o ciúme do segundo tipo, projetivo, com o qual pôde mitigar suas recriminações pela infidelidade. Logo o ciúme foi complicado pelo acréscimo dos impulsos homossexuais, que tinham o sogro por objeto, e se tornou um completo ciúme paranoico.

Sem análise, provavelmente o meu segundo caso não seria classificado como *paranoia persecutoria*;* mas tive de vê-lo como candidato a esse desfecho patológico. Nele havia uma ambivalência, na relação com o pai, que era de extraordinária amplitude. Por um lado, ele era o mais decidido rebelde, que em tudo se afastara ostensivamente dos ideais e desejos do pai; e por outro, em camada mais profunda, era ainda o mais submisso dos filhos, que após a morte do pai se privava do gozo das mulheres, numa afetuosa consciência de culpa. Suas efetivas relações com os homens se achavam claramente sob o signo da desconfiança; com seu agudo intelecto, ele racionalizava essa atitude e sabia dispor as coisas de modo a ser enganado e explorado por amigos e conhecidos. O que com ele aprendi, foi que pensamentos persecutórios clássicos podem estar presentes sem que achem crédito e valor. Eles transpareciam ocasionalmente durante a análise, mas ele não lhes dava importância e deles

* Freud usa o latim nessa expressão; por isso não há acento no adjetivo.

SOBRE ALGUNS MECANISMOS NEURÓTICOS

troçava sempre. Assim pode ocorrer em muitos casos de paranoia, e, ao irromper essa enfermidade, talvez tomemos as ideias delirantes por novas produções, quando terão existido há muito tempo.

Uma descoberta importante parece-me ser que um fator qualitativo, a presença de determinadas formações neuróticas, tem menor significação prática do que o fator quantitativo, o grau de atenção ou, mais corretamente, a medida de investimento que tais formações podem atrair. A discussão de nosso primeiro caso, do ciúme paranoico, levou-nos à mesma apreciação do fator quantitativo, ao nos mostrar que a anormalidade, ali, consistia essencialmente no superinvestimento das interpretações do inconsciente alheio. Há muito conhecemos um fato semelhante da análise da histeria. As fantasias patogênicas, derivativos de impulsos instintuais reprimidos, são toleradas longamente junto à vida psíquica normal, e não produzem efeito patogênico até que, por uma reviravolta da economia libidinal, recebem um superinvestimento; só então eclode o conflito que leva à formação de sintoma. Assim, com o progresso de nosso conhecimento somos impelidos cada vez mais a situar em primeiro plano o ponto de vista *econômico*. Gostaria também de perguntar se o fator quantitativo aqui enfatizado não basta para responder pelos fenômenos para os quais Bleuler e outros propuseram recentemente o conceito de "ligação" [*Schaltung*]. Seria preciso apenas supor que um aumento da resistência numa direção do fluxo psíquico tenha por

SOBRE ALGUNS MECANISMOS NEURÓTICOS B

consequência o superinvestimento de uma outra via e, com isso, a inserção desta no fluxo.*

Em meus dois casos de paranoia evidenciou-se uma instrutiva contraposição nos sonhos. Enquanto no primeiro caso eles eram sem delírios (como já disse), o outro paciente produziu sonhos persecutórios em grande número, que podem ser vistos como precursores ou substitutos das ideias delirantes de mesmo conteúdo. O perseguidor, do qual ele escapava com grande angústia, era geralmente um touro ou algum outro símbolo de virilidade, que às vezes ele próprio reconhecia, no sonho mesmo, como representação do pai. Certa vez, relatou um sonho de transferência paranoico bem característico. Via-me fazendo a barba em sua presença, e notava, pelo odor, que eu utilizava o mesmo sabão que seu pai. Eu o fazia para obrigá-lo à transferência do pai para a minha pessoa. A escolha da situação do sonho demonstrava inequivocamente o menosprezo do paciente por suas fantasias paranoicas e sua descrença quanto a elas, pois a evidência cotidiana lhe mostrava que eu não poderia usar sabão de barbear na situação em que nos achávamos, e que nesse ponto não oferecia, portanto, nenhuma base para a transferência paterna.

A comparação dos sonhos de nossos pacientes nos ensina, porém, que a questão de a paranoia (ou outra psiconeurose) poder ou não penetrar nos sonhos repou-

---

* James Strachey chama a atenção para o nexo entre esta passagem e a concepção do aparelho psíquico que Freud havia apresentado no manuscrito "Esboço de uma psicologia", de 1895.

SOBRE ALGUNS MECANISMOS NEURÓTICOS

sa numa concepção equivocada dos sonhos. O sonho se distingue da vigília pelo fato de aceitar conteúdos (do âmbito do reprimido) que não podem ocorrer na vigília. À parte isso, ele é apenas uma forma de *pensamento*, uma transformação do material de pensamento pré-consciente, mediante o trabalho do sonho e suas condições. Nossa terminologia das neuroses não é aplicável ao reprimido, este não pode ser chamado de histérico, obsessivo ou paranoico. Já a outra parte do material que é sujeito à formação do sonho, os pensamentos pré-conscientes, pode ser normal ou ter o caráter de qualquer neurose. Os pensamentos pré-conscientes podem ser resultado de todos aqueles processos patogênicos em que divisamos a essência de uma neurose. Não vemos motivo por que toda ideia patológica assim não deveria ser transformada num sonho. Logo, um sonho pode corresponder a uma fantasia histérica, uma ideia obsessiva, um delírio, ou seja, revelar-se como tal na interpretação. Pela nossa observação de dois paranoicos, o sonho de um é normal, enquanto o indivíduo sofre de um acesso, e o do outro tem um conteúdo paranoico, enquanto o indivíduo zomba de suas ideias delirantes. Portanto, nos dois casos o sonho acolheu o que então fora repelido na vida desperta. Mas isso também não é necessariamente a regra.

C

Homossexualidade. O reconhecimento do fator orgânico da homossexualidade não nos dispensa da obrigação de

SOBRE ALGUNS MECANISMOS NEURÓTICOS C

estudar os processos psíquicos envolvidos na sua gênese. O processo típico, já verificado em inúmeros casos, consiste em que, alguns anos após o fim da puberdade, o adolescente, que até então se fixava fortemente na mãe, realiza uma mudança: identifica-se com a mãe e busca objetos amorosos em que possa reencontrar a si mesmo, que gostaria de amar como a mãe o amou. Característica desse processo é que normalmente, por muitos anos, uma condição necessária do amor será que os objetos masculinos têm que ter a idade em que nele ocorreu a transformação. Tomamos conhecimento de vários fatores que provavelmente contribuem, em graus diferentes, para esse resultado. Primeiro a fixação na mãe, que dificulta a passagem para um outro objeto feminino. A identificação com a mãe resulta desse vínculo de objeto e possibilita, ao mesmo tempo, que o filho permaneça, em determinado sentido, fiel a esse primeiro objeto. Depois, a tendência à escolha narcísica de objeto, que geralmente está mais próxima e é mais facilmente realizável do que o direcionamento para o outro sexo. Por trás desse fator se acha um outro de intensidade particular, ou talvez coincida com ele: a elevada estima do órgão masculino e a incapacidade de abdicar de sua presença no objeto amoroso. A pouca estima pela mulher, a aversão e até mesmo horror a ela, procedem geralmente da descoberta, feita bastante cedo, de que a mulher não possui pênis. Mais tarde também vimos, como poderoso motivo para a escolha homossexual de objeto, a consideração pelo pai ou o medo dele, pois a renúncia à mulher tem a significação de que se foge à competição com ele (ou com todos os indivíduos do sexo masculino que o substituam). Os dois últimos motivos, a insistência em que haja o pênis e o afastamento, podem ser juntados ao complexo de castração. Apego à mãe — narcisismo — medo da castração: esses fatores (de modo algum específicos, aliás) encontramos até aqui na etiologia psíquica da homossexualidade, e a eles se agregaram também a influência da sedução, que causa uma fixação prematura da libido, e do fator orgânico, que favorece o papel passivo na vida amorosa.

Nós nunca acreditamos, porém, que essa análise da gênese da homossexualidade fosse completa. Hoje posso indicar um novo mecanismo que leva à escolha homossexual de objeto, embora não consiga dizer até onde vai seu papel na configuração da homossexualidade extrema, manifesta e exclusiva. A observação me fez atentar para alguns casos em que haviam surgido, na primeira infância, impulsos de ciúme particularmente fortes oriundos do complexo materno, dirigidos contra rivais, geralmente irmãos mais velhos. Esse ciúme levou a atitudes bastante hostis e agressivas em relação aos irmãos, que podiam chegar até ao desejo de morte, mas que cederam durante o desenvolvimento. Sob o influxo da educação e também, certamente, pela contínua impotência desses impulsos, houve a repressão deles e uma transformação afetiva, de maneira que os antigos rivais se tornaram os primeiros objetos amorosos homossexuais. Uma tal solução para o apego à mãe mostra várias relações interessantes com outros processos que conhecemos. Primeiro, é a contrapartida cabal do desenvol-

SOBRE ALGUNS MECANISMOS NEURÓTICOS C

vimento da *paranoia persecutoria*, em que as pessoas primeiramente amadas se tornam os perseguidores odiados, enquanto aqui os rivais odiados se transformam em objetos de amor. Além disso, representa uma exageração do processo que, segundo a minha concepção, leva à gênese individual dos instintos sociais.[3] Tanto aqui como ali, há inicialmente impulsos de ciúme e hostilidade que não podem obter satisfação, e os sentimentos de identificação afetuosos e sociais aparecem como formações reativas contra os impulsos agressivos reprimidos.

Esse novo mecanismo da escolha homossexual de objeto, a origem na rivalidade superada e na tendência reprimida à agressão, mistura-se, em alguns casos, às condições típicas que já conhecemos. Não é raro ouvirmos de um homossexual que a mudança ocorreu depois que a mãe elogiou e destacou como modelo um outro menino. Assim foi estimulada a tendência à escolha narcísica de objeto, e, após uma breve fase de ciúme intenso, o rival se tornou objeto de amor. Fora isso, no entanto, o novo mecanismo se distingue pelo fato de nele a transformação acontecer num período bem anterior e a identificação com a mãe passar para segundo plano. E também, nos casos por mim observados, ele levou apenas a posturas homossexuais que não excluíam a heterossexualidade e não envolviam *horror feminae* [horror à mulher].

Sabe-se que bom número de indivíduos homossexuais se caracteriza por um particular desenvolvimento dos impulsos instintuais sociais e pela dedicação a inte-

3 Ver *Psicologia de massas e análise do Eu* (1921).

SOBRE ALGUNS MECANISMOS NEURÓTICOS

resses da comunidade. Somos tentados a oferecer a seguinte explicação teórica para isso: um homem que vê possíveis objetos amorosos em outros homens se comportará, em relação à comunidade dos homens, diferentemente de outro que enxerga nos homens, antes de tudo, rivais no tocante à mulher. Mas cabe lembrar que também no amor homossexual há ciúme e rivalidade, e que a comunidade dos homens também inclui esses possíveis rivais. No entanto, mesmo sem considerar essa fundamentação especulativa, o fato de a escolha homossexual de objeto não raro se originar de uma precoce superação da rivalidade com os homens não pode deixar de ter importância para o nexo entre homossexualidade e sentimento social.

Na perspectiva psicanalítica estamos habituados a ver os sentimentos sociais como sublimações de posturas homossexuais ante os objetos. Nos homossexuais com interesse social marcante, os sentimentos sociais não teriam logrado se desligar totalmente da escolha objetal.

UMA NEUROSE DO SÉCULO XVII ENVOLVENDO O DEMÔNIO (1923)

TÍTULO ORIGINAL: "EINE TEUFELSNEUROSE IM SIEBZEHNTEN JAHRHUNDERT". PUBLICADO PRIMEIRAMENTE EM *IMAGO*, 9, Nº 1, PP. 1-34. TRADUZIDO DE *GESAMMELTE WERKE* XIII, PP. 317-53. TAMBÉM SE ACHA EM *STUDIENAUSGABE* VII, PP. 283-319.

[PREFÁCIO]

Aprendemos, no estudo das neuroses infantis, que nelas podem ser vistas facilmente várias coisas que mais tarde se dão a conhecer apenas com o estudo aprofundado. Podemos ter uma expectativa semelhante em relação às doenças neuróticas de outros séculos, desde que estejamos dispostos a reconhecê-las sob nomes diferentes dos das neuroses de hoje. Não devemos nos surpreender se as neuroses de tempos passados aparecerem sob roupagem demonológica, enquanto as de nossa pouco psicológica época atual tomam aspecto hipocondríaco, disfarçadas de enfermidades orgânicas. É sabido que vários autores, Charcot entre eles, identificaram as manifestações da histeria nas representações de possessão e êxtase que a arte nos deixou; se as histórias desses doentes tivessem recebido mais atenção na época, não teria sido difícil reencontrar nelas os conteúdos típicos da neurose.

A teoria demonológica daqueles tempos obscuros teve razão, afinal, diante de todas as concepções somáticas da era da ciência "exata". As possessões correspondem a nossas neuroses, para cuja explicação novamente recorremos a poderes psíquicos. Os demônios são, para nós, desejos maus, rejeitados; são derivados de impulsos instintuais repudiados, reprimidos. Nós apenas recusamos a projeção dessas entidades psíquicas no mundo externo, que a Idade Média realizava; entendemos que se originaram na vida interior dos doentes, onde habitam.

I. A HISTÓRIA DO PINTOR CHRISTOPH HAITZMANN

Devo ao gentil interesse do *Hofrat* dr. R. Payer-Thurn, diretor da então *Fideikommißbibliothek** régio-imperial, em Viena, o conhecimento de uma neurose demonológica desse tipo, ocorrida no século XVII. Ele descobriu na biblioteca um manuscrito proveniente do santuário de Mariazell, em que é narrada minuciosamente a milagrosa redenção de um pacto com o demônio por graça da Virgem Maria. Seu interesse foi despertado pela relação desse tema com a lenda de Fausto, e o levará a empreender uma edição e apreciação detalhada do material.** Como ele observou, no entanto, que a pessoa redimida na história sofria de visões e convulsões, procurou-me para uma opinião médica sobre o caso. Combinamos que nossos trabalhos seriam independentes um do outro e publicados separadamente. Quero registrar meu agradecimento por sua iniciativa e pela ajuda que me prestou no exame do manuscrito.

---

* Era a biblioteca em que se registravam os bens hereditários; agora faz parte da Biblioteca Nacional Austríaca. *Hofrat*, literalmente "conselheiro da Corte", era um alto funcionário do Estado. Mariazell, mencionado na frase seguinte, é um conhecido local de romaria, 130 km a sudoeste de Viena.

** O trabalho de R. Payer-Thurn foi publicado no ano seguinte ao de Freud, com o título de *Faust in Mariazell*, Chronik des Wiener Goethe-Vereins, vol. 34, 1.

UMA NEUROSE DO SÉCULO XVII ENVOLVENDO O DEMÔNIO

Esse caso clínico-demonológico é realmente um achado valioso, que se evidencia, sem maior interpretação, como uma jazida a oferecer o metal puro que em outros locais temos de extrair penosamente do minério bruto.

O manuscrito, do qual disponho de uma cópia exata, divide-se em duas partes bem diferentes: o relato, em latim, do escriba ou compilador monástico, e trechos do diário do paciente, redigidos em alemão. A primeira seção contém um prefácio e a cura milagrosa propriamente; a segunda pode não ter sido relevante para os religiosos, tanto mais valor tem para nós. Ela contribui para dar firmeza a nosso juízo dessa história clínica, que de outra forma seria hesitante, e temos bons motivos para agradecer aos religiosos o fato de haverem conservado esse documento, embora ele não pudesse favorecer suas opiniões; podia, isto sim, contrariá-las.

Antes de examinar a composição da pequena brochura manuscrita, intitulada *Tropheum Mariano-Cellense*, devo relatar uma parte de seu conteúdo, que se acha no prefácio.

Em 5 de setembro de 1677, o pintor Christoph Haitzmann, da Baviera, foi levado a Mariazell com uma carta do pastor de Pottenbrunn (na Baixa Áustria), um lugarejo próximo.[1] Segundo a carta, ele se achava em Pottenbrunn por alguns meses, exercendo sua arte; em 29 de agosto foi tomado de terríveis convulsões na igreja e, quando estas se repetiram nos dias subsequentes, o

---

1 A idade do pintor não aparece em nenhum lugar. O contexto leva a supor um homem de trinta ou quarenta anos, talvez mais próximo dos trinta. Como veremos, ele morreu no ano de 1700.

I. A HISTÓRIA DO PINTOR CHRISTOPH HAITZMANN

praefectus dominii Pottenbrunnensis [prefeito do domínio de Pottenbrunn] o examinou, perguntando o que o oprimia, e se ele teria entrado em comércio ilícito com o espírito mau.[1] Ao que ele admitiu que realmente, nove anos antes, numa época de desalento com sua arte e dúvida com a sobrevivência, havia cedido ao Demônio, que o tentara em nove ocasiões, e se comprometera por escrito a pertencer-lhe de corpo e alma após aquele período. O fim do prazo se aproximava, seria em 24 daquele mês [setembro].[2] O infeliz se arrependia e estava convencido de que apenas a graça da mãe de Deus em Mariazell poderia salvá-lo, obrigando o Maligno a devolver-lhe a promessa redigida em sangue. Por esse motivo, o pastor se permitia recomendar *miserum hunc hominem omni auxilio destitutum* [esse homem miserável, destituído de todo auxílio] à benevolência dos senhores de Mariazell.

Isso conforme o pastor de Pottenbrunn, Leopold Braun, em 1º de setembro de 1677.

Podemos agora proceder à análise do manuscrito. Ele se compõe de três partes:

1. Uma página de rosto colorida, que traz as cenas da assinatura do pacto e da redenção, na capela de Mariazell. Na página seguinte há oito desenhos, também em cores, das aparições posteriores do Demônio, com

---

1 Apenas mencionemos a possibilidade de essa interrogação ter inspirado — "sugerido" — ao doente a fantasia de seu pacto com o demônio.

2 *Quorum et finis 24 mensis hujus futurus appropinquat.*

UMA NEUROSE DO SÉCULO XVII ENVOLVENDO O DEMÔNIO

breves legendas em alemão. Essas imagens não são originais, são cópias — como é solenemente assegurado: cópias fiéis — das pinturas de Christoph Haitzmann;

2. O *Tropheum Mariano-Cellense* propriamente (em latim), obra de um compilador religioso, que assina P. A. E. no final e acompanha essas iniciais de quatro versos contendo sua biografia. A conclusão é um atestado do abade Kilian de S. Lambert, de 12 de setembro de 1729, em letra diversa da do compilador, que certifica a exata concordância do manuscrito e das imagens com o original guardado no arquivo.* Não é informado em que ano o *Trophaeum* foi produzido. Estamos livres para supor que isso ocorreu no mesmo ano em que o abade Kilian redigiu o atestado, ou seja, em 1729, ou, como 1714 é o último ano mencionado no texto, para situar a obra do compilador em algum momento entre 1714 e 1729. O milagre que esse escrito salvaria do esquecimento se deu em 1677, ou seja, de 37 a 52 anos antes.

3. O diário do pintor, escrito em alemão, que vai do período de sua redenção na capela a 13 de janeiro do ano seguinte, 1678. Está incluído no texto do *Trophaeum*, pouco antes do fim.

O núcleo do *Trophaeum* propriamente dito é formado por duas peças, a mencionada carta do pastor de Pottenbrunn, Leopold Braun, de 1º de setembro de 1677, e o relato do abade Franziscus, de Mariazell e S. Lambert, que descreve a cura milagrosa, datado de 12 de setembro de

---

* Os monges de S. Lambert eram encarregados da manutenção do santuário.

I. A HISTÓRIA DO PINTOR CHRISTOPH HAITZMANN

1677, ou seja, poucos dias depois. O redator ou compilador P. A. E. forneceu uma introdução que praticamente funde o teor desses dois documentos e, além disso, alguns trechos de ligação sem maior importância, e acrescentou, no final, um relato sobre as vicissitudes posteriores do pintor, conforme uma averiguação feita em 1714.[3]

Portanto, a história prévia do pintor é contada três vezes no *Trophaeum*: 1) na carta do pastor de Pottenbrunn; 2) no solene relato do abade Franziscus; 3) na introdução do redator. A comparação dessas três fontes revela algumas incoerências que não será irrelevante examinar.

Agora posso prosseguir com a história do pintor. Depois de se entregar longamente à penitência e à oração em Mariazell, o Diabo lhe apareceu em forma de dragão alado, em 8 de setembro, dia do nascimento de Maria, por volta da meia-noite, e lhe devolveu o pacto redigido em sangue. Mais adiante veremos, para nossa surpresa, que na história do pintor Christoph Haitzmann aparecem dois compromissos com o Demônio, um escrito com tinta negra e outro, posterior, com sangue. Aquele mencionado na descrição do exorcismo, que também pode ser reconhecido na imagem da página de rosto, é o segundo, o registrado com sangue.

Neste ponto talvez nos assalte alguma desconfiança quanto à credibilidade dos relatos, advertindo-nos para não desperdiçar nosso trabalho num produto de

---

3 Isso indicaria que 1714 foi também o ano da redação do *Trophaeum*.

superstição monacal. Consta que vários religiosos, citados pelos nomes, deram assistência ao exorcizado e também presenciaram a aparição de Satã na capela. Se fosse afirmado que também viram o dragão-demônio, quando esse entregou ao pintor o papel com escrita vermelha (*Schedam sibi porigentem conspexisset*), estaríamos diante de várias possibilidades não muito agradáveis, entre as quais uma alucinação coletiva ainda seria a menos grave. Mas o testemunho dado pelo abade Franziscus afasta essa desconfiança. De maneira nenhuma ele afirma que também os religiosos que assistiam ao penitente enxergaram o Demônio, mas apenas, de forma simples e direta, que o pintor livrou--se de repente dos religiosos que o seguravam, correu para o canto da capela, onde viu a aparição, e retornou com o papel nas mãos.[4]

O milagre foi grande, a vitória da mãe do Senhor sobre o Demônio, indubitável; mas infelizmente a cura não foi duradoura. Seja dito em favor dos religiosos, mais uma vez, que eles tampouco silenciam esse fato. O pintor deixou Mariazell pouco tempo depois, em bom estado de saúde, e foi morar em Viena, com uma irmã casada. Em 11 de outubro começaram

---

4 ... *ipsumque Daemonem ad Aram Sac. Cellae per fenestrellam in cornu Epistolae Schedam sibi porrigentem conspexisset eo advolans e Religiosorum manibus, qui eum tenebant, ipsam Schedam ad manum obtinuit...* [... viu o próprio Demônio junto ao sagrado altar de Zell, passando-lhe o papel pela janelinha da epístola, e, escapando às mãos dos religiosos que o seguravam, precipitou-se e apanhou aquele papel...].

I. A HISTÓRIA DO PINTOR CHRISTOPH HAITZMANN

novos ataques, alguns bastante severos, conforme o diário mantido até 13 de janeiro. Foram visões, ausências, em que viu e teve experiência das coisas mais diversas, convulsões acompanhadas das mais dolorosas sensações, certa vez uma paralisia das pernas etc. Mas ali não foi o Demônio que o atormentou; foi visitado por figuras sagradas, Cristo e a própria Virgem Maria. É curioso que não tenha sofrido menos com essas aparições celestiais e os castigos que lhe impuseram do que antes, no comércio com o Demônio. Também essas novas vivências ele chamou de aparições do Demônio em seu diário, e queixou-se de *maligni Spiritus manifestationes*, ao voltar para Mariazell em maio de 1678.

O motivo que alegou para a sua volta, perante os religiosos, foi a necessidade de resgatar junto ao Demônio um outro compromisso, anterior, redigido com tinta.[5] Também dessa vez a Virgem Maria e os frades piedosos o auxiliaram em sua demanda. Mas o relato não diz como isso aconteceu; limita-se a estas palavras: *qua iuxta votum reddita* [quando lhe foi restituído conforme sua prece]. Ele novamente rezou e obteve o contrato de volta. Então se sentiu inteiramente livre e entrou para a ordem dos Irmãos da Misericórdia.

Novamente temos ocasião de reconhecer que, não obstante a óbvia tendência que o guiava, o compilador não se afastou da veracidade que requeremos de um

5 Esse teria sido firmado em setembro de 1668, e nove anos e meio depois, em maio de 1678, já teria caducado desde muito.

UMA NEUROSE DO SÉCULO XVII ENVOLVENDO O DEMÔNIO

caso clínico. Pois não omite o resultado da indagação sobre o destino do pintor, feita ao superior do convento dos Irmãos da Misericórdia em 1714. O reverendo *pater provincialis* informa que o irmão Crisóstomo experimentou ainda inúmeras tentações do Espírito Maligno, que desejava induzi-lo a um novo pacto — o que se dava *"quando ele bebia um tanto mais de vinho"* —, mas sempre conseguiu rechaçá-las com a graça de Deus. O irmão Crisóstomo morreu de tísica, *"calmo e consolado"*, no mosteiro da ordem em Neustatt an der Moldau, no ano de 1700.

II. O MOTIVO DO PACTO COM O DEMÔNIO

Se vemos esse compromisso com o Diabo como um caso clínico de neurose, nosso interesse se dirige inicialmente para a sua motivação, que, é claro, liga-se estreitamente àquilo que o ocasionou. Por que um indivíduo se compromete com o Demônio? É verdade que dr. Fausto pergunta, de maneira desdenhosa: "Que tens a dar, pobre Diabo?". Mas ele se engana, pois em troca da alma imortal o Diabo tem a oferecer muitas coisas que os homens estimam: riqueza, proteção dos perigos, poder sobre os semelhantes e as forças da natureza, também as artes da magia e, sobretudo, prazer, prazer com mulheres bonitas. Essas realizações ou obrigações do Diabo costumam ser mencionadas

II. O MOTIVO DO PACTO COM O DEMÔNIO

expressamente no contrato firmado com ele.[6] Qual foi, para Christoph Haitzmann, o motivo do pacto?

Curiosamente, nenhum desses desejos tão naturais. Para afastar qualquer dúvida sobre isso, basta examinar as breves observações que o pintor ajunta a suas ilustrações das visitas do Demônio. Eis o que diz a legenda à terceira visão, por exemplo:

"Na terceira vez em um ano e meio, ele me surgiu como essa figura horrenda, com um livro nas mãos que tratava de magia e artes negras..."

Mas na nota a uma aparição posterior somos informados de que o Demônio o repreendeu fortemente por haver *"queimado o dito livro"* e ameaçou fazê-lo em pedaços se não o restituísse.

Na quarta visita, ele lhe mostra uma grande bolsa amarela e um ducado enorme e promete lhe dar tantos daquele quantos quiser, mas o pintor pode se gabar de que *"nada peguei daquilo"*.

Em outra ocasião ele lhe fala que deve se distrair, se entreter. Ao que o pintor comenta: *"o que aconteceu conforme seu desejo, mas não continuei por mais de três dias e então acabou"*.

---

6 Cf. *Fausto* I, Gabinete de estudos [cena 4, vv. 1656-9; palavras de Mefistófeles]: *Ich will mich* hier *zu deinem Dienst verbinden, / Auf deinen Wink nicht rasten und nicht ruhen; / Wenn wir uns* drüben *wieder finden, / So sollst du mir das gleiche tun* ["Obrigo-me, eu te sirvo, eu te secundo, / Aqui, em tudo, sem descanso ou paz; / No encontro nosso, no outro mundo, / O mesmo para mim farás", trad. Jenny Klabin Segall, apres. e notas Marcus Vinicius Mazzari, São Paulo: Editora 34, 2004].

Como rejeitou artes mágicas, dinheiro e prazer, ao lhe serem oferecidos pelo Demônio, certamente não as teria tornado condições para o pacto, e necessitamos realmente saber o que esse pintor queria mesmo do Demônio quando com ele se comprometeu. Algum motivo para se envolver com o Demônio ele teria.

O *Trophaeum* também nos dá informação segura sobre esse ponto. Ele ficara abatido, tornara-se incapaz ou indisposto para o trabalho e tinha preocupação com a sobrevivência, ou seja, sofria de depressão melancólica com inibição do trabalho e preocupação (justificada) com sua vida. Vemos que de fato lidamos com um caso clínico, percebemos também o que ocasionou a doença, que o próprio pintor chama de melancolia, nas observações que acompanham as imagens (*"que eu devia buscar diversão e espantar a melancolia"*). É certo que, de nossas três fontes, apenas a primeira, a carta do pastor, menciona o estado de depressão (*"dum artis suae progressum emolumentumque secuturum pusillanimis perpenderet"* [sentindo-se prostrado com o andamento de sua arte e seus emolumentos futuros]), mas a segunda, o relato do abade Francisco, é capaz de designar também a fonte desse desalento ou abatimento, pois ali consta: *"acceptâ aliquâ pusillanimitate ex morte parentis"* [sendo tomado de prostração pela morte do pai], e, de forma correspondente, mas com a ordem das palavras alterada, na introdução do compilador: *"ex morte parentis acceptâ aliquâ pusillanimitate"*. Portanto, seu pai havia morrido,

Primeira aparição do Demônio a Christoph Haitzmann

Segunda aparição do Demônio a Christoph Haitzmann

II. O MOTIVO DO PACTO COM O DEMÔNIO

o que o lançou numa melancolia, e dele se aproximou o Demônio, perguntou-lhe por que estava tão triste e acabrunhado e lhe prometeu *"ajudar e apoiar de toda maneira"*.[7]

Eis aí, portanto, alguém que se comprometeu com o Diabo para livrar-se de uma depressão do humor. Certamente um bom motivo, conforme a opinião de todo aquele que busca entender quem sofre os tormentos desse estado e que sabe quão pouco a arte médica pode fazer para aliviá-los. Mas ninguém que até aqui acompanhou esta narrativa poderá adivinhar o teor exato do compromisso com o Demônio (ou melhor, dos dois compromissos, do primeiro, escrito com tinta, e do segundo, com sangue, aproximadamente um ano depois; ambos, ao que se diz, existentes na câmara do tesouro de Mariazell e transcritos no *Trophaeum*).

Eles nos reservam duas grandes surpresas. Primeiro, não mencionam obrigação alguma do Diabo, em troca da qual o indivíduo penhora a beatitude eterna, e sim uma mera solicitação, que o pintor deve satisfazer. Parece-nos totalmente ilógico, absurdo, que esse homem entregue sua alma não por algo que receberá do Diabo, mas por algo que realizará para este. E ainda mais peculiar é a obrigação do pintor.

A primeira *"syngrapha"* [compromisso], redigida com tinta preta, diz:

7 Imagem 1 e sua legenda na página de rosto, representando o Demônio em forma de um "honrado cidadão".

Eu, Christoph Haitzmann, subscrevo-me a este Senhor [*como*] *seu filho e servo por nove anos. Ano de* 1669.*

A segunda, redigida com sangue:

Ano de 1669

*Christoph Haitzmann. Eu me obrigo a este Satã, a ser seu filho e servo, e em nove anos de corpo e alma lhe pertencer.***

Mas a estranheza desaparece se lemos os compromissos no sentido de que neles é apresentado como solicitação do Demônio o que é, na verdade, sua realização, ou seja, solicitação do pintor. Assim, o pacto incompreensível ganha um significado reto, e poderia ser interpretado da seguinte maneira. O Demônio se obriga a substituir, durante nove anos, o pai que o pintor perdeu. Ao fim desse período, este passa a pertencer ao Demônio de corpo e alma, como era habitual nesses contratos. O raciocínio que motivou o pacto do pintor parece ter sido este: a morte do pai tirou-lhe o ânimo e a capacidade de trabalho; achando um substituto para o pai, ele espera reaver aquilo que perdeu.

Alguém que sucumbiu à melancolia em virtude da morte do pai deve ter amado esse pai. É muito singular, então, que essa pessoa tenha a ideia de tomar o Demônio como substituto do pai amado.

---

* No original: *Ich Christoph Haitzmann vndterschreibe mich disen/ Herrn sein leibeigener Sohn auf 9 Jahr. 1669 jahr.*

** "*Anno 1669/ Christoph Haitzmann. Ich verschreibe mich dißen/ Satan, ich sein leibeigener Sohn zu sein, und in/ 9 Jahr ihm mein Leib und Seel zuzugeheren.*"

III. O DEMÔNIO COMO SUCEDÂNEO DO PAI

Receio que uma crítica sóbria não admitirá que esta nossa reinterpretação tenha revelado o sentido do pacto com o Demônio. Levantará duas objeções contra ela. Primeira: não é necessário ver no compromisso um contrato em que as obrigações das duas partes são enunciadas. Ele conteria apenas a obrigação do pintor, a do Demônio ficaria fora do texto, como que *"sous-entendue"* [subentendida]. O pintor se compromete a duas coisas: primeiro, a ser filho do Demônio por nove anos; depois, a pertencer-lhe inteiramente após a morte. Isso invalida um dos fundamentos de nossa conclusão.

O segundo reparo diz que não devemos conceder grande valor à expressão "filho e servo do Demônio". Ela seria uma locução usual, que cada qual pode entender à sua maneira, tal como fizeram os religiosos. Na versão para o latim, eles não traduzem a filiação mencionada nos compromissos, apenas dizem que o pintor *"mancipavit"*, tornou-se um servo do Maligno, obrigou-se a levar uma vida pecadora e negar a Deus e à Santíssima Trindade. Por que nos afastarmos dessa concepção plausível e natural?[8] O caso seria simplesmente o de alguém que, no tormento e desamparo de uma de-

8 Na verdade, mais adiante, quando considerarmos quando e para quem esses compromissos foram redigidos, perceberemos que seu texto tinha de ser discreto e compreensível para todos. Mas para nós basta que ele mantenha uma ambiguidade que sirva como ponte para nossa interpretação.

pressão melancólica, assina um trato com o Demônio, a quem atribui enorme poder terapêutico. O fato de esse abatimento ser ocasionado pela morte do pai não tem maior importância, poderia ter havido um outro ensejo.

Isso parece razoável e convincente. Novamente se faz à psicanálise a objeção de complicar sofisticamente coisas simples, de ver segredos e problemas onde não existem, e realizar isso destacando traços pequenos e secundários, encontrados em toda parte, e elevando-os a suporte das mais amplas e esquisitas conclusões. Argumentaríamos, em vão, que com essa recusa [da psicanálise] são ignoradas muitas analogias convincentes e são rompidos nexos sutis, que podemos demonstrar neste caso. Os adversários dirão que tais analogias e nexos não existem, que são introduzidos no caso por nós, com excessivo engenho.

Não iniciarei minha réplica com as palavras "sejamos honestos" ou "sejamos sinceros", pois sempre devemos ser capazes de sê-lo, sem nos prepararmos especialmente para isso. Apenas direi simplesmente que sei muito bem que, quando alguém não acredita antes na validade do modo psicanalítico de pensar, tampouco adquirirá essa convicção a partir do caso do pintor Christoph Haitzmann. E tampouco é minha intenção utilizá-lo como evidência da validade da psicanálise; antes pressuponho como válida a psicanálise e recorro a ela para elucidar a doença demonológica do pintor. A justificativa para este procedimento vem do êxito de nossas investigações sobre a natureza das neuroses em geral. Com toda a modéstia, é possível afirmar que hoje em dia até os mais embotados entre nossos colegas e contemporâneos co-

III. O DEMÔNIO COMO SUCEDÂNEO DO PAI

meçam a perceber que não se obtém compreensão dos estados neuróticos sem ajuda da psicanálise.

"Estas flechas podem conquistar Troia, unicamente elas", reconhece Ulisses no *Filoctete* de Sófocles.

Se é correto ver o pacto demoníaco de nosso pintor como uma fantasia neurótica, uma apreciação psicanalítica dele não requer maior apologia. Também pequenos sinais têm seu sentido e valor, sobretudo nas condições de surgimento da neurose. Sem dúvida, podemos tanto superestimá-los como subestimá-los, e a medida em que chegamos a utilizá-los continua sendo uma questão de tato. No entanto, se alguém não crê na psicanálise nem no Diabo, deve ser deixado por sua conta o que fazer no caso do pintor, seja podendo explicá-lo com seus próprios meios, seja não encontrando nada que requeira explicação.

Retornemos então à nossa hipótese de que o Demônio com que o pintor se compromete é um substituto direto do pai. Com isso também se harmoniza a figura com que ele aparece primeiramente: como velho burguês respeitável de barba castanha, com um chapéu negro, bengala na mão direita e um cão negro ao lado (Fig. I [p. 237]).[9] Depois sua aparência se torna cada vez mais terrível — mais mitológica, talvez se possa dizer: é dotado de chifres, garras de águia e asas de morcego. Por fim, surge na capela como dragão voador. Mais adiante voltaremos a certo detalhe de sua forma física.

Parece estranho que o Demônio seja escolhido como

---

9 Em Goethe [*Fausto* I, cenas 2 e 3], um cão negro se transforma no próprio Demônio.

substituto de um pai querido, mas apenas quando ouvimos isso pela primeira vez, pois sabemos de algumas coisas que podem atenuar a surpresa. Primeiro, que Deus é um substituto do pai ou, melhor dizendo, um pai elevado, ou, de outra forma ainda, uma cópia do pai, tal como foi visto e vivenciado na infância, o indivíduo em sua própria infância e o gênero humano em sua pré-história, como pai da horda primitiva. Depois o indivíduo o enxergou de outra forma, diminuído, mas a imagem infantil permaneceu e se fundiu com o traço mnemônico do pai primevo, formando a ideia de Deus do indivíduo. Sabemos igualmente, a partir da vida oculta do indivíduo que a análise desvela, que a relação com esse pai era ambivalente talvez desde o início; de toda forma, logo se tornou assim, isto é, compreendeu dois impulsos afetivos opostos, não apenas um impulso terno e submisso, mas também um hostil e desafiador. Segundo nossa concepção, a mesma ambivalência governa a relação da espécie humana com sua divindade. No interminável conflito entre nostalgia do pai, por um lado, e medo e rebeldia filial, por outro lado, encontramos explicação para importantes características e decisivas vicissitudes das religiões.[10]

Acerca do Demônio malvado sabemos que foi imaginado como contrapartida de Deus e, no entanto, acha-se muito próximo da natureza deste. Mas sua história não foi tão bem pesquisada como a de Deus, nem todas as religiões adotaram o espírito mau, o adversário de Deus,

10 Ver *Totem e tabu* [1913] e Theodor Reik, *Probleme der Religionspsychologie* I (1919).

III. O DEMÔNIO COMO SUCEDÂNEO DO PAI

e seu modelo na vida individual permanece obscuro até aqui. Uma coisa é certa, porém: deuses podem se tornar demônios maus, quando novos deuses os reprimem. Quando um povo é conquistado por outro, não é raro que os deuses destronados dos vencidos se transformem em demônios para os vencedores. O demônio ruim da fé cristã, o Diabo da Idade Média, era, segundo a própria mitologia cristã, um anjo caído, de natureza similar à divina. Não é preciso muita perspicácia analítica para adivinhar que Deus e o Diabo eram inicialmente idênticos, uma só figura que mais tarde se decompôs em duas com características opostas.[11] Nos primeiros tempos das religiões, o próprio Deus possuía todos os traços apavorantes que depois foram reunidos numa contraparte dele.

É o processo, bem nosso conhecido, da decomposição de uma ideia de teor contraditório — ambivalente — em duas partes nitidamente contrárias. Mas as contradições da natureza original de Deus são reflexo da ambivalência que domina a relação do indivíduo com seu pai. Se o Deus justo e bom é um substituto do pai, não devemos nos admirar de que também a atitude hostil, que o odeia e teme e dele se queixa, tenha vindo a se expressar na criação de Satã. Portanto, o pai seria o protótipo individual tanto de Deus como do Diabo. Mas as religiões se achariam sob o efeito inextinguível do fato de que o pai primordial foi um ser de infinita maldade, menos semelhante a Deus que ao Diabo.

11 Ver Reik, "Der eigene und der fremde Gott" [O deus próprio e o alheio], Imago-Bücher III, 1923, capítulo "Gott und Teufel" [Deus e diabo].

UMA NEUROSE DO SÉCULO XVII ENVOLVENDO O DEMÔNIO

Certamente não é fácil acusar, na vida psíquica do indivíduo, traços dessa concepção satânica do pai. Quando um menino desenha caretas e caricaturas, pode-se demonstrar que nelas está zombando do pai, e quando pessoas dos dois sexos têm medo de ladrões e bandidos à noite, não há dificuldade em reconhecê-los como dissociações da figura do pai.[12] Também os animais que aparecem nas zoofobias das crianças são, com a maior frequência, substitutos do pai, como o animal totêmico nos tempos primitivos. Mas nunca se viu tão claramente como em nosso pintor neurótico do século XVII que o Demônio é uma cópia do pai e pode se apresentar como sucedâneo dele. Por isso manifestei, no início deste trabalho, a expectativa de que um caso clínico demonológico dessa espécie nos mostraria, como um metal puro, aquilo que nas neuroses de uma época posterior (não mais supersticiosa, mas hipocondríaca) tem de ser laboriosamente extraído, mediante o trabalho analítico, do minério bruto dos sintomas e pensamentos espontâneos.[13]

Se nos aprofundarmos na análise da doença de nosso

12 Na conhecida história dos sete cabritinhos, também o pai lobo aparece como ladrão. [Cf. "O homem dos lobos", 1918.]

13 Se raramente encontramos o Diabo como substituto do pai em nossas análises, isso indicaria que, para as pessoas que se submetem a análise conosco, há muito tempo essa figura da mitologia medieval deixou de significar algo. Para o cristão devoto de séculos passados, a crença no Diabo era tão obrigatória quanto a fé em Deus. Na realidade, ele necessitava do Demônio para se prender a Deus. Por razões diversas, o recuo da fé atingiu primeiramente a pessoa do Demônio.

Se ousarmos aplicar a ideia do Diabo como sucedâneo do pai à história cultural, poderemos ver sob nova luz também os processos de bruxaria da Idade Média.

III. O DEMÔNIO COMO SUCEDÂNEO DO PAI

pintor, provavelmente adquiriremos uma mais firme convicção. Não é algo incomum que um homem sofra de depressão melancólica e inibição no trabalho em consequência da morte do pai. Disso concluímos que um amor particularmente forte o ligava a esse pai, e nos lembramos da frequência com que também a melancolia grave aparece como forma neurótica do luto.

Nisso temos razão, sem dúvida; mas não se concluímos igualmente que essa relação foi de puro amor. Pelo contrário, o luto após a perda do pai se transformará tanto mais facilmente em melancolia quanto mais a relação com ele se achava sob o signo da ambivalência. Enfatizar essa ambivalência, no entanto, prepara-nos para a possibilidade de uma depreciação do pai, tal como se exprime na neurose demonológica do pintor. Se pudéssemos saber tanto de Christoph Haitzmann quanto de um paciente que se submete à análise conosco, seria fácil desenvolver essa ambivalência, fazê-lo recordar quando e por quais ensejos teve razão para temer e odiar o pai, mas principalmente descobrir os fatores acidentais que se juntaram aos típicos motivos do ódio ao pai, inevitavelmente enraizados na relação natural entre pai e filho. Talvez a inibição no trabalho fosse então elucidada. É possível que o pai tivesse se oposto ao desejo do filho se tornar pintor; então a incapacidade deste exercer sua arte, após a morte do pai, seria expressão da conhecida "obediência a posteriori", por um lado; e por outro, ao torná-lo incapaz do sustento próprio, faria aumentar a nostalgia do pai como aquele que protege das necessidades da vida. Como

UMA NEUROSE DO SÉCULO XVII ENVOLVENDO O DEMÔNIO

obediência a posteriori, seria também uma manifestação de remorso e uma bem-sucedida autopunição.

Dado que não podemos empreender tal análise com Christoph Haitzmann, falecido em 1700, devemos nos limitar a enfatizar características de seu caso clínico que podem remeter a típicas motivações para uma atitude negativa frente ao pai. São poucas, não muito ostensivas, mas bem interessantes.

Primeiro o papel do número nove. O pacto com o Demônio foi de nove anos. O insuspeito relato do pastor de Pottenbrunn é claro a respeito disso: *pro novem annis Syngraphen scriptam tradidit* [entregou um pacto assinado por nove anos]. Essa carta de apresentação, datada de 1º de setembro de 1677, também informa que o prazo expiraria em pouco tempo: *quorum et finis 24 mensis hujus futurus appropinquat* [cujo fim, previsto para o dia 24 deste mês, está próximo]. O compromisso, portanto, seria selado em 24 de setembro de 1688.[14] No mesmo relato, o número nove é utilizado em outro momento ainda. *Nonies* — nove vezes — o pintor teria resistido às tentações do Maligno, antes de se render. Esse detalhe não é mencionado nos relatos posteriores; *"Post annos novem"* [depois de nove anos] acha-se também no testemunho do abade, e o compilador repete *"ad novem annos"* em seu sumário, prova de que o número não era visto como algo indiferente.

14 Os dois pactos reproduzidos trazem o ano de 1669; mais adiante nos ocuparemos dessa discrepância.

III. O DEMÔNIO COMO SUCEDÂNEO DO PAI

O número nove nos é conhecido de fantasias neuróticas. É o número de meses da gravidez, e sempre que aparece dirige nossa atenção para uma fantasia de gravidez. É certo que no caso de nosso pintor são nove anos, não nove meses, e o nove, alguém lembrará, é de toda forma um número significativo. Mas quem sabe o nove não deve boa parte de seu caráter sagrado ao papel que tem na gravidez; e a mudança de nove meses para nove anos não precisa nos desconcertar. Sabemos, pelos sonhos, como a "atividade mental inconsciente" trata os números. Se, por exemplo, encontramos um cinco num sonho, ele sempre pode ser relacionado a um cinco importante na vida desperta; mas se na realidade eram cinco anos de diferença de idade ou um grupo de cinco pessoas, no sonho aparecem como cinco notas de dinheiro ou cinco frutas. Ou seja, o número é conservado, mas seu denominador é substituído à vontade, conforme as exigências de condensação e deslocamento. Nove anos num sonho podem facilmente corresponder a nove meses na realidade. O trabalho do sonho brinca também de outra maneira com os números da vida desperta, ao desdenhar os zeros com soberana indiferença, não os tratando absolutamente como números. Cinco dólares num sonho podem representar cinquenta, quinhentos, 5 mil dólares na realidade.

Outro detalhe nas relações do pintor com o Demônio nos remete à sexualidade. Na primeira vez, como foi mencionado, ele viu o Maligno com a aparência de um cidadão honrado. Mas já na vez seguinte ele estava nu, disforme, e tinha dois pares de seios de mulher. Em nenhuma das aparições seguintes faltam os seios, em um ou em mais pares. Apenas numa delas o Demônio exibe, além dos seios, um pênis grande que termina como uma serpente. Essa ênfase na característica sexual feminina, com seios grandes e pendentes (jamais há indicação dos genitais femininos), deve nos parecer uma evidente contradição a nossa hipótese de que o Demônio significa um sucedâneo do pai para nosso pintor. Tal representação do Demônio é algo incomum em si. Quando ele é uma noção genérica, quando surgem demônios no plural, a representação de demônios femininos nada tem de estranho, mas não me parece ocorrer que o Demônio, que é uma forte individualidade, o senhor do Inferno e opositor de Deus, não seja retratado como masculino, ou mesmo supermasculino, com chifres, cauda e um grande pênis-serpente.

Esses dois pequenos indícios nos possibilitam chegar ao elemento típico que determina o lado negativo de sua relação com o pai. Ele se rebela contra a atitude feminina em relação ao pai, que culmina na fantasia de gerar-lhe um filho (os nove anos). Temos um conhecimento preciso dessa resistência em nossas análises, onde ela assume formas singulares na transferência e nos dá bastante trabalho. Com o luto pelo pai que perdeu, com o aumento do anseio por ele, é também reativada no pintor a fantasia de gravidez há muito reprimida, contra a qual ele tem de se defender mediante a neurose e a depreciação do pai.

III. O DEMÔNIO COMO SUCEDÂNEO DO PAI

Mas por que o pai rebaixado a Demônio tem a característica física de uma mulher? Esse traço parece de difícil interpretação; no entanto, logo surgem duas explicações para ele, que competem entre si, mas não se excluem. A postura feminina do garoto diante do pai sucumbiu à repressão tão logo ele entendeu que a competição com uma mulher pelo amor do pai tinha por condição a perda do próprio genital masculino, ou seja, a castração. Assim, a rejeição da atitude feminina é consequência da revolta contra a castração; via de regra, tem sua mais forte expressão na fantasia oposta de castrar o pai, de torná-lo mulher. Então os seios do Diabo corresponderiam a uma projeção da própria feminilidade no sucedâneo do pai. A outra explicação para esse ornamento no corpo do Diabo já não tem significado hostil, e sim carinhoso: vê nessa conformação um sinal de que a ternura infantil foi deslocada da mãe para o pai, e assim alude a uma forte fixação anterior na mãe, fixação esta responsável por uma parte da hostilidade em relação ao pai. Os seios grandes são o atributo sexual positivo da mãe, mesmo numa época em que a característica negativa da mulher, a falta de pênis, ainda não é do conhecimento da criança.[15]

Se a repugnância em admitir a castração torna impossível para nosso pintor a resolução de sua nostalgia do pai, é inteiramente compreensível que ele se volte

15 Cf. "Uma recordação de infância de Leonardo da Vinci" [1910].

para a imagem da mãe em busca de auxílio e salvação. Por isso declara que apenas a santa Mãe de Deus, em Mariazell, pode liberá-lo do pacto com o Demônio, e recupera sua liberdade no dia do nascimento da Mãe (8 de setembro). Talvez o dia em que o pacto foi selado, 24 de setembro, tenha sido escolhido de forma semelhante, mas isso jamais saberemos.

Dificilmente alguma outra constatação* da psicanálise sobre a vida psíquica das crianças parece tão chocante e indigna de crédito, para um adulto normal, quanto a atitude feminina diante do pai e a fantasia de gravidez dela resultante. Podemos falar dela sem temor e sem necessidade de desculpas apenas depois que o juiz-presidente do Tribunal de Apelação da Saxônia, Daniel Paul Schreber, publicou a história de seu adoecimento psicótico e sua considerável recuperação.[16] Por essa obra inestimável ficamos sabendo que o juiz--presidente adquiriu a firme convicção, por volta dos

---

* "Constatação": no original, *Ermittlungen* (pl.), termo que admite algumas variações de sentido, como se nota nas traduções consultadas: *tesis, de lo que... ha pesquisado, conclusioni che... ha tratto* [tirou] *dalle sue osservazioni, découvertes, observations* (além daquelas a que normalmente recorremos — a espanhola, a argentina, a italiana e a inglesa — pudemos consultar uma versão francesa, incluída no volume *L'inquiétante étrangeté et autres essais*, trad. Bertrand Féron. Paris: Gallimard/ Folio, 1985).

16 D. P. Schreber, *Denkwürdigkeiten eines Nervenkrankes*, Leipzig, 1903 [ed. bras.: *Memórias de um doente dos nervos*, trad. e intr. Marilene Carone. Rio de Janeiro: Paz e Terra, 1995 (1ª ed. 1984)]. Cf. minha análise do caso Schreber [*Observações psicanalíticas sobre um caso de paranoia relatado em autobiografia*, 1911].

III. O DEMÔNIO COMO SUCEDÂNEO DO PAI

cinquenta anos de vida, de que Deus — que, aliás, tem traços de seu pai, o insigne médico dr. Schreber — decidira castrá-lo, utilizá-lo como mulher e nele gerar uma nova raça de humanos, de espírito "schreberiano". (Seu próprio casamento foi sem filhos.) Ao se revoltar contra essa intenção divina, que lhe pareceu totalmente injusta e "contrária à ordem das coisas", adoeceu com os sintomas de uma paranoia, que, no entanto, regrediu no decorrer dos anos até se tornar um resíduo. O inteligente autor do próprio caso clínico não podia imaginar que havia descoberto em si mesmo um fator patogênico típico.

Alfred Adler tirou do contexto orgânico essa revolta contra a castração ou a atitude feminina, ligou-a de maneira errada ou artificial com a aspiração pelo poder e estabeleceu-a como um "protesto masculino" independente. Dado que uma neurose pode nascer apenas do conflito entre duas tendências, é justificado ver a causa de "toda" neurose tanto no protesto masculino como na atitude feminina contra a qual se protesta. É correto dizer que esse protesto masculino participa regularmente na formação do caráter — grandemente em alguns tipos —, e que nos aparece como clara resistência na análise de homens neuróticos. A psicanálise reconhece o protesto masculino no contexto do complexo da castração, mas não pode sustentar sua onipotência ou onipresença nas neuroses. O mais acentuado caso de protesto masculino que me veio ao encontro, com todas as reações e características manifestas, necessitou de tratamento

UMA NEUROSE DO SÉCULO XVII ENVOLVENDO O DEMÔNIO

devido a uma neurose obsessiva com ideias obsedantes,* em que o não resolvido conflito entre atitude masculina e feminina (medo da castração e vontade de castração) expressava-se nitidamente. Além disso, o paciente desenvolvera fantasias masoquistas, que remontavam ao desejo de aceitar a castração, e até mesmo passara das fantasias à real satisfação em situações perversas. Todo o seu estado — como a própria teoria de Adler — baseava-se na repressão, na negação** de fixações amorosas da primeira infância.

O juiz-presidente Schreber recuperou-se quando decidiu abandonar a resistência à castração e conformar-se ao papel feminino que Deus lhe destinara. Então ficou lúcido e calmo, obteve ele próprio alta da internação e levou uma vida normal, exceto que dedicava

---

* "Neurose obsessiva com ideias obsedantes": *Zwangsneurose mit Obsessionen*. O substantivo *Zwang* significa "compulsão, coação", mas o termo *Zwangsneurose* é tradicionalmente vertido por "neurose obsessiva", o que no presente caso cria uma dificuldade para a tradução. Na maioria das versões consultadas foi omitida a expressão *"mit Obsessionen"*, exceto na francesa de Bertrand Féron, que utiliza *"avec idées obsedantes"*, como fizemos aqui, e explica o problema numa nota. Nela o tradutor observa: "Esta passagem mostra, caso ainda se requeira essa demonstração, que a neurose 'obsessiva' [*obsessionelle*] não implica necessariamente a existência de pensamentos 'obsedantes' [que se poderia também chamar de 'ideias fixas']". O mesmo se encontra, de maneira mais elaborada, no verbete sobre neurose obsessiva do *Vocabulário da psicanálise*, de Laplanche e Pontalis (trad. Pedro Tamen. 11ª ed. São Paulo: Martins Fontes, 1991).
** "Negação": *Verleugnung* — nas versões consultadas: *negación, desmentida, disconoscimento, dénégation, denial*.

diariamente algumas horas ao cultivo de sua feminilidade, na convicção de que ela avançava lentamente em direção à meta estabelecida por Deus.

IV. OS DOIS PACTOS

Um detalhe curioso na história do pintor é a informação de que firmou dois compromissos diferentes com o Demônio.

O primeiro, redigido com tinta preta, dizia:

"Eu, C. H., subscrevo-me a este Senhor [como] seu filho e servo por nove anos."

E o segundo, escrito com sangue:

"C.H. Eu me obrigo a este Satã, a ser seu filho e servo, e em nove anos de corpo e alma lhe pertencer."

Os dois estariam presentes no arquivo de Mariazell quando o *Trophaeum* foi escrito, os dois são do mesmo ano, 1669.

Já mencionei os dois compromissos algumas vezes, e agora me ponho a lidar mais detidamente com eles, embora precisamente nisso haja o perigo de atribuir demasiado valor aos pormenores.

É realmente insólito o fato de alguém selar dois compromissos com o Demônio, de forma que o primeiro é substituído pelo segundo, mas sem perder sua validade. Talvez isso não seja tão estranho para outras pessoas, que tenham maior familiaridade com a demonologia. De minha parte, só podia enxergar nisso uma característica peculiar de nosso caso, e comecei a suspeitar de

UMA NEUROSE DO SÉCULO XVII ENVOLVENDO O DEMÔNIO

algo mais quando constatei que os relatos não concordam justamente nesse ponto. O estudo dessas contradições nos levará, de forma inesperada, a uma compreensão mais profunda do caso clínico.

A carta do pastor de Pottenbrunn mostra uma situação bastante simples e clara. Nela se fala de apenas um pacto, que o pintor redigiu com sangue, nove anos antes, e que vai expirar proximamente, no dia 24 de setembro; ou seja, teria sido firmado em 24 de setembro de 1668. Infelizmente não é explicitada essa data, que podemos inferir com certeza.

O testemunho do abade Franziscus, datado de alguns dias depois (12 setembro de 1677), como sabemos,* já se refere a um estado de coisas mais complicado. É natural supor que naquele meio-tempo o pintor houvesse dado informações mais precisas. Nesse testemunho lemos que o pintor fez dois pactos: um em 1668 (como teria de ser, conforme a carta), escrito com tinta preta; mas o outro, *sequenti anno 1669*, escrito com sangue. O pacto que lhe foi devolvido no dia do nascimento da Virgem foi aquele redigido com sangue, ou seja, o segundo, de 1669. Isso não procede do testemunho do abade, pois ali se acha simplesmente, mais adiante: *schedam redderet* [deu de volta o papel] e *schedam sibi porrigentem conspexisset* [viu-o passando-lhe o papel], como se houvesse um só documento. Mas se depreende do curso da história, assim como do frontispício em co-

---

* Depois da carta do pastor, datada de 1º de setembro de 1677, como se viu acima (p. 230).

IV. OS DOIS PACTOS

res do *Trophaeum*, onde se vê claramente, na folha que o Demônio em forma de dragão segura, uma escrita *vermelha*. Os acontecimentos posteriores, já mencionados, foram os seguintes: o pintor retornou a Mariazell, em maio de 1678, após sofrer novas tentações do Maligno, e solicitou que por uma nova mercê da Mãe de Deus lhe fosse devolvido também o primeiro pacto, aquele redigido com tinta. O modo como isso ocorreu não se acha descrito tão pormenorizadamente como da primeira vez. Lê-se apenas *quâ iuxta votum redditâ* [quando lhe foi restituído conforme sua prece], e em outro lugar o compilador diz que justamente esse pacto, *"amassado e desfeito em quatro pedaços"*, foi atirado pelo Demônio ao pintor em 9 de maio de 1678, pelas nove horas da noite.

No entanto, os dois pactos têm a mesma data, o ano de 1669.

Ou essa incoerência nada significa ou nos conduz à seguinte pista:

Se partimos da exposição do abade, sendo ela a mais minuciosa, deparamos com várias dificuldades. Quando Christoph Haitzmann confessa ao pastor de Pottenbrunn que se acha em apuros com o Demônio, que o prazo logo terminará, só pode ter em mente (em 1677) o compromisso firmado em 1668, isto é, o primeiro, em tinta preta (que na carta, porém, é mencionado como o único e designado como aquele escrito com sangue). Mas poucos dias depois, em Mariazell, ele se preocupa somente em ter de volta aquele posterior, com sangue, que ainda não está próximo de caducar (1669-77), e deixa que o primeiro fique vencido. Este é solicitado de volta apenas em 1678, ou seja, no décimo ano. Além disso, por que os dois pactos são datados do mesmo ano de 1669, quando o primeiro é expressamente atribuído ao *"anno subsequenti"*?

O compilador deve ter percebido essas dificuldades, pois faz uma tentativa de resolvê-las. Em sua introdução ele adere ao relato do abade, mas o modifica num ponto. O pintor, diz ele, assinou um pacto com o Demônio em 1669 com tinta, mas depois (*"deinde vero"*) com sangue. Ou seja, ele não toma conhecimento da afirmação dos dois relatos, de que um pacto é de 1668, e negligencia a observação no testemunho do abade, de que entre os dois pactos houve uma alteração no ano, a fim de permanecer em harmonia com a datação dos dois documentos restituídos pelo Demônio.

No testemunho do abade se acha, após as palavras *sequenti vero anno* 1669 [mas no ano seguinte, 1669], um trecho entre parênteses que diz: *sumitur hic alter annus pro nondum completo uti saepe in loquendo fieri solet, nam eundum annum indicant Syngraphae quarum atramento scripta ante praesentem attestationem nondum habita fuit* [aqui é tomado o ano seguinte no lugar daquele não inteiramente decorrido, como se costuma fazer na conversação; pois o mesmo ano é indicado em ambos os pactos, dos quais aquele redigido com tinta não fora ainda devolvido antes do presente testemunho]. Essa passagem é, sem dúvida, uma interpolação do compilador, pois o abade, que viu apenas um pacto, não pode declarar que os dois são do mesmo ano. E a colocação da passagem entre parênteses devia indicar que se trata-

IV. OS DOIS PACTOS

va de um acréscimo de outra pessoa. Ela constitui mais uma tentativa de solucionar as contradições, por parte do compilador. Ele está de acordo em que o primeiro pacto foi de 1668, mas acha que, como o ano já se encontrava adiantado (setembro), o pintor lhe deu o ano seguinte, de maneira que os dois pactos apresentassem o mesmo ano. Seu argumento de que muitas vezes se faz algo semelhante na linguagem oral me parece condenar toda essa tentativa de explicação como "desculpa ruim".

Não sei se minha exposição do caso produziu alguma impressão no leitor e se o fez interessar-se por tais minúcias. Achei impossível estabelecer os fatos de modo indubitável, mas o exame dessa questão confusa me levou a uma suposição que tem a vantagem de fornecer a mais natural sucessão dos eventos, embora os testemunhos não combinem inteiramente com ela.

A meu ver, quando o pintor foi para Mariazell da primeira vez, falou apenas de *um* pacto escrito com sangue, conforme a regra, que logo venceria e que, portanto, fora firmado em setembro de 1668, exatamente como informa a carta do pastor. Em Mariazell ele também apresentou esse pacto redigido com sangue como aquele que o Demônio lhe devolvera por pressão de Nossa Senhora. Sabemos o que aconteceu em seguida. O pintor deixou o santuário pouco tempo depois e se dirigiu a Viena, onde se sentiu livre até meados de outubro. Mas então recomeçaram os sofrimentos e aparições, nos quais via a obra do Maligno. Sentiu novamente que necessitava de redenção, mas achou-se ante a dificuldade de explicar por que o exorcismo na capela sagrada não lhe trouxera uma salvação duradoura. Como reincidente não curado, provavelmente não seria tão bem-vindo a Mariazell. Nesse apuro, inventou um primeiro pacto, anterior, mas redigido com tinta, para que fosse plausível sua preterição em favor de um posterior, escrito com sangue. Tendo retornado a Mariazell, fez com que lhe fosse devolvido também esse suposto primeiro pacto. Então teve sossego com o Maligno; ao mesmo tempo, contudo, fez outra coisa, que nos mostrará o que constitui o pano de fundo dessa neurose.

Sem dúvida, os desenhos foram feitos apenas durante a segunda permanência em Mariazell; o frontispício, que é uma só composição, apresenta as duas cenas em que houve pacto. Na tentativa de harmonizar sua nova história com a anterior, ele talvez tenha se embaraçado. Era-lhe desfavorável que pudesse acrescentar apenas um pacto anterior, não um posterior. Assim, não pôde evitar a desastrada consequência de haver resgatado um pacto, aquele com sangue, cedo demais (com oito anos), e o outro, com tinta preta, tarde demais (com dez anos). Como indício revelador da dupla redação, aconteceu-lhe se enganar na datação dos pactos e situar também o primeiro em 1669. Esse erro tem o sentido de uma honestidade involuntária; ele nos permite imaginar que o pacto supostamente anterior foi produzido ulteriormente. O compilador, que certamente não se pôs a trabalhar com o material antes de 1714, talvez apenas em 1729, precisou se empenhar em resolver da melhor maneira possível as contradições, que não eram pequenas. Como os dois pactos que tinha diante de si datavam de 1669, recorreu à desculpa que interpolou ao testemunho do abade.

IV. OS DOIS PACTOS

Vê-se facilmente onde está o ponto fraco dessa construção, que é atraente, de resto. A indicação de dois pactos, um em tinta preta e o outro com sangue, já se encontra no testemunho do abade Franziscus. Tenho então a escolha: suspeitar que o compilador fez uma alteração no testemunho, intimamente relacionada à interpolação, ou reconhecer que não sou capaz de solucionar a confusão.[17]

17 A meu ver, o compilador se achava entre dois fogos. De um lado, encontrou tanto na carta do pastor como no depoimento do abade a informação de que o pacto (ao menos o primeiro) foi firmado em 1668; de outro, os dois pactos conservados no arquivo forneciam o ano de 1669. Como tinha à sua frente dois pactos, para ele era certo que dois haviam sido celebrados. Se, como creio, o testemunho do abade falava de um apenas, ele teve de incluir nesse testemunho a menção do outro e resolver a incoerência com a hipótese da pós--datação. A mudança que ele realizou no texto ocorre imediatamente antes da interpolação, que somente ele pode ter feito. Ele foi obrigado a ligar a interpolação e a mudança com as palavras *sequenti vero anno 1669* [mas no ano seguinte, 1669], pois o pintor havia escrito na legenda (bastante danificada) da página de rosto:

Após um ano ele
... terríveis ameaças em
... figura nº 2 obrigado
... assinar pacto com sangue.

O lapso [*Verschreiben*] do pintor ao redigir os *Syngraphae*, que sou obrigado a supor em minha tentativa de explicação, parece-me não menos interessante que seus pactos [*Verschreibungen*] mesmos. [Freud tira partido dos dois sentidos do verbo *sich verschreiben*, que tanto pode significar "equivocar-se ao escrever, cometer um lapso escrito" (tema do capítulo VI de *Psicopatologia da vida cotidiana*, de 1901) como "devotar-se a, dedicar-se a"; os dois substantivos que ele emprega correspondem a esses dois significados, sendo que *Verschreibung* foi alternadamente traduzido por "pacto" e "compromisso".]

UMA NEUROSE DO SÉCULO XVII ENVOLVENDO O DEMÔNIO

Há algum tempo essa discussão toda deve parecer supérflua para o leitor, e irrelevantes os detalhes nela tratados. Mas a questão adquire novo interesse quando a seguimos em determinada direção.

Eu disse que o pintor, desagradavelmente surpreso com a evolução de sua doença, teria inventado um pacto anterior (aquele redigido com tinta), para poder conservar sua posição diante dos religiosos de Mariazell. Ora, escrevo para leitores que acreditam na psicanálise, mas não no Demônio, e esses poderiam me objetar que seria absurdo fazer tal recriminação ao pobre coitado do pintor — *hunc miserum* [esse miserável] é como o chama a carta do pastor. Afinal, diriam, o pacto escrito com sangue foi tão imaginário como o supostamente anterior, com tinta. Na realidade, nenhum Demônio lhe apareceu, toda a história de pactos existiu apenas em sua fantasia. Compreendo isso; não se pode negar ao coitado o direito de suplementar a fantasia original com uma outra, se uma nova situação parecia requerer isso.

Mas também nisso há uma continuação. Afinal, os dois pactos não são fantasias como as visões do Diabo; foram documentos, conservados no arquivo de Mariazell para que todos possam ver e tocar, segundo as garantias do copista e o testemunho posterior do abade Kilian. Portanto, achamo-nos em face de um dilema. Ou devemos supor que os dois documentos supostamente devolvidos por graça divina foram confeccionados pelo próprio pintor, no momento em que necessitou deles, ou temos de nos recusar a dar crédito aos religiosos de Mariazell e S. Lambert, não obstante todas as solenes garantias e testemunhas autenticadas com selos. Confesso que não me seria fácil desconfiar dos religiosos. É verdade que me inclino a pensar que o compilador, no interesse da concordância, falseou algo no testemunho do primeiro abade, mas essa "elaboração secundária" não vai além das intervenções desse tipo, também de historiadores modernos e profanos, e, de toda forma, foi realizada de boa-fé. Há outro aspecto em que os religiosos demonstraram ter direito a nossa confiança. Já afirmei que nada poderia tê-los impedido de suprimir os relatos sobre a cura incompleta e o prosseguimento das tentações, e também a descrição do exorcismo na capela, que era lícito aguardar com alguma apreensão, pareceu-nos sóbria e fidedigna. Portanto, só nos resta pôr a culpa no pintor. Provavelmente ele tinha consigo o pacto com sangue, quando foi à capela para a oração de penitência, e o mostrou ao retornar para junto dos religiosos que o assistiam, após o encontro com o Demônio. Não é preciso que fosse o mesmo papel que depois seria guardado no arquivo, mas, segundo nossa construção, podia ter a data de 1668 (nove anos antes do exorcismo).

V. O CURSO POSTERIOR DA NEUROSE

Mas isto seria fraude e não neurose, o pintor seria um enganador e falsário, não um doente possesso! Bem, os limites entre neurose e simulação são fluidos, como se

UMA NEUROSE DO SÉCULO XVII ENVOLVENDO O DEMÔNIO

sabe. Tampouco vejo dificuldade em supor que ele tenha escrito e levado consigo esse papel e os posteriores num estado peculiar, equiparável ao de suas visões. Se queria levar a efeito a fantasia do pacto com o Demônio, não tinha mesmo outra coisa a fazer.

Já o diário de Viena, que entregou aos religiosos na segunda estadia em Mariazell, tem o selo da veracidade. E nos permite enxergar mais profundamente a motivação — ou melhor, a utilização — da neurose.

As anotações vão desde o exorcismo bem-sucedido até 13* de janeiro do ano seguinte, 1678. Até 11 de outubro ele estava muito bem em Viena, onde morava com uma irmã casada; mas então tiveram início novos ataques, com visões, convulsões, perda de consciência e sensações dolorosas, que enfim o obrigaram a voltar para Mariazell, em maio de 1678.

A história de sua nova doença se divide em três fases. Primeiro, a tentação surgiu na forma de um cavalheiro bem vestido, que procurou convencê-lo a jogar fora seu atestado de admissão na Irmandade do Sagrado Rosário.** Como ele resistiu, a aparição voltou no dia seguinte, mas dessa vez num salão magnificamente decorado, em que senhores nobres dançavam com belas damas. O mesmo cavalheiro propôs

---

* No texto que serviu de base para esta tradução, o dos *Gesammelte Werke*, encontra-se "15", mas uma nota na *Standard* inglesa (e na *Studienausgabe*) informa que se trata de um erro presente em todas as edições alemãs exceto a primeira.

** Segundo Strachey, uma ordem religiosa em que ele ingressara após chegar a Viena.

V. O CURSO POSTERIOR DA NEUROSE

algo relacionado à pintura,[18] e prometeu um bom dinheiro por aquilo. O pintor fez essa visão desaparecer mediante orações, mas ela se repetiu alguns dias depois, de forma ainda mais insistente. Dessa vez o cavalheiro enviou uma das mais belas damas que se achavam à mesa do banquete, para fazê-lo juntar-se àquela sociedade, e ele precisou se empenhar muito para rechaçar a tentadora. A mais apavorante, contudo, foi a visão seguinte, de um salão ainda mais luxuoso, em que havia um *"trono feito de peças de ouro"*. Cavalheiros se achavam no local, esperando a chegada de seu rei. O mesmo indivíduo que já lhe dera atenção em outras ocasiões se aproximou e o exortou a sentar-se no trono, pois *"queriam tê-lo como rei e adorá-lo por toda a eternidade"*. Com essa exacerbação de sua fantasia termina a primeira fase, bastante transparente, da história de suas tentações.

Tinha de haver um efeito contrário nesse ponto. Uma reação ascética levantou a cabeça. Em 20 de outubro apareceu-lhe uma grande luz, da qual saiu uma voz dizendo-se Cristo e exigindo que ele renunciasse a este mundo e servisse a Deus num deserto durante seis anos. Ao que tudo indica, o pintor sofreu mais com essas aparições divinas do que com as anteriores, demoníacas. Desse ataque ele acordou somente após duas horas e meia. No ataque seguinte, a pessoa sagrada e rodeada de luz foi bem mais hostil; ameaçou-o, porque não havia aceitado a proposta divina, e o conduziu ao

18 Uma passagem que não é compreensível para mim.

inferno, para que se aterrorizasse com a sina dos condenados. Mas isso claramente não produziu efeito, pois as visitas da pessoa iluminada que seria Cristo se repetiram várias vezes, e em cada uma delas o pintor sofria perdas da consciência e êxtases que duravam horas. No mais formidável dos êxtases, a pessoa iluminada o levou primeiramente a uma cidade em cujas ruas os seres humanos cometiam todos os atos das trevas, e depois, por contraste, a um belo prado em que anacoretas viviam na satisfação de Deus e recebiam provas palpáveis da graça e da atenção divinas. Depois surgiu, no lugar de Cristo, a própria Mãe de Deus, que, evocando o auxílio que já prestara antes, advertiu-lhe que obedecesse à ordem de seu querido Filho. *"Como ele não se resolveu de fato"*, Cristo retornou no dia seguinte e o apertou bastante com ameaças e promessas. Enfim ele cedeu; decidiu abandonar essa vida e fazer o que lhe era pedido. Com essa resolução termina a segunda fase. O pintor afirma que desde então não lhe sucederam mais aparições ou provocações.

Mas essa decisão não deve ter sido bastante firme ou sua execução foi muito adiada, pois em 26 de dezembro, quando ele fazia suas orações na catedral de Santo Estêvão, viu uma galharda senhorita com um cavalheiro muito elegante e não conseguiu afugentar a ideia de que bem poderia estar no lugar daquele homem. Isso requeria punição, e na mesma noite ela o atingiu como um raio, ele se viu em chamas e caiu fora de si. Houve tentativas de reanimá-lo, mas ele rolou pelo aposento até que lhe saiu sangue pela boca e pelo nariz, sentiu-se envolvido em ca-

V. O CURSO POSTERIOR DA NEUROSE

lor e mau cheiro e escutou uma voz a dizer que tudo aquilo lhe era enviado como punição por seus pensamentos frívolos e vãos. Mais tarde foi açoitado por maus espíritos com cordas, e foi-lhe assegurado que todos os dias seria atormentado dessa maneira, até que decidisse entrar para a Ordem dos Anacoretas. Essas vivências prosseguiram até as últimas anotações (13 de janeiro).

Vemos que em nosso infeliz pintor as fantasias de tentação foram seguidas por fantasias ascéticas e, enfim, de punição. O final de seus sofrimentos já conhecemos. Em maio ele foi para Mariazell, lá contou a história de um pacto anterior, redigido com tinta, ao qual evidentemente atribuiu o fato de ainda ser procurado pelo Demônio, recebeu também esse documento de volta e ficou curado.

Durante a segunda estadia ele pintou os quadros que se acham copiados no *Trophaeum*, e depois fez algo que condiz com a exigência da fase ascética de seu diário. Não foi para o deserto, a fim de se tornar eremita, mas ingressou na Ordem dos Irmãos da Misericórdia: *religiosus factus est* [tornou-se um religioso].

A leitura do diário nos faz compreender uma outra parte da história. Lembremos que o pintor se comprometeu com o Demônio porque se achava deprimido e incapaz de trabalhar, receava não conseguir ganhar a vida, após a morte do pai. Esses fatores, depressão, inibição para o trabalho e luto pelo pai, estão de alguma forma ligados, de maneira simples ou um tanto mais complicada. Talvez o motivo por que as aparições do Demônio eram abundantemente dotadas de

UMA NEUROSE DO SÉCULO XVII ENVOLVENDO O DEMÔNIO

seios fosse que o Maligno se tornaria seu pai nutridor. A esperança não se cumpriu, o pintor continuou mal, não podia trabalhar realmente ou não tinha sorte e não achava trabalho suficiente. A carta do pastor se refere a ele como *"hunc miserum omni auxilio destitutum"* [esse miserável destituído de todo auxílio]. Ele se achava em apuros tanto materiais como espirituais. No relato de suas últimas visões há observações esparsas que indicam, tal como o próprio teor das cenas, que também após o primeiro e bem-sucedido exorcismo nada havia mudado. Tomamos conhecimento de um homem que nada consegue, e por isso ninguém lhe dá crédito. Na primeira visão o cavalheiro lhe pergunta o que pretende fazer, se não tem quem o ajude (*"como era abandonado de todos, o que faria eu"*). A primeira série de visões, em Viena, corresponde inteiramente às fantasias de um homem pobre e desgraçado, sequioso de prazeres: salões esplêndidos, vida regalada, talheres de prata, mulheres bonitas; aqui se encontra o que nos parecia faltar na relação com o Diabo. Naquele tempo ele era tomado de uma melancolia que o tornava incapaz de fruição, que o fazia rejeitar os mais sedutores oferecimentos. Desde o exorcismo a melancolia parece vencida, todos os apetites do ser mundano estão novamente vivos.

Numa das visões ascéticas, ele se queixa, à pessoa que o conduz (Cristo), de que ninguém quer acreditar nele, de modo que não consegue realizar o que lhe foi ordenado. A resposta que obtém permanece obscura para nós, infelizmente (*"Embora não me creiam, sei bem o que ocorreu, mas*

V. O CURSO POSTERIOR DA NEUROSE

é impossível para mim dizê-lo").* Particularmente esclarecedor, no entanto, é o que seu divino guia o faz vivenciar entre os eremitas. Ele vai a uma caverna em que um homem idoso já vive há sessenta anos, e, em resposta a uma pergunta que faz, escuta que esse velho é alimentado diariamente pelos anjos de Deus. Em seguida, ele próprio vê um anjo que dá de comer ao idoso: *"Três tigelas de comida, um pão, uma almôndega e de beber"*. Depois que o eremita come, o anjo recolhe e leva embora tudo. Compreendemos a tentação que as visões religiosas lhe oferecem: querem levá-lo a escolher um modo de vida em que não haverá preocupação com o sustento. Também são dignas de nota as falas de Cristo na última visão. Após ameaçar que, se ele não ceder, acontecerá algo que fará com que ele e as pessoas acreditem, Cristo adverte abertamente: "[Que] *eu não deveria escutar as pessoas; mesmo que elas me perseguissem ou não me dessem ajuda, Deus não me abandonaria"*.

Christoph Haitzmann era artista e mundano o suficiente para achar difícil renunciar a este mundo pecador. Mas enfim renunciou, tendo em vista seu desvalimento. Ingressou numa ordem religiosa; assim tiveram fim sua luta interior e suas necessidades materiais. Em sua neurose, esse desenlace se reflete no fato de os ataques e visões cessarem com a restituição do suposto primeiro

---

* No original, na linguagem daquele tempo, com a ortografia do manuscrito: *"so fer man mir nit glauben, waß aber geschechen, waiß ich wol, ist mir aber selbes auszuspröchen vnmöglich"*. Na tradução das citações que Freud faz do manuscrito, ao longo de todo este ensaio, não se buscou reproduzir as peculiaridades gramaticais e ortográficas do alemão de Christoph Haitzmann.

pacto. Na realidade, as duas partes de sua doença demonológica tiveram o mesmo significado. Ele sempre quis apenas garantir sua vida, na primeira vez com o auxílio do Demônio, à custa da própria bem-aventurança; e quando isso falhou e teve de ser abandonado, com o auxílio da classe religiosa, à custa da própria liberdade e da maioria das possibilidades de fruição da vida. Talvez Haitzmann fosse apenas um pobre-diabo que não tinha sorte, talvez fosse muito canhestro ou pouco talentoso para manter a si próprio, um desses tipos conhecidos como "eternos bebês", que não conseguem se libertar da feliz situação de apego ao seio materno e por toda a vida mantêm a reivindicação de serem alimentados por alguém. Foi assim que na história de sua doença ele percorreu o caminho que levou do pai, através do Demônio como pai substituto, até os piedosos padres da Igreja.

Numa consideração superficial, sua neurose aparece como uma bufonaria* que se sobrepõe em parte à séria, mas trivial luta pela vida. Certamente as coisas não são sempre assim, mas tampouco é raro que assim sejam. Os psicanalistas descobrem frequentemente como é desvantajoso tratar um homem de negócios que "no mais é saudável, mas desde algum tempo apresenta os sintomas de uma neurose". A catástrofe financeira, de que ele se sente ameaçado, levanta como efeito secundário essa neurose, e ele tem a vantagem de poder ocultar suas reais preocupações na vida por trás dos sinto-

---

* "Bufonaria": *Gaukelspiel* — as versões consultadas oferecem: *farsa, escamoteo, buffonata, fantasmagorie, masquerade.*

V. O CURSO POSTERIOR DA NEUROSE

mas dela. Fora isso, ela é totalmente inconveniente, pois ocupa forças que seriam mais vantajosamente empregadas na resolução ponderada da situação perigosa.

Em número bem maior de casos, a neurose é mais autônoma e independente dos interesses da subsistência e autoconservação. No conflito que produz a neurose estão em jogo apenas interesses libidinais ou então interesses libidinais estreitamente ligados aos de autoconservação. O dinamismo da neurose é o mesmo em todos os três casos. Um estancamento da libido,* que não pode ser satisfeito na realidade, obtém descarga pelo inconsciente reprimido, com o auxílio da regressão a antigas fixações. O Eu do doente, na medida em que pode tirar desse processo um "benefício da doença", admite a neurose, embora não haja dúvida quanto à nocividade econômica desta.

A má situação de vida do pintor não teria gerado nele uma neurose envolvendo o Demônio, se em sua miséria não tivesse nascido uma intensificada nostalgia do pai. Mas, depois que a melancolia e o Demônio foram dispensados, surgiu nele um conflito entre o prazer libidinal com a vida** e a descoberta de que o interesse da conservação

---

* "Estancamento da libido": *Libidostauung*; alguns tradutores preferem o vocábulo grego *"estase"*, usado na medicina para designar a estagnação do sangue e de outras substâncias: *estancamiento da la libido, estasis libidinal, ingorgo libidico, stase libidinale, dammed-up libido.*

** "Prazer libidinal com a vida": *libidinöse Lebenslust*; como *Lust* significa "prazer, gozo, desejo, vontade, gosto", é natural encontrarmos diferenças nas versões consultadas: *deseo vital libidinoso, gusto libidinoso por la vida, gioia* [alegria] *di vivere libidica, plaisir libidinal de la vie, libidinal enjoyment of life.*

da vida exigia imperiosamente a renúncia e a ascese. É interessante que o pintor tenha percebido a unidade das duas partes da história de sua doença, pois relaciona uma e outra a compromissos que firmara com o Demônio. Por outro lado, não distingue claramente entre as intervenções do espírito maligno e as dos poderes divinos; tem uma só designação para as duas: aparições do Demônio.

"PSICANÁLISE" E "TEORIA DA LIBIDO"

(DOIS VERBETES PARA UM DICIONÁRIO DE SEXOLOGIA, 1923)

TÍTULO ORIGINAL: "PSYCHOANALYSE" UND "LIBIDOTHEORIE". PUBLICADO PRIMEIRAMENTE EM *HANDWÖRTERBUCH DER SEXUALWISSENSCHAFT* [DICIONÁRIO DE SEXOLOGIA], MAX MARCUSE (ORG.), BONN, 1923, PP. 296-308 E 377-83. TRADUZIDO DE *GESAMMELTE WERKE* XIII, PP. 211-33.

I. PSICANÁLISE

PSICANÁLISE é o nome: 1) de um procedimento para a investigação de processos psíquicos que de outro modo são dificilmente acessíveis; 2) de um método de tratamento de distúrbios neuróticos, baseado nessa investigação; 3) de uma série de conhecimentos* psicológicos adquiridos dessa forma, que gradualmente passam a constituir uma nova disciplina científica.

HISTÓRIA. A melhor maneira de compreender a psicanálise é acompanhar sua gênese e evolução. Nos anos de 1880 e 1881, o dr. Breuer, de Viena, conhecido médico e fisiologista experimental, tratou de uma jovem que adoecera de uma grave histeria quando cuidava de seu pai enfermo. Seu quadro clínico se compunha de paralisias motoras, inibições e transtornos de consciência. Seguindo indicação da própria paciente, que era uma pessoa inteligente, ele a hipnotizou e conseguiu que, informando-lhe os estados de espírito e pensamentos que a dominavam, ela sempre voltasse à condição psíquica normal. Repetindo sistematicamente o mesmo procedimento laborioso, ele teve sucesso em livrá-la de todas as suas inibições e paralisias, de maneira que seus esforços foram enfim recompensados por um grande

* "Conhecimentos": tradução insatisfatória para *Einsichten*; as versões estrangeiras consultadas trazem: *conocimientos*, *intelecciones*, *conoscenze*, *information* — o termo adotado na versão inglesa surpreende, pois a palavra inglesa *insight* é a que mais se aproxima do original alemão, e é utilizada em outras passagens da *Standard*.

I. PSICANÁLISE

êxito terapêutico e inesperados conhecimentos sobre a natureza da enigmática neurose. Mas Breuer se absteve de levar adiante sua descoberta e nada publicou a respeito durante cerca de dez anos, até que o autor deste verbete (Freud, que retornara a Viena em 1886, após frequentar a escola de Charcot) o induziu a retomar o tema e empreender um trabalho conjunto sobre o mesmo. Então os dois, Breuer e Freud, publicaram em 1893 uma comunicação preliminar, "Sobre o mecanismo psíquico dos processos histéricos", e, em 1895, o livro *Estudos sobre a histeria* (na quarta edição em 1922), em que designaram de "catártico" o seu método terapêutico.

A CATARSE. As investigações que constituíam a base dos estudos de Breuer e Freud levaram a dois resultados principais, que não foram abalados pela experiência ulterior: primeiro, que os sintomas histéricos têm importância e significado, como substitutos para atos psíquicos normais; segundo, que o desvelamento desse sentido oculto é acompanhado da remoção dos sintomas, ou seja, que pesquisa científica e esforço terapêutico coincidem nesse caso. As observações foram feitas numa série de pacientes tratados da mesma forma que a primeira paciente de Breuer, isto é, colocados em hipnose profunda, e os êxitos pareciam esplêndidos, até que depois se revelou seu lado frágil. As concepções teóricas de Breuer e Freud eram influenciadas pelos ensinamentos de Charcot sobre a histeria traumática e apoiavam-se nas pesquisas de seu discípulo Pierre Janet, que foram publicadas antes dos *Estudos*, mas eram posteriores ao primeiro caso de Breuer. Desde o início, o elemento *afetivo* se achava nelas em primeiro plano: os sintomas histéricos apareciam quando um processo psíquico carregado de intenso afeto era de alguma forma impedido de acertar-se pela via normal que conduz à consciência e à mobilidade (de ab-reagir); com o que, então, o afeto por assim dizer "entalado" entrava por vias erradas, achando escoamento na inervação somática (*conversão*). As ocasiões em que surgiam tais "representações" patogênicas foram designadas como "traumas psíquicos" por Breuer e Freud, e, como frequentemente pertenciam a épocas remotas, os autores puderam dizer que os histéricos sofriam, em grande parte, de reminiscências (não resolvidas).

A "catarse" ocorria então, no tratamento, mediante a abertura do caminho para a consciência e a descarga normal do afeto. A hipótese de processos psíquicos *inconscientes* era, como se vê, parte indispensável dessa teoria. Também Janet havia trabalhado com atos inconscientes na vida psíquica, mas, como ele mesmo enfatizou em suas posteriores polêmicas contra a psicanálise, isso era apenas um expediente, uma *façon de parler* [maneira de falar], com que não pretendia indicar nenhum novo ponto de vista.

Numa seção teórica dos *Estudos*, Breuer fez algumas especulações acerca dos processos de excitação no interior da psique, que proporcionavam orientação para o futuro e ainda hoje não foram consideradas inteiramente. Com isso findaram suas contribuições a essa área do conhecimento; logo depois ele se afastou do trabalho conjunto.

I. PSICANÁLISE

A TRANSIÇÃO PARA A PSICANÁLISE. Nos *Estudos* já se haviam mostrado diferenças nas concepções dos dois autores. Breuer supunha que as ideias patogênicas manifestam efeitos traumáticos porque surgiram durante "estados hipnóticos", em que a função psíquica está sujeita a limitações especiais. O autor destas linhas rejeitava essa explicação, acreditando que uma ideia se torna patogênica quando seu conteúdo contraria as tendências dominantes da vida psíquica, de modo que ela provoca a "defesa" do indivíduo (Janet atribuíra aos histéricos uma incapacidade constitucional de manter unidos seus conteúdos psíquicos; nesse ponto os caminhos de Breuer e Freud separaram-se do dele). Também as duas inovações que fizeram o presente autor deixar o terreno da catarse já haviam sido mencionadas nos *Estudos*. Após o afastamento de Breuer, elas foram o ponto de partida para outros desenvolvimentos.

O ABANDONO DA HIPNOSE. Uma dessas inovações baseou-se numa experiência prática e levou a uma mudança na técnica, a outra consistiu num avanço no conhecimento clínico da neurose. Logo se verificou que as expectativas terapêuticas que havíamos depositado no tratamento catártico em estado hipnótico não chegavam a cumprir-se inteiramente. É certo que o desaparecimento dos sintomas ocorria paralelamente à catarse, mas o êxito geral dependia totalmente da relação do paciente com o médico, isto é, semelhava uma consequência da "sugestão"; e, se essa relação era perturbada, todos os sintomas reapareciam, como se não tivessem tido solução. Além disso, o pequeno número de pessoas que podiam ser colocadas em hipnose profunda limitava consideravelmente a aplicação do método catártico. Por esses motivos, o presente autor decidiu abandonar a hipnose. Ao mesmo tempo, porém, as impressões que havia retirado da hipnose lhe forneceram os meios para substituí-la.

A ASSOCIAÇÃO LIVRE. O estado hipnótico havia provocado no paciente uma tal expansão da capacidade de associar, que imediatamente ele sabia achar o caminho — inacessível à sua reflexão consciente — que levava do sintoma aos pensamentos e lembranças a este relacionados. A renúncia à hipnose parecia criar uma situação sem saída, mas o presente autor se lembrou da demonstração de Bernheim, de que as coisas vivenciadas no sonambulismo eram esquecidas só aparentemente e a qualquer instante podiam ser reconduzidas à lembrança, se o médico assegurasse com firmeza que o paciente as sabia. Ele insistiu, então, para que também seus pacientes não hipnotizados comunicassem as associações, a fim de achar, através desse material, o caminho para o esquecido ou defendido. Mais tarde notou que não era preciso tal insistência, que sempre emergiam muitos pensamentos espontâneos no paciente, mas que esses eram impedidos de serem comunicados, e mesmo de chegar à consciência, por determinadas objeções que ele próprio se fazia. Na expectativa — naquele tempo ainda não verificada, mas depois confirmada por ampla experiência — de que tudo o que ocorria ao paciente num determinado ponto devia estar intimamente ligado a esse ponto, chegou-

I. PSICANÁLISE

-se à técnica de educar o paciente na renúncia de toda atitude crítica e de utilizar o material de pensamentos espontâneos assim trazido à luz para desvelar os nexos buscados. Sem dúvida, uma forte confiança no estrito determinismo da psique teve participação na escolha dessa técnica para substituir a hipnose.

A "REGRA TÉCNICA FUNDAMENTAL", esse procedimento da "associação livre", foi desde então mantida no trabalho psicanalítico. O tratamento tem início convidando-se o paciente a se pôr no lugar de um auto-observador atento e desapaixonado, a ler apenas a superfície de sua consciência, obrigando-se, por um lado, à completa sinceridade e, por outro lado, não omitindo nenhum pensamento que lhe ocorra, mesmo quando: 1) sinta-o como algo muito desagradável; ou quando: 2) tenha de julgá-lo absurdo, 3) muito insignificante, 4) sem relação com o que se busca. Geralmente se verifica que precisamente as ideias que provocam as objeções mencionadas por último têm valor especial para se descobrir o que foi esquecido.

A PSICANÁLISE COMO ARTE DA INTERPRETAÇÃO. A nova técnica mudou de tal forma o quadro do tratamento, levou o médico a uma relação tão nova com o paciente e gerou tantos resultados surpreendentes, que foi justificado recorrer a um novo nome para distinguir esse procedimento do método catártico. O presente autor escolheu a denominação de *psicanálise* para esse modo de tratamento que podia se estender a muitas outras formas de distúrbio neurótico. Essa psicanálise era, em

"PSICANÁLISE" E "TEORIA DA LIBIDO"

primeira linha, uma arte da interpretação, e impôs-se a tarefa de aprofundar a primeira das grandes descobertas de Breuer, a de que os sintomas neuróticos seriam um substituto significativo de outros atos psíquicos que não se realizaram. Cabia, então, apreender o material dos pensamentos espontâneos do paciente como se apontasse para um sentido oculto, adivinhar esse sentido a partir dele. Logo a experiência mostrou que o comportamento mais adequado para o médico que conduzia a análise era entregar-se, com *atenção uniformemente flutuante*, à sua própria atividade mental inconsciente, evitar ao máximo a reflexão e a formação de expectativas conscientes, não pretender fixar especialmente na memória nada do que ouve, e assim apreender o inconsciente do paciente com seu próprio inconsciente. Então se percebia, quando as circunstâncias não eram muito desfavoráveis, que os pensamentos espontâneos do paciente como que aludiam, tateavam em direção a um tema determinado, e bastava arriscar apenas um passo adiante para se adivinhar o que estava oculto ao próprio paciente e poder comunicá-lo a este. Sem dúvida, esse trabalho de interpretação não podia ser formulado em regras estritas e deixava amplo espaço para o tato e a habilidade do médico, mas conjugando imparcialidade e prática chegava-se normalmente a resultados confiáveis, isto é, que podiam ser confirmados mediante a repetição em casos similares. Num tempo em que se sabia tão pouco sobre o inconsciente, a estrutura das neuroses e os processos patológicos por trás delas, tínhamos de ficar satisfeitos em dispor de uma técnica assim, ainda

I. PSICANÁLISE

que seus fundamentos teóricos deixassem a desejar. E na psicanálise de hoje ela é utilizada da mesma forma, mas com o sentimento de maior segurança e melhor compreensão de seus limites.

A INTERPRETAÇÃO DOS ATOS FALHOS E DAS AÇÕES CA-SUAIS. Foi um triunfo da arte de interpretação da psicanálise conseguir mostrar que certos atos psíquicos frequentes das pessoas normais, para os quais até então não se buscava explicação psicológica, devem ser entendidos como os sintomas dos neuróticos, isto é, possuem um significado que não é conhecido da pessoa e pode ser facilmente encontrado mediante a análise. Os fenômenos em questão, o esquecimento temporário de palavras e nomes familiares, o esquecimento de propósitos, os tão frequentes atos falhos ao falar, ler, escrever, perder ou pôr fora de lugar objetos, certos erros, atos aparentemente casuais em que a pessoa prejudica a si mesma, movimentos realizados de forma habitual, como que não intencionalmente e de brincadeira, melodias que cantarolamos "sem pensar", e assim por diante — tudo isso foi subtraído à explicação fisiológica, nos casos em que se tentava oferecê-la; foi mostrado como rigorosamente determinado e percebido como manifestação de intenções suprimidas da pessoa ou consequência do choque de duas intenções, das quais uma era inconsciente de forma duradoura ou temporária. A importância dessa contribuição à psicologia foi múltipla. O âmbito do determinismo psíquico foi ampliado de maneira imprevista; o suposto abismo entre o funcionamento psíquico normal

"PSICANÁLISE" E "TEORIA DA LIBIDO"

e o patológico foi reduzido; em muitos casos obteve-se um cômodo vislumbre do jogo de forças psíquicas que imaginávamos existir por trás dos fenômenos. Por fim, entramos de posse de um material que como nenhum outro é adequado para despertar a crença na existência de atos psíquicos inconscientes inclusive naqueles para quem a hipótese de uma psique inconsciente parece algo estranho e até mesmo absurdo. O estudo dos próprios atos falhos e ações casuais, que a maioria de nós tem muitas oportunidades de fazer, é ainda hoje a melhor preparação para adentrar a psicanálise. No tratamento analítico, a interpretação dos atos falhos tem seu lugar como meio para desvelar o inconsciente, junto à interpretação das associações, incomparavelmente mais importante.

A INTERPRETAÇÃO DOS SONHOS. Abriu-se um novo acesso às profundezas da vida psíquica quando a técnica da livre associação foi aplicada aos sonhos, próprios ou de pacientes da análise. Na verdade, o melhor e a maior parte do que sabemos dos processos das camadas psíquicas inconscientes vem da interpretação dos sonhos. A psicanálise devolveu ao sonho a importância que nos tempos antigos lhe era geralmente atribuída, mas lida de outra forma com eles. Não se fia no engenho do intérprete de sonhos, transferindo a maior parte da tarefa para o sonhador mesmo, ao lhe perguntar sobre suas associações com cada elemento do sonho. Prosseguindo com estas associações, chegamos a pensamentos que correspondem inteiramente ao sonho, mas que — exceto num ponto — revelam-se porções genuínas e completamente

I. PSICANÁLISE

inteligíveis da atividade mental desperta. Assim, o sonho lembrado se contrapõe, como *conteúdo onírico manifesto*, aos *pensamentos oníricos latentes* achados mediante a interpretação. O processo que converteu esses naquele, no "sonho" justamente, e que é desfeito pelo trabalho de interpretação, pode ser denominado *trabalho onírico*.

Por sua relação com a vida desperta, também chamamos os pensamentos oníricos latentes de *resíduos diurnos*. Graças ao trabalho onírico — ao qual seria incorreto atribuir caráter "criativo" — eles são peculiarmente *condensados*, *deformados* mediante o *deslocamento* de intensidades psíquicas, arranjados para a *representação em imagens* e, além disso, antes da formação do sonho manifesto são sujeitos a uma *elaboração secundária*, que busca dar algum sentido e coerência ao novo produto. Esse último processo já não faz parte do trabalho onírico.

TEORIA DINÂMICA DA FORMAÇÃO DO SONHO. Não houve grandes dificuldades em compreender a dinâmica da formação do sonho. A força motriz para a formação do sonho não é fornecida pelos pensamentos oníricos latentes ou resíduos diurnos, mas por um impulso inconsciente, reprimido durante o dia, com que os resíduos diurnos puderam estabelecer contato e que, a partir do material dos pensamentos latentes, engendra para si uma *realização de desejo*. Assim, todo sonho é, por um lado, uma realização de desejo do inconsciente, e por outro lado, na medida em que consegue proteger de distúrbios o sono, uma realização do desejo normal de sono, que deu início a este. Se abstraímos da contribuição inconsciente à formação do sonho e reduzimos o sonho a seus pensamentos latentes, ele pode representar tudo o que ocupa a vida desperta: uma reflexão, uma advertência, um propósito, uma preparação para o futuro imediato ou também a satisfação de um desejo não realizado. O caráter irreconhecível, estranho, absurdo do sonho manifesto é, em parte, consequência da transposição dos pensamentos oníricos para um outro modo de expressão, que podemos chamar de *arcaico*, mas é igualmente efeito de uma instância limitadora, de rejeição crítica, que mesmo durante o sono não é inteiramente abolida. É natural supor que a *"censura onírica"*, que consideramos primeiramente responsável pela deformação dos pensamentos oníricos no sonho manifesto, seja uma expressão das mesmas forças psíquicas que durante o dia retiveram, *reprimiram* o desejo inconsciente.

Valeu a pena aprofundar a explicação dos sonhos, pois o trabalho analítico mostrou que a dinâmica da formação do sonho é igual à da formação dos sintomas. Numa e noutra reconhecemos um antagonismo entre duas tendências: uma inconsciente, geralmente reprimida, que busca a satisfação — realização de desejo —, e uma que provavelmente é parte do Eu consciente, desaprovadora e repressiva; e, como resultado desse conflito, uma formação de compromisso — o sonho, o sintoma — em que as duas tendências acham expressão incompleta. O significado teórico dessa concordância é esclarecedor. Como o sonho não é um fenômeno patológico, ela evidencia que os mecanismos psíquicos que produzem os sintomas da doença também se acham presentes na vida psíquica normal, que as mesmas leis envolvem o normal e o anormal, e que os resultados da pesquisa com neuróticos e doentes mentais podem não ser irrelevantes para a compreensão da mente sadia.

O SIMBOLISMO. Ao estudar a forma de expressão criada pelo trabalho onírico, deparamos com o fato surpreendente de que determinados objetos, atividades e relações são representados no sonho, indiretamente, até certo ponto, por símbolos que o sonhador utiliza sem lhes conhecer o significado, e a respeito dos quais suas associações nada costumam produzir. A tradução deles tem de ser dada pelo analista, que somente pode achá-la empiricamente, através de inserções experimentais no contexto. Verificou-se depois que a linguagem, a mitologia e o folclore contêm abundantes analogias com os símbolos oníricos. Tendo relação com problemas interessantíssimos, ainda não resolvidos, os símbolos parecem ser fragmentos de uma antiga herança psíquica. O âmbito do simbolismo comum ultrapassa aquele da linguagem comum.

A IMPORTÂNCIA ETIOLÓGICA DA VIDA SEXUAL. A segunda novidade a aparecer, depois que se substituiu a técnica hipnótica pela associação livre, era de natureza clínica e foi encontrada durante a contínua busca pelas vivências traumáticas de que os sintomas histéricos pareciam derivar. Quanto mais cuidadosamente se empreendia essa busca, mais rico se revelava o encadeamento dessas impressões etiologicamente significativas, e também mais elas remontavam à puberdade ou à infância do neuróti-

"PSICANÁLISE" E "TEORIA DA LIBIDO"

co. Ao mesmo tempo, adquiriam um caráter uniforme, e afinal foi preciso curvar-se à evidência e reconhecer que na raiz de toda formação de sintoma se achavam impressões traumáticas da vida sexual dos primeiros tempos. Assim, o trauma sexual assumia o lugar do trauma ordinário e esse devia sua significação etiológica à relação associativa ou simbólica com aquele, que o precedera. Como a investigação simultânea de casos de nervosismo comum, classificados como *neurastenia* e *neurose de angústia*, revelou que esses distúrbios se ligam a abusos contemporâneos na vida sexual e podem ser eliminados com a cessação destes, foi natural concluir que as neuroses em geral são expressão de transtornos na vida sexual — as assim chamadas neuroses *atuais*, expressão (quimicamente mediada) de dados contemporâneos, as *psiconeuroses*, expressão (psiquicamente elaborada) de danos antigos dessa função biologicamente tão relevante, até então negligenciada pela ciência. Nenhuma das colocações da psicanálise despertou tanta descrença e tão amarga resistência como essa, sobre a enorme importância etiológica da vida sexual para as neuroses. Seja expressamente notado, porém, que a psicanálise, ao longo de sua evolução e até o dia de hoje, não encontrou motivos para voltar atrás nessa afirmação.

A SEXUALIDADE INFANTIL. Devido a suas pesquisas etiológicas, a psicanálise veio a lidar com um tema de cuja existência pouco se suspeitava antes. A ciência havia se acostumado a ver na puberdade o início da vida sexual e a considerar manifestações de sexualidade in-

I. PSICANÁLISE

fantil indícios raros de amadurecimento anormal e degeneração. Então a psicanálise revelou uma quantidade de fenômenos notáveis e de ocorrência regular, que obrigaram a fazer o começo da função sexual da criança praticamente coincidir com o início da vida extrauterina, e perguntou-se, com espanto, como fora possível ignorar tudo isso. É certo que as primeiras percepções da sexualidade infantil foram obtidas com a investigação psicanalítica de adultos, e por isso estavam sujeitas a todas as dúvidas e possibilidades de erro que podiam ser atribuídas a uma retrospecção tardia; mas quando, mais tarde (a partir de 1908), começou-se a analisar crianças e observá-las de forma isenta, chegou-se à confirmação direta do teor factual da nova concepção.

Em vários aspectos a sexualidade infantil mostrava um quadro diferente da dos adultos, e surpreendia com muitos traços daquilo que nos adultos era condenado como "*perversão*". Foi preciso ampliar o conceito de sexualidade, para que ele abarcasse mais do que a tendência à união dos dois sexos no ato sexual ou à geração de determinadas sensações de prazer nos genitais. Mas essa ampliação valeu a pena, pois tornou possível apreender a vida sexual infantil, a normal e a perversa a partir de um só conjunto.*

A pesquisa analítica do presente autor incorreu inicialmente no erro de superestimar a *sedução* como fonte das manifestações sexuais infantis e gérmen da forma-

---

* "A partir de um só conjunto": *aus einem Zusammenhang* — nas versões consultadas: *unitariamente, a partir de un conjunto unitario de nexos, partendo da um unico contesto, as a single whole*.

"PSICANÁLISE" E "TEORIA DA LIBIDO"

ção de sintomas neuróticos. Esse engano foi superado quando se pôde reconhecer o papel extraordinário da *atividade da fantasia* na vida psíquica dos neuróticos, que claramente tinha peso maior, para a neurose, que a realidade externa. Atrás dessas fantasias apareceu então o material que permite a seguinte descrição do desenvolvimento da função sexual.

O DESENVOLVIMENTO DA LIBIDO. O instinto sexual, cuja expressão dinâmica na vida psíquica chamamos de "*libido*", é composto de instintos parciais, em que pode novamente decompor-se e que só gradualmente se juntam em organizações definidas. As fontes desses instintos parciais são os órgãos do corpo, especialmente algumas *zonas erógenas* bem demarcadas, mas contribuem igualmente para a libido todos os processos funcionais importantes do corpo. Os instintos parciais buscam inicialmente a satisfação de modo independente, mas no curso do desenvolvimento são cada vez mais conjugados, concentrados. O primeiro estágio de organização que se percebe é o *oral*, em que a *zona da boca*, de forma correspondente ao interesse principal do lactente, desempenha o principal papel. Ela é seguida pela organização *sádico-anal*, em que o instinto parcial do *sadismo* e a *área do ânus* se destacam; a diferença entre os sexos é aí representada pela oposição de ativo e passivo. O terceiro e definitivo estágio de organização é a reunião da maioria dos instintos parciais sob o *primado das zonas genitais*. Em geral esse desenvolvimento é percorrido rapidamente e sem chamar a atenção, mas certas porções dos instintos permanecem nos estágios preliminares do desfe-

I. PSICANÁLISE

cho e dão origem a *fixações* da libido, que são importantes, enquanto predisposições para futuras irrupções de tendências reprimidas, e têm relação com o desenvolvimento de futuras neuroses e perversões. (Ver "Teoria da libido".)

O ENCONTRO DO OBJETO E O COMPLEXO DE ÉDIPO. O instinto parcial oral encontra inicialmente satisfação *apoiando-se* no aplacamento da necessidade de alimentação e tem seu objeto no seio materno. Depois ele se desliga, torna-se independente e, ao mesmo tempo, *autoerótico*, ou seja, encontra seu objeto no próprio corpo. Também outros instintos parciais agem primeiramente de forma autoerótica e apenas depois são dirigidos para um outro objeto. De especial importância é o fato de os instintos parciais da zona genital passarem regularmente por um período de intensa satisfação autoerótica. Os instintos parciais não são todos igualmente aproveitáveis na organização genital definitiva da libido; alguns deles (os anais, por exemplo) são deixados de lado ou suprimidos, ou sofrem complicadas transformações.

Nos primeiros anos da infância (de dois a cinco anos aproximadamente) produz-se uma confluência dos impulsos sexuais, cujo objeto, no garoto, é a mãe. Essa escolha do objeto, e a correspondente atitude de rivalidade e hostilidade em relação ao pai, é o conteúdo do chamado *complexo de Édipo*, de máxima importância na configuração final da vida amorosa em todas as pessoas. Estabeleceu-se como algo próprio do indivíduo normal o fato de aprender a superar o complexo de Édipo, enquanto o neurótico permanece a ele preso.

O INÍCIO EM DOIS TEMPOS DO DESENVOLVIMENTO SE-XUAL. Esse período inicial da vida sexual conclui-se normalmente pelo final dos cinco anos de idade e é substituído por um período de *latência* mais ou menos integral, durante o qual são edificadas as restrições éticas, como formações protetoras contra os impulsos e desejos do complexo de Édipo. No período seguinte, o da *puberdade*, o complexo de Édipo tem uma revivescência no inconsciente e vai ao encontro de suas novas transformações. Somente a época da puberdade desenvolve os instintos sexuais em sua plena intensidade; mas a direção desse desenvolvimento e todas as predisposições a ele inerentes já foram determinadas pelo anterior florescimento infantil da sexualidade. Esse desenvolvimento em dois tempos, interrompido pelo período de latência, parece ser uma peculiaridade biológica da espécie humana e conter a precondição para o surgimento das neuroses.

A TEORIA DA REPRESSÃO. Esses conhecimentos teóricos, reunidos às impressões diretas do trabalho analítico, levam a uma concepção das neuroses que, de maneira tosca, pode ser delineada assim: as neuroses são expressão de conflitos entre o Eu e aqueles impulsos sexuais que lhe parecem incompatíveis com sua integridade e suas exigências éticas. O Eu *reprimiu* esses impulsos não *afinados com o Eu*, isto é, deles retirou seu interesse e impediu-lhes o acesso à consciência e à descarga motora conducente à satisfação. Quando se procura, no trabalho analítico, tornar conscientes esses impulsos reprimidos, chega-se a perceber as forças *repressoras* como

I. PSICANÁLISE

resistência. Mas a operação da repressão fracassa facilmente no caso dos instintos sexuais. A libido represada desses instintos encontra outras saídas do inconsciente, ao *regredir* a anteriores fases de desenvolvimento e atitudes ante os objetos e irromper na consciência e alcançar descarga ali onde se acham fixações infantis, nos pontos fracos do desenvolvimento da libido. O que assim surge é um *sintoma*, e portanto, no fundo, uma satisfação sexual substituta, mas também o sintoma não pode escapar inteiramente à influência das forças repressoras do Eu, de modo que — exatamente como o sonho — tem de admitir modificações e deslocamentos que tornam irreconhecível seu caráter de satisfação sexual. Ele adquire, assim, o caráter de uma *formação de compromisso* entre os instintos sexuais reprimidos e os instintos do Eu repressores, uma realização de desejo simultânea, mas incompleta, para os dois lados do conflito. Isso vale rigorosamente para os sintomas da histeria, enquanto é frequente, nos sintomas da neurose obsessiva, uma expressão mais intensa por parte da instância repressora, mediante o estabelecimento de formações reativas (garantias contra a satisfação sexual).

A TRANSFERÊNCIA. Se ainda for necessária mais uma prova para a tese de que as forças motrizes da formação do sintoma neurótico são de natureza sexual, ela estará no fato de que durante o tratamento analítico produz-se normalmente uma relação afetiva especial do paciente com o médico, relação que ultrapassa a medida racional, que varia entre a mais terna devoção e a mais dura

"PSICANÁLISE" E "TEORIA DA LIBIDO"

hostilidade e que retira suas peculiaridades de atitudes amorosas antigas do paciente, que se tornaram inconscientes. Essa *transferência*, que tanto em sua forma positiva como na negativa põe-se a serviço da *resistência*, torna-se o mais poderoso auxiliar do tratamento nas mãos do médico, e desempenha, na dinâmica do processo de cura, um papel que dificilmente se pode exagerar.

OS PILARES DA TEORIA PSICANALÍTICA. A suposição de que há processos mentais inconscientes, o reconhecimento da teoria da resistência e da repressão, a consideração da sexualidade e do complexo de Édipo são os principais conteúdos da psicanálise e os fundamentos de sua teoria, e quem não puder aceitá-los não deveria considerar-se um psicanalista.

DESTINO SUBSEQUENTE DA PSICANÁLISE. Aproximadamente até o ponto delineado acima a psicanálise foi conduzida pelo trabalho do presente autor, que por mais de uma década foi seu único representante. Em 1906, os psiquiatras suíços Eugen Bleuler e C. G. Jung começaram a ter participação ativa na psicanálise. Em 1907, em Salzburgo, houve um primeiro encontro de seus seguidores, e logo a nova ciência estava no centro do interesse de psiquiatras e leigos. O tipo de acolhida que teve na Alemanha, país sequioso de autoridade, não foi exatamente honroso para a ciência alemã, e motivou a defesa enérgica até mesmo de um partidário fleumático como Bleuler. Mas as condenações e os repúdios em congressos oficiais não conseguiram deter o crescimento

I. PSICANÁLISE

interno e a expansão da psicanálise, que no curso dos dez anos seguintes avançou além das fronteiras da Europa e sobretudo nos Estados Unidos da América se tornou popular, em larga medida graças ao empenho ou colaboração de James Putnam (Boston), Ernest Jones (Toronto e depois Londres), Flournoy (Genebra), Ferenczi (Budapeste), Abraham (Berlim) e muitos outros. O anátema imposto à psicanálise levou seus aderentes a se juntarem numa organização internacional, que neste ano (1922) realiza seu oitavo congresso particular em Berlim e atualmente abrange os grupos locais de Budapeste, Berlim, Holanda, Zurique, Londres, Nova York, Calcutá e Moscou. Tampouco a Guerra Mundial interrompeu esse desenvolvimento. Em 1918-9 foi fundada, pelo dr. Anton von Freund (Budapeste), a *Editora Psicanalítica Internacional*, que publica revistas e livros dedicados à psicanálise, e em 1920 foi inaugurada em Berlim, pelo dr. Max Eitingon, a primeira "Policlínica psicanalítica" para tratamento de neuróticos destituídos de meios. Traduções das principais obras do presente autor para o francês, o italiano e o espanhol, que estão sendo preparadas agora, atestam o surgimento do interesse na psicanálise também no mundo românico. Entre 1911 e 1913 destacaram-se da psicanálise duas orientações, que claramente se empenhavam em atenuar seus aspectos inconvenientes. Uma delas, iniciada por C. G. Jung, procurava corresponder a exigências éticas, despojava o complexo de Édipo de sua real significação, atribuindo-lhe valor apenas simbólico, e negligenciava, na clínica, o desvelamento do período infantil esquecido, "pré-histórico". A outra, originada por Alfred Adler em Viena, trazia vários elementos da psicanálise sob outro nome: por exemplo, a repressão, em versão sexualizada, como "protesto masculino"; mas não considerava o inconsciente e os instintos sexuais e buscava relacionar o desenvolvimento do caráter e das neuroses à vontade de poder, que mediante a supercompensação procura sustar os perigos que vêm das "inferioridades de órgão". Essas orientações, elaboradas em forma de sistemas, não tiveram influência duradoura no desenvolvimento da psicanálise; no caso da adleriana, logo se fez claro que ela tinha pouco em comum com a psicanálise que pretendia substituir.

PROGRESSOS RECENTES DA PSICANÁLISE. Desde que se tornou o âmbito de trabalho para um grande número de observadores, a psicanálise experimentou avanços na amplitude e na profundidade, que neste artigo podem ser mencionados apenas brevemente.

O NARCISISMO. Seu avanço teórico mais importante foi provavelmente a aplicação da teoria da libido ao Eu repressor. O próprio Eu veio a ser considerado um reservatório de libido — denominada "narcísica" —, desde o qual fluem os investimentos libidinais dos objetos e para o qual podem novamente ser recolhidos. Com esta concepção foi possível chegar à análise do Eu e fazer a separação clínica das psiconeuroses em *neuroses de transferência* e afecções *narcísicas*. No caso das primeiras (histeria e neurose obsessiva) acha-se disponível uma

I. PSICANÁLISE

certa quantidade de libido que tende a transferir-se para outros objetos, e que é utilizada na efetivação do tratamento analítico; já os distúrbios narcísicos (*dementia praecox*, paranoia, melancolia) são caracterizados pela retirada da libido dos objetos, sendo, portanto, pouco acessíveis à terapia analítica. Mas essa inacessibilidade terapêutica não impediu a psicanálise de fazer ricas contribuições iniciais para uma maior compreensão dessas doenças incluídas entre as psicoses.

MUDANÇA DA TÉCNICA. Depois que a elaboração da técnica interpretativa satisfez, por assim dizer, a ânsia de saber do analista, o interesse tinha que se voltar para o problema de como atingir a influência mais eficaz sobre o paciente. Logo se verificou que a primeira tarefa do médico seria ajudar o paciente a alcançar o conhecimento e depois a superação das *resistências* que nele surgem durante o tratamento e de que ele próprio, no início, não tem consciência. Ao mesmo tempo, viu-se também que parte essencial do trabalho de cura reside na superação dessas resistências, e que sem isso não pode ser obtida uma duradoura mudança psíquica do paciente. Desde que o trabalho do analista leva assim em conta a resistência do doente, a técnica analítica ganhou uma sutileza e uma segurança que rivalizam com a da técnica cirúrgica. Portanto, é absolutamente desaconselhável empreender tratamentos psicanalíticos sem um treino rigoroso, e o médico que se aventura a fazê-lo confiando apenas em seu diploma não tem mais competência do que um simples leigo.

"PSICANÁLISE" E "TEORIA DA LIBIDO"

A PSICANÁLISE COMO MÉTODO TERAPÊUTICO. A psicanálise nunca se apresentou como uma panaceia nem pretendeu realizar milagres. Numa das áreas mais difíceis da atividade médica, é o único método possível para algumas doenças e, para outras, aquele que oferece os melhores ou mais duradouros resultados, jamais sem o correspondente dispêndio de trabalho e tempo. O médico que não é totalmente absorvido pelo trabalho de auxílio terapêutico tem o esforço amplamente recompensado com inéditas percepções das tramas da vida psíquica e dos nexos entre o físico e o psíquico. Ali onde atualmente ela não pode oferecer ajuda, mas apenas compreensão teórica, a psicanálise talvez abra o caminho para uma futura influência mais direta sobre os distúrbios neuróticos. Seu âmbito de trabalho são sobretudo as duas neuroses de transferência, a histeria e a neurose obsessiva, em que contribuiu para a revelação da estrutura interna e dos mecanismos ativos, mas também todas as espécies de fobias, inibições, deformações do caráter, perversões sexuais e dificuldades da vida amorosa. Conforme alguns psicanalistas (Jelliffe, Groddeck, Felix Deutsch), também há perspectivas para o tratamento analítico de enfermidades orgânicas vulgares, pois não é raro um fator psíquico participar da gênese e da manutenção dessas doenças. Como a psicanálise requer alguma plasticidade psíquica em seus pacientes, tem que manter certos limites de idade na escolha desses, e, como implica uma demorada e intensa ocupação com o doente, seria antieconômico esbanjar esse esforço em indivíduos sem valor, que ao mesmo tempo são neuróticos. Só a experiência

I. PSICANÁLISE

obtida com o material de policlínicas poderá ensinar que modificações são necessárias para tornar a terapêutica analítica acessível a camadas amplas da população e adequá-la a inteligências mais fracas.

COMPARAÇÃO COM MÉTODOS DE HIPNOSE E SUGESTÃO. O procedimento psicanalítico distingue-se de todos os que fazem uso de sugestão, persuasão etc., pelo fato de não procurar suprimir, mediante a autoridade, nenhum fenômeno psíquico do paciente. Busca averiguar a causa do fenômeno e eliminá-lo através de uma mudança duradoura das condições para seu surgimento. Na psicanálise, a inevitável influência sugestiva do médico é dirigida para a tarefa, que cabe ao doente, de superar as resistências, ou seja, de realizar o trabalho de cura. O cuidadoso manejo da técnica protege do perigo de falsear, mediante a sugestão, os dados da memória do paciente. Em geral, porém, justamente o despertar das resistências protege contra os efeitos enganadores da influência sugestiva. Pode-se dizer que o objetivo do tratamento é, pela eliminação das resistências e averiguação das repressões do doente, produzir a mais ampla harmonização e fortalecimento do seu Eu, poupar-lhe o dispêndio psíquico em conflitos internos e dele obter o melhor que permitam suas disposições e capacidades, tornando-o, na medida do possível, capaz de trabalhar e de fruir. A remoção dos sintomas não é buscada como objetivo especial, mas resulta quase como um ganho secundário no correto exercício da análise. O psicanalista respeita a peculiaridade do paciente, não busca moldá-

-lo conforme os seus — do médico — ideais pessoais e se alegra ao não precisar dar conselhos e, em vez disso, poder despertar a iniciativa do analisando.

RELAÇÃO COM A PSIQUIATRIA. Hoje a psiquiatria é uma ciência essencialmente descritiva e classificatória, de orientação mais somática do que psicológica, que carece de possibilidades de explicação para os fenômenos observados. Mas a psicanálise não se contrapõe a ela, como se poderia crer pela atitude quase unânime dos psiquiatras. Enquanto *psicologia profunda*, psicologia dos processos da vida psíquica que se furtam à consciência, ela é destinada, isto sim, a fornecer-lhe o indispensável alicerce e remediar suas atuais limitações. No futuro haverá provavelmente uma psiquiatria científica, para a qual a psicanálise terá servido de introdução.

CRÍTICAS E INCOMPREENSÕES DA PSICANÁLISE. A maioria das críticas feitas à psicanálise, também em obras científicas, baseia-se em informação insuficiente, que, por sua vez, parece motivada por resistências afetivas. É um erro, por exemplo, acusar a psicanálise de "pansexualismo" e dizer que ela faz derivar todo o funcionamento psíquico da sexualidade e o explica a partir desta. Na verdade, desde o início a psicanálise diferenciou os instintos sexuais de outros, que chamou provisoriamente de "instintos do Eu". Ela jamais pretendeu explicar "tudo", e mesmo as neuroses ela não derivou apenas da sexualidade, mas do conflito entre os impulsos sexuais e o Eu. O nome *libido* não designa, na psicanálise (excetuando C.

I. PSICANÁLISE

G. Jung), a energia psíquica pura e simplesmente, mas a força motriz dos instintos sexuais. Certas afirmações, como a de que todo sonho seria uma realização de desejo sexual, nunca tiveram procedência. A objeção de unilateralidade feita à psicanálise, que, como *ciência do inconsciente psíquico*, tem seu delimitado e definido campo de trabalho, é algo tão despropositado quanto seria tachar a química de unilateral. Uma incompreensão maldosa, justificada apenas pela ignorância, é achar que a psicanálise espera que a cura dos distúrbios neuróticos se dê a partir da "liberação" da sexualidade. A tomada de consciência dos desejos sexuais reprimidos, na análise, possibilita antes um domínio dos mesmos, que não se alcançava com a repressão anterior. É mais correto dizer que a análise libera o neurótico das cadeias de sua sexualidade. Além do mais, é muito pouco científico julgar a psicanálise pela sua possível aptidão para minar a religião, a autoridade e a ética, pois, como toda ciência, ela é não tendenciosa e conhece apenas o intuito de apreender uma porção da realidade de maneira não contraditória. Por fim, pode-se caracterizar como simplório o temor, manifestado por alguns, de que os chamados bens supremos da humanidade — pesquisa, arte, amor, sensibilidade ética e social — perderiam seu valor ou sua dignidade, porque a psicanálise é capaz de mostrar sua procedência de impulsos instintuais elementares, animais.

AS APLICAÇÕES E CONEXÕES NÃO MÉDICAS DA PSICANÁLISE. Uma apreciação da psicanálise seria incompleta se deixasse de informar que — única entre as disciplinas

"PSICANÁLISE" E "TEORIA DA LIBIDO"

médicas — ela mantém amplas relações com as ciências humanas e está prestes a adquirir, para a história da religião e da civilização, a mitologia e a ciência da literatura, uma significação análoga à que tem para a psiquiatria. Isso pode surpreender, quando se considera que originalmente ela não tinha outro objetivo senão compreender e influenciar os sintomas neuróticos. Mas é fácil indicar onde se estabeleceu a ponte para as ciências humanas. Quando a análise dos sonhos levou a uma percepção dos processos psíquicos inconscientes e mostrou que os mecanismos que geram os sintomas patológicos também agem na vida psíquica normal, a psicanálise se tornou *psicologia da profundeza* e, como tal, capaz de ser aplicada às ciências humanas; pôde resolver uma série de questões ante as quais a psicologia oficial da consciência detinha-se perplexa. Bastante cedo estabeleceram-se os vínculos com a *filogênese* humana. Viu-se que frequentemente a função patológica nada mais é do que *regressão* a um anterior estágio de desenvolvimento da função normal. C. G. Jung foi o primeiro a enfatizar a espantosa coincidência entre as desordenadas fantasias dos doentes de *dementia praecox* e os mitos de povos primitivos; o presente autor chamou a atenção para o fato de que os dois desejos que formam o complexo de Édipo têm conteúdo igual ao das duas proibições capitais do *totemismo* (não matar o ancestral e não desposar uma mulher do próprio clã), e disso tirou conclusões de vasto alcance. O significado do complexo de Édipo começou a tomar proporções gigantescas; chegou-se à ideia de que a organização do Estado, a moralidade, o direito e a religião teriam surgido conjuntamente,

I. PSICANÁLISE

na pré-história da humanidade, como formação reativa ao complexo de Édipo. Otto Rank lançou viva luz sobre a mitologia e a história da literatura, aplicando conhecimentos psicanalíticos; Theodor Reik fez o mesmo com a história dos costumes e das religiões, e o pastor Oskar Pfister (de Zurique) despertou o interesse de educadores religiosos e professores,* mostrando o valor dos pontos de vista psicanalíticos para a pedagogia. Não cabem, aqui, maiores detalhes sobre essas aplicações da psicanálise; basta observar que ainda não se pode ver até onde irão.

CARÁTER DA PSICANÁLISE COMO CIÊNCIA EMPÍRICA. A psicanálise não é como um sistema filosófico, que parte de conceitos fundamentais claramente definidos, procura com eles apreender o mundo como um todo e depois, quando completado, não tem mais lugar para novos achados e melhores percepções. Ela se atém aos fatos do seu âmbito de trabalho, busca solucionar os problemas imediatos trazidos pela observação, segue tateando com base na experiência, está sempre incompleta, sempre disposta a ajustar ou modificar suas teorias. Tal como a física e a química, ela tolera muito bem que seus principais conceitos sejam vagos e seus pressupostos sejam provisórios, e espera uma maior precisão deles como resultado do trabalho futuro.

* "Educadores religiosos e professores": *Seelsorger und Lehrer*. O problema é a versão do primeiro termo, que não tem correspondência exata em português; é formado de *Seele*, "alma", e *Sorger*, "aquele que cuida". Algumas versões estrangeiras consultadas recorreram a: *pastores de almas*, idem, *curatori d'anime, religious and secular teachers*.

II. TEORIA
DA LIBIDO

LIBIDO é um termo da teoria dos instintos, já utilizado nesse sentido por Albert Moll (*Investigações sobre a* libido sexualis, 1898) e introduzido na psicanálise pelo presente autor.* Nas páginas seguintes apenas serão apresentados os desenvolvimentos, ainda não concluídos, que a teoria dos instintos experimentou na psicanálise.

CONTRAPOSIÇÃO DE INSTINTOS SEXUAIS E INSTINTOS DO EU. A psicanálise logo percebeu que todo o funcionamento psíquico tinha de ser baseado no jogo de forças dos instintos elementares, e viu-se numa situação ruim, pois não havia uma teoria dos instintos na psicologia e ninguém era capaz de dizer o que é realmente um instinto. A arbitrariedade era completa, cada psicólogo postulava tais e tantos instintos, como lhe apetecia. As primeiras manifestações que a psicanálise estudou foram as chamadas neuroses de transferência (histeria e neurose obsessiva). Seus sintomas apareciam pelo fato de impulsos instintuais sexuais terem sido rejeitados (reprimidos) pela personalidade (o Eu) e achado expressão por rodeios através do inconsciente. Foi possível dar conta disso contrapondo aos instintos sexuais os

* Mas uma nota de James Strachey informa que Freud já havia usado o termo no artigo "Sobre a justificativa para separar da neurastenia, como 'neurose de angústia', um determinado complexo de sintomas", de 1895, e também numa carta a Wilhelm Fliess, em 18 de agosto de 1894.

II. TEORIA DA LIBIDO

instintos do Eu (*instintos de autoconservação*), o que se harmonizava com a célebre afirmação de um poeta, de que o mundo é movimentado "pela fome e pelo amor". A libido era expressão de energia do amor, no mesmo sentido que a fome era expressão do instinto de auto-conservação. A natureza dos instintos do Eu continuava então indefinida e, como as demais características do Eu, inacessível à análise. Não havia como indicar se existiam e quais seriam as diferenças qualitativas entre as duas espécies de instintos.

A LIBIDO PRIMORDIAL. C. G. Jung tentou superar essa obscuridade por via especulativa, supondo uma única libido primordial que podia ser sexualizada ou dessexualizada, que, portanto, coincidia essencialmente com a energia psíquica em geral. Essa inovação era discutível em termos de método, gerava confusão, reduzia o termo "libido" a um sinônimo dispensável e, na prática, tinha sempre que distinguir entre libido sexual e assexual. A diferença entre os instintos sexuais e os instintos com outras metas não podia ser abolida mediante uma nova definição.

A SUBLIMAÇÃO. Nesse meio-tempo, o estudo ponderado dos impulsos sexuais, acessíveis apenas através da análise, havia resultado em alguns conhecimentos dignos de nota. O assim chamado instinto sexual era bastante composto e podia novamente se decompor em seus instintos parciais. Cada instinto parcial era invariavelmente caracterizado por sua *fonte*, ou seja, a região ou zona do corpo da qual obtinha sua excitação. Além do mais, podia-se

"PSICANÁLISE" E "TEORIA DA LIBIDO"

distinguir nele um *objeto* e uma *meta*. A meta era sempre a satisfação pela descarga, mas podia experimentar uma transformação da atividade para a passividade. O objeto se ligava ao instinto de modo menos firme do que se imaginava antes, era trocado facilmente por outro, e o instinto que possuía um objeto externo também podia se voltar para a própria pessoa. Os instintos podiam permanecer independentes uns dos outros ou combinar-se de modo ainda inconcebível, fundir-se para um trabalho em comum. Também podiam representar uns aos outros, transferir uns para os outros seu investimento objetal, de modo que a satisfação de um tomava o lugar da satisfação dos outros. O mais importante destino de um instinto parecia ser a *sublimação*, em que objeto e meta são mudados, de forma que o instinto originalmente sexual passa a encontrar satisfação numa realização não mais sexual, vista como de maior valor social ou ético. Tudo isso são traços que ainda não se juntam num quadro único.

O NARCISISMO. Houve um progresso decisivo quando se passou à análise da *dementia praecox* e de outras afecções psicóticas, começando assim a estudar o próprio Eu, até então conhecido apenas como instância repressora e opositora. Identificou-se como processo patogênico na demência o fato de a libido ser retirada dos objetos e introduzida no Eu, enquanto as manifestações ruidosas da doença vêm dos vãos esforços da libido para encontrar o caminho de volta aos objetos. Era possível, então, que libido do objeto se transformasse em investimento do Eu e vice-versa. Considerações ulteriores levaram a supor

II. TEORIA DA LIBIDO

que esse processo deve ocorrer em ampla escala, que o Eu deve ser visto como grande reservatório de libido, do qual essa é enviada para os objetos, e que está sempre disposto a acolher a libido que reflui dos objetos. Portanto, os instintos de autoconservação seriam também de natureza libidinal, seriam instintos sexuais que, em vez de objetos externos, teriam tomado o próprio Eu como objeto. Na experiência clínica já eram conhecidas pessoas que se comportavam de forma singular, como se estivessem enamoradas de si mesmas, e essa perversão fora denominada *narcisismo*. A libido dos instintos de autoconservação foi então chamada de *narcísica*, e um alto grau desse amor a si próprio foi reconhecido como o estado primário e normal. A fórmula anterior para as neuroses de transferência não necessitava uma correção, mas certamente uma modificação: em vez de um conflito entre instintos sexuais e instintos do Eu, era melhor falar de conflito entre libido objetal e libido do Eu, ou, dado que a natureza dos instintos era a mesma, entre os investimentos objetais e o Eu.

APARENTE APROXIMAÇÃO À CONCEPÇÃO DE JUNG. Desse modo, pareceu que a pesquisa psicanalítica, em seu lento proceder, terminava seguindo a especulação junguiana sobre a libido primordial, sobretudo porque a transformação da libido objetal em narcisismo acha-se inevitavelmente ligada a uma certa dessexualização, a um abandono das metas sexuais específicas. Mas impõe-se a reflexão de que, se os instintos de autoconservação do Eu são reconhecidos como libidinais, isso não prova que não haja outros instintos atuando no Eu.

O INSTINTO DE REBANHO. Diversas vozes afirmam que há um "instinto de rebanho" específico, inato e não suscetível à decomposição, que determina a conduta social do ser humano, levando os indivíduos à união em comunidades maiores. A psicanálise vê-se obrigada a contradizer essa tese. Ainda que o instinto social seja inato, ele pode facilmente remontar a investimentos de objeto originalmente libidinais e desenvolver-se na criança como formação reativa a posturas hostis de rivalidade. Baseia-se num tipo especial de identificação com o outro.

IMPULSOS SEXUAIS INIBIDOS NA META. Os instintos sociais pertencem a uma classe de impulsos que não chegam a pedir a denominação de sublimados, embora estejam próximos desses. Não abandonaram seus objetivos diretamente sexuais, mas resistências interiores os impedem de alcançá-los; contentam-se com determinadas aproximações à satisfação, e justamente por isso produzem laços bastante firmes e duradouros entre os indivíduos. São dessa espécie, em particular, as relações de ternura — plenamente sexuais na origem — entre pais e filhos, os sentimentos de amizade e as ligações afetivas do casamento, procedentes da atração sexual.

RECONHECIMENTO DE DUAS ESPÉCIES DE INSTINTOS NA VIDA PSÍQUICA. Por mais que a psicanálise se empenhe em desenvolver suas teorias de modo independente das demais ciências, ela é obrigada, no caso da teoria dos instintos, a buscar apoio na biologia. Com base em amplas reflexões sobre os processos que constituem a vida

II. TEORIA DA LIBIDO

e conduzem à morte, deve-se provavelmente reconhecer duas espécies de instintos, que correspondem aos processos opostos de construção e desintegração do organismo. Alguns deles, trabalhando silenciosamente, no fundo, perseguiriam a meta de conduzir à morte o ser vivo, merecendo a designação de *"instintos de morte"*, e, voltando-se para fora pela ação conjunta de numerosos organismos elementares unicelulares, se manifestariam como tendências de *destruição* ou *agressão*. Os outros seriam os que conhecemos mais na psicanálise, os instintos libidinais sexuais ou da vida, que bem podem ser reunidos sob o nome de Eros, cuja intenção seria formar unidades cada vez maiores com a substância viva, e assim manter o prosseguimento da vida e levá-la a desenvolvimentos cada vez mais altos. Nos seres vivos, os instintos eróticos e os de morte estabeleceriam misturas ou fusões regulares; mas também seriam possíveis disjunções* deles. A vida consistiria nas manifestações do conflito ou da interferência dessas duas espécies de instintos, trazendo para o indivíduo a vitória dos instintos de destruição mediante a morte, mas também a vitória de Eros mediante a procriação.

A NATUREZA DOS INSTINTOS. A partir dessa concepção pode-se caracterizar os instintos como tendências — intrínsecas à substância viva — à restauração de um esta-

---

* "Disjunções": tradução aqui dada a *Entmischungen*, o oposto de *Vermischungen* ("misturas, mesclas"), usado logo antes, na mesma frase. As versões consultadas recorreram a: *disociaciones, desmezclas, "disimpasto", "defusions"*. O termo também aparece nos capítulos III e IV de *O Eu e o Id* (1923).

"PSICANÁLISE" E "TEORIA DA LIBIDO"

do anterior, ou seja, tendências historicamente condicionadas, de natureza conservadora, e como que expressão de uma inércia ou elasticidade do orgânico. As duas espécies de instintos, o Eros e o instinto de morte, estariam atuando e pelejando entre si desde o surgimento da vida.

PREFÁCIOS E TEXTOS BREVES (1920-1922)

PREFÁCIOS E TEXTOS BREVES

CONTRIBUIÇÃO À PRÉ-HISTÓRIA DA TÉCNICA PSICANALÍTICA*

No mais recente livro de Havelock Ellis, o emérito pesquisador da sexualidade e eminente crítico da psicanálise, intitulado *The philosophy of conflict and other essays in war-time, second series*, Londres, 1919, encontra-se um ensaio, "Psycho-analysis in relation to sex", que busca demonstrar que a obra do criador da psicanálise não deveria ser julgada como trabalho científico, mas como realização artística. Não podemos senão ver nessa concepção uma nova forma de resistência e uma rejeição da análise, embora expressa de maneira amável e até excessivamente lisonjeira. Nós nos inclinamos a contestá-la decididamente.

Mas o motivo de nos ocuparmos do ensaio de Havelock Ellis não é a contestação, e sim o fato de ele, com sua vasta leitura, introduzir um autor que praticou e recomendou a técnica da livre associação, embora para outros fins, e que assim tem o direito de ser chamado, nesse aspecto, um precursor da psicanálise. "Em 1857", diz Havelock Ellis, "o dr. J. J. Garth Wil-

---

* Título original: "Zur Vorgeschichte der analytischen Technik", publicado primeiramente em *Internationale Zeitschrift für Psychoanalyse* [Revista Internacional de Psicanálise], v. 6, 1920, pp. 79--81, assinado apenas com a inicial "F.". Traduzido de *Gesammelte Werke* XII, pp. 309-12; também se acha em *Studienausgabe, Ergänzungsband* [Volume Complementar], pp. 251-5.

310

CONTRIBUIÇÃO À PRÉ-HISTÓRIA DA TÉCNICA PSICANALÍTICA

kinson, mais conhecido como poeta e místico segui-
dor de Swedenborg do que como médico, publicou
um volume de poemas místicos rimados, produzido
no que seria um novo método, por ele denominado
'impressão'. 'Um tema é escolhido ou registrado no
papel', afirma ele, 'e quando isso é feito, a primeira
ideia que vem à mente (*impression upon the mind*),
após a redação do título, é o começo da elaboração
daquele tema, por mais estranha ou sem nexo que pareça a palavra ou a frase.' 'O primeiro movimento do
espírito, a primeira palavra que surge, é consequência do esforço de imersão no tema dado.' Prossegue-
-se coerentemente com esse método, e Garth Wilkinson diz: 'Sempre constatei que isto leva ao íntimo da
questão, como que por um instinto infalível'. Essa
técnica corresponde, segundo ele, a um exaltado
abandonar-se, uma solicitação a que os impulsos inconscientes mais profundos se manifestem. Vontade e
reflexão devem ser deixadas de lado, lembra ele; o indivíduo se entrega à inspiração (*influx*), e nisso vê
que as faculdades mentais dirigem-se para objetivos
que não conhecem".

"Não podemos esquecer que Wilkinson, embora
fosse médico, usou essa técnica para fins religiosos e li-
terários, e não médicos ou científicos, mas é fácil ver
que se trata essencialmente da técnica psicanalítica tomando a própria pessoa como objeto, mais uma prova
de que o método de Freud é o de um artista."

Conhecedores da literatura psicanalítica se lembrarão, aqui, da bela passagem na correspondência entre

PREFÁCIOS E TEXTOS BREVES

Schiller e Körner,[1] na qual o grande poeta e pensador (em 1788) recomenda, a quem quiser ser produtivo, a consideração ao pensamento espontâneo.* É de imaginar que a técnica supostamente nova de Wilkinson já tenha sido vislumbrada por muitos outros, e o seu uso sistemático na psicanálise não nos parecerá tanto uma prova da natureza artística de Freud quanto resultado da convicção, a que ele se apegou como a um preconceito, da total determinação de tudo o que sucede na psique. A relação do pensamento espontâneo com o tema fixado revelou-se então a primeira e mais provável possibilidade, que é também confirmada pela experiência analítica, na medida em que resistências extraordinárias não tornem irreconhecível o nexo suposto.

No entanto, podemos seguramente admitir que nem Schiller nem Garth Wilkinson tiveram influência na escolha da técnica psicanalítica. É de outra parte que há indícios de uma referência pessoal.

Há pouco tempo, o dr. Hugo Dubowitz, de Budapeste, chamou a atenção do dr. Ferenczi para um curto ensaio de apenas quatro páginas e meia, escrito por Ludwig Börne em 1823, que se acha no primeiro volume de suas *Obras*

---

1 Descoberta por Otto Rank e citada na *Interpretação dos sonhos*, 7ª ed., 1922, p. 72 [*GW*, II/III, pp.107-8; *SE*, IV, pp. 102-3].

* "Pensamento espontâneo": tradução aqui dada a *freier Einfall*. O substantivo alemão não tem correspondência exata em português; o verbo *einfallen* significa "ocorrer" no sentido de "ter uma ideia" ("Ocorreu-me que…"). Em versões estrangeiras consultadas se lê: *asociaciones espontáneas, ocurrencia libre, libere associazioni, free association*. Para mais informações sobre o termo *Einfall*, ver Nietzsche, *Além do bem e do mal*, trad. Paulo César de Souza. São Paulo: Companhia das Letras, 1992, nota 16 do tradutor.

reunidas (edição de 1862). Intitula-se "A arte de se tornar um escritor original em três dias", e tem as notórias peculiaridades do estilo de Jean Paul, do qual Börne era admirador naquele tempo. Conclui com as seguintes frases: "Eis aqui o método prometido. Tomem algumas folhas de papel e escrevam por três dias, sem falsidade e hipocrisia, tudo o que lhes passar pela cabeça. Escrevam o que pensam de si mesmos, de suas mulheres, da guerra com os turcos, de Goethe, do processo Fonk, do Juízo Final, de seus superiores — e, após os três dias, ficarão admirados com os pensamentos novos e inauditos que tiveram! Essa é a arte de se tornar um escritor original em três dias!".

Quando o prof. Freud teve a oportunidade de ler o ensaio de Börne, transmitiu algumas informações que podem ter relevância para o tema aqui discutido, o da pré-história do uso psicanalítico da livre associação. Ele contou que aos catorze anos de idade recebeu de presente as obras de Börne e que hoje, cinquenta anos depois, esse é o único livro de sua juventude que ainda guarda. Esse escritor foi o primeiro que o interessou profundamente. Não consegue lembrar-se do ensaio em questão, mas outros do mesmo volume, como o tributo a Jean Paul, "O artista do comer", "O tolo do *Cisne branco*", repetidamente lhe voltaram à memória, durante muitos anos, sem motivo claro. Ficou particularmente surpreso ao ver expressas, na instrução para se tornar um escritor original, algumas ideias que sempre abrigou e defendeu, como, por exemplo: "Uma infame covardia de pensar nos detém a todos", "Mais opressora que a censura dos governos é a censura que a opinião pública exerce sobre as nossas obras intelectuais" (aqui é mencionada a "censura", que na psicanálise reapareceu como censura onírica…), "Para serem melhores do que são, o que falta à maioria dos escritores não é intelecto, mas caráter […]", "A retidão é a fonte de toda genialidade, e os homens seriam mais inteligentes se fossem mais morais […]".

É possível, então, que essa referência tenha trazido à luz o quê de criptomnésia que em tantos casos se acha por trás de uma aparente originalidade.

A ASSOCIAÇÃO DE IDEIAS DE UMA GAROTA DE QUATRO ANOS*

Eis um trecho da carta de uma senhora americana, mãe de uma garota de quatro anos: "Tenho de lhe contar o que a pequena disse ontem. Ainda não me recuperei do espanto. A prima Emily falou que mudaria para um apartamento. Então a menina falou: 'Se Emily se casar, vai ter um neném'. Eu me surpreendi e perguntei: 'Como você sabe isso?'. E ela respondeu: 'Quando alguém casa, sempre vem um neném'. Eu repeti: 'Mas como você pode saber isso?'. E ela: 'Ah, eu sei muita coisa mais, eu sei também que as árvores crescem na terra (*in the ground*)'.

* Título original: *Gedankenassoziation eines vierjährigen Kindes*; publicado primeiramente em *Internationale Zeitschrift für Psychoanalyse* [Revista Internacional de Psicanálise], v. 6, 1920, p. 157. Traduzido de *Gesammelte Werke* XII, pp. 305-6.

O DR. ANTON VON FREUND

Veja que ligação! É justamente o que eu pensava em lhe dizer um dia, como esclarecimento. E ela continuou: 'Também sei que Deus cria o mundo (*makes the world*). Quando ela diz coisas assim, mal posso acreditar que ainda vai fazer quatro anos de idade".

Ao que parece, a própria mãe entendeu a passagem da primeira frase da criança para a segunda. A menina quer dizer: "Eu sei que as crianças crescem dentro da mãe", e não exprime este saber diretamente, mas de forma simbólica, substituindo a mãe pela Mãe Terra. Já notamos, por muitas observações seguras, que bem cedo as crianças começam a usar os símbolos. Mas também a terceira frase da pequena se vincula com as anteriores. Só podemos supor que ela quis comunicar alguma coisa mais do que sabe sobre a origem dos bebês: "Sei também que tudo é obra do pai". Mas desta vez ela substitui o pensamento direto pela sublimação correspondente — Deus cria o mundo.

O DR. ANTON VON FREUND*

Em 20 de janeiro de 1920, poucos dias após completar quarenta anos de idade, morreu num hospital de Viena o dr. Anton von Freund, secretário-geral da Associação Psicanalítica Internacional desde o Congresso de Bu-

---

* Título original: *Dr. Anton v. Freund*; publicado primeiramente em *Internationale Zeitschrift für Psychoanalyse* [Revista Internacional de Psicanálise], assinado "Redação e Editor". Traduzido de *Gesammelte Werke* XIII, pp. 435-6.

PREFÁCIOS E TEXTOS BREVES

dapeste, em setembro de 1918. Ele era o mais vigoroso promotor de nossa ciência e uma de suas grandes esperanças. Nascido em Budapeste, em 1880, doutorou-se em filosofia e pretendia dedicar-se ao magistério, mas foi convencido a ingressar nos empreendimentos industriais do pai. No entanto, os sucessos que obteve como industrial e administrador não podiam satisfazer as duas necessidades que vinham do fundo de seu ser: a beneficência social e a atividade científica. Despretensioso no tocante a si mesmo, possuindo todos os dons que encantam e conquistam o amor das pessoas, ele utilizou seus recursos materiais para promover os semelhantes, mitigar a dureza do destino desses e fortalecer, em toda parte, o senso de justiça social. Assim criou um grande círculo de amigos, que sentirão profundamente a sua perda.

Ao conhecer a psicanálise, em seus últimos anos de vida, ela pareceu lhe acenar com a realização simultânea de seus dois grandes desejos. Ele se propôs a tarefa de ajudar as massas com a psicanálise, de empregar a ação terapêutica dessa técnica medicinal, que até então beneficiara apenas os ricos, para o alívio da miséria neurótica dos pobres. Como o Estado não se preocupava com as neuroses da população, as clínicas em geral rejeitavam a terapia psicanalítica, sem oferecer uma alternativa para ela, e os escassos médicos analistas, presos às necessidades da subsistência, não se achavam à altura de tão enorme tarefa, Anton von Freund quis abrir para todos, por sua iniciativa particular, a via para o cumprimento desse tão importante dever social. Durante os anos de guerra, ele havia reunido uma soma então

O DR. ANTON VON FREUND

considerável, mais de um milhão e meio de coroas, para fins humanitários, na cidade de Budapeste. Em concordância com o então prefeito da cidade, dr. Stephan von Bárczy, ele destinou essa quantia para a fundação de um instituto psicanalítico, no qual a análise seria praticada, ensinada e posta ao alcance da população. O intuito era formar médicos em grande número para o exercício da psicanálise, que depois receberiam, da instituição, honorários para o tratamento ambulatorial de neuróticos pobres. Além disso, o instituto se tornaria um centro para o aperfeiçoamento científico na psicanálise. O dr. Ferenczi seria o diretor científico da instituição, o próprio Von Freund se encarregaria de sua organização e do sustento. E o fundador deu ao professor Freud uma quantia proporcionalmente menor, para a fundação de uma editora psicanalítica internacional.

Mas,

> *que são as esperanças, que são os projetos*
> *acalentados pelo homem, este ser fugaz?**

A morte prematura de Von Freund pôs fim a esses planos filantrópicos e tão auspiciosos para a ciência. Embora o fundo que ele reuniu ainda exista, a postura dos atuais detentores do poder, na capital húngara, não dá margem à esperança de que suas intenções se realizem. Somente a editora psicanalítica foi criada, em Viena.

---

* *"Was sind Hoffnungen, was sind Entwürfe, / die der Mensch, der Vergängliche, baut?"*, Schiller, *Die Braut von Messina* [A noiva de Messina], ato III, cena 5.

PREFÁCIOS E TEXTOS BREVES

No entanto, o exemplo do falecido já produziu algum efeito. Poucas semanas após sua morte foi inaugurada em Berlim, graças à energia e à liberalidade do dr. Max Eitingon, a primeira policlínica psicanalítica. Assim, a obra de Von Freund tem continuadores; sua pessoa é insubstituível e inesquecível.

PREFÁCIO A *ADDRESSES ON PSYCHOANALYSIS*, DE JAMES J. PUTNAM*

O editor desta série [Ernest Jones, editor de The International Psycho-Analytical Library] deve sentir uma satisfação especial em poder lançar, como volume inaugural, esta coletânea dos textos psicanalíticos do professor James J. Putnam, o eminente neurologista da Universidade Harvard. O professor Putnam, que faleceu em 1918, com a idade de 72 anos, foi não só o primeiro americano a se interessar pela psicanálise, como logo se tornou o seu mais resoluto defensor e mais influente representante na América. Em consequência da sólida reputação que ad-

---

* Título original: "Preface to J. J. Putnam's *Addresses on psycho- -analysys*", publicado primeiramente na obra com esse título (Londres, 1921). Até hoje não se encontrou o original alemão desse texto. Mesmo nas mais completas edições alemãs das obras de Freud — *Gesammelte Schriften*, da década de 1920, e *Gesammelte Werke*, dos anos 40 — foi incluída a versão inglesa de Ernest Jones, feita para a edição original do livro de Putnam. Traduzido de *Gesammelte Werke* XIII, p. 437.

PREFÁCIO A *ADDRESSES ON PSYCHOANALYSIS,* DE JAMES J. PUTNAM

quirira com o magistério, e por seu importante trabalho no âmbito das doenças nervosas orgânicas, e ainda graças ao respeito geral de que gozava a sua pessoa, ele foi capaz de fazer mais que qualquer outro, provavelmente, para a difusão da psicanálise em seu país, e soube protegê-la das calúnias que, tanto no outro lado do Atlântico como neste, inevitavelmente foram lançadas contra ela. Todas as acusações estavam fadadas ao esquecimento, se um homem com os elevados padrões éticos e a retidão moral de Putnam se colocava entre os defensores da nova ciência e da terapêutica nela baseada.

Os textos aqui reunidos num volume, que Putnam escreveu entre 1909 e o final de sua vida, fornecem um bom quadro de suas relações com a psicanálise. Mostram como inicialmente ele se empenhou em corrigir um juízo provisório, baseado num conhecimento insuficiente; como depois admitiu a essência da análise, reconhecendo-lhe a capacidade de lançar uma viva luz sobre a origem das imperfeições e dos deslizes humanos, e como o atraiu a possibilidade de contribuir para a melhoria humana conforme a psicanálise; como depois se persuadiu, como médico, da verdade da maioria das conclusões e postulados psicanalíticos, e testemunhou que o médico que utiliza a análise compreende muito mais os sofrimentos de seus pacientes e pode fazer muito mais por eles do que era possível com os métodos anteriores de tratamento; e, por fim, como se pôs a ir além das fronteiras da análise, solicitando que, como ciência, ela deveria ligar-se a um sistema filosófico particular e que sua prática deveria ser francamente associada a um conjunto particular de doutrinas éticas.

PREFÁCIOS E TEXTOS BREVES

Não é de surpreender que um espírito de inclinações notavelmente éticas e filosóficas como Putnam desejasse, após mergulhar profundamente na psicanálise, estabelecer a mais íntima relação entre esta e os objetivos que lhe eram mais próximos ao coração. Mas esse entusiasmo, tão admirável num homem de sua idade, não conseguiu arrebatar outros. Indivíduos mais jovens permaneceram indiferentes; sobretudo Ferenczi manifestou opinião contrária. A razão decisiva para a rejeição das propostas de Putnam foi a dúvida no tocante a quais dos inúmeros sistemas filosóficos deveriam ser aceitos, já que todos pareciam repousar em fundamentos igualmente frágeis, e até então tudo isso fora sacrificado em prol da relativa certeza dos resultados da análise. Pareceu mais prudente esperar, e descobrir se uma atitude particular ante a vida poderia se impor em nós, com todo o peso da necessidade, pela própria investigação psicanalítica.

Temos o dever de exprimir nossos agradecimentos à viúva do autor, sra. Putnam, pela assistência no tocante aos manuscritos, aos direitos de edição e ao apoio financeiro, sem a qual a publicação deste volume não teria sido possível. Não havia manuscritos em inglês no caso dos artigos de números VI, VII e X. Eles foram traduzidos para o inglês pela dra. Katherine Jones, do texto alemão redigido pelo próprio Putnam.

Este volume conservará, nos meios psicanalíticos, a memória do amigo cuja perda lamentamos tão profundamente. Que seja o primeiro de uma série de publicações destinadas a promover o entendimento e a

APRESENTAÇÃO DE *THE PSYCHOLOGY OF DAY-DREAMS,* DE J. VARENDONCK

aplicação da psicanálise entre os falantes da língua inglesa — um objetivo ao qual James J. Putnam dedicou os últimos dez anos de sua fecunda vida.

Janeiro de 1921.

APRESENTAÇÃO DE *THE PSYCHOLOGY OF DAY-DREAMS,* DE J. VARENDONCK*

O presente livro do dr. Varendonck contém uma importante novidade e despertará legitimamente o interesse de todos os filósofos, psicólogos e psicanalistas. O autor conseguiu, após um esforço de vários anos, apreender essa atividade fantasiadora do pensamento a que nos abandonamos nos estados de distração, e na qual facilmente caímos antes de adormecer ou ao não acordar inteiramente. Ele levou à consciência as cadeias de pensamentos que em tais circunstâncias se apresentam sem a vontade da pessoa, registrou-as, estudou suas peculiaridades e as diferenças entre elas e o pensamento intencional, consciente, e nisso fez uma série de significativas descobertas, de que derivam problemas e questões ainda mais amplos.

---

* Título original: *Geleitwort zu J. Varendonck, "Über das vorbewußte phantasierende Denken"* (título alemão do livro, traduzido por Anna Freud e lançado em 1922); publicado primeiramente na edição original inglesa do livro (Londres: Allen & Unwin, 1921). Traduzido de *Gesammelte Werke* XIII, pp. 439-40.

PREFÁCIOS E TEXTOS BREVES

Vários pontos da psicologia do sonho e dos atos falhos têm solução segura nas observações do dr. Varendonck.

[Na edição alemã utilizada segue-se esta observação, no corpo do texto, acompanhada do restante do texto em inglês:] *A edição inglesa do livro de Varendonck* (The psychology of day-dreams, George Allen & Unwin Ltd, Londres, 1927 [*sic*]) *contém ainda o seguinte trecho:*

"Não é minha intenção passar em revista os resultados do autor. Eu me contentarei em assinalar a importância do seu trabalho e me permitirei somente uma observação sobre a terminologia que adotou. Ele considera o tipo de atividade mental que encontrou no pensamento autista de Bleuler, mas chama-o, via de regra, *pensamento pré-consciente* [*fore-conscious thinking*], seguindo o costume em vigor na psicanálise. No entanto, o pensamento autista de Bleuler não coincide absolutamente com a extensão e o conteúdo do pré-consciente, e também não posso dizer que o nome usado por Bleuler tenha sido bem escolhido. A própria designação de pensamento 'pré-consciente' me parece, como característica, insatisfatória e enganadora. O ponto em questão é que a espécie de atividade de pensamento da qual o conhecido devaneio é um exemplo — completo em si mesmo, desenvolvendo uma situação ou um ato que está sendo levado a um término — constitui o melhor e, até agora, o único exemplo estudado. O devanear não deve suas peculiaridades à circunstância de ocorrer geralmente de modo pré-consciente, nem as formas se modificam quando é realizado conscientemente. De

PREFÁCIO A *LA MÉTHODE PSYCHANALYTIQUE*, DE RAYMOND DE SAUSSURE

outro ponto de vista, sabemos que mesmo a reflexão rigorosamente dirigida pode ser alcançada sem a cooperação da consciência, isto é, pré-conscientemente. Por essa razão, acho aconselhável, ao se estabelecer uma distinção entre os diferentes modos de atividade do pensamento, não utilizar a relação com a consciência em primeira instância, e designar o devaneio, assim como as cadeias de pensamentos estudadas por Varendonck, como pensamento livremente divagante ou fantástico, em oposição à reflexão intencionalmente dirigida. Ao mesmo tempo, deve ser levado em consideração que nem mesmo o pensamento fantástico carece sempre de um objetivo e de representações finais."

PREFÁCIO A *LA MÉTHODE PSYCHANALYTIQUE*, DE RAYMOND DE SAUSSURE*

É um grande prazer, para mim, declarar publicamente que considero este livro do dr. Raymond de Saussure um trabalho valioso e meritório, particularmente apto a transmitir ao leitor francês uma ideia correta sobre a natureza e o teor da psicanálise. O dr. De Saussure não apenas estudou conscienciosamente as minhas obras, como fez o sacrifício de submeter-se a uma análise comigo durante vários me-

---

* Título original: *Geleitwort* zu Raymond de Saussure, *La méthode psychanalytique*; publicado primeiramente na obra com esse título (Lausanne e Genebra, 1922, pp. vii-viii). Traduzido de *Gesammelte Werke. Nachtragsband*. Frankfurt: Fischer, 1999, pp. 752-3.

PREFÁCIOS E TEXTOS BREVES

ses. Desse modo, pôs-se em condições de formar um juízo próprio sobre a maioria das questões pendentes na psicanálise e de evitar os muitos equívocos e distorções que é habitual encontrarmos nas exposições das teorias psicanalíticas, tanto em autores franceses como em alemães. Ele também não deixa de refutar vigorosamente algumas afirmações inexatas ou descuidadas que os comentadores passam uns para os outros: como a de que todos os sonhos teriam um significado sexual ou de que o único móvel da vida psíquica seria — de acordo comigo — a libido sexual.

Como o dr. De Saussure informa, em seu prefácio, que eu corrigi seu trabalho, devo precisar que minha influência se limitou a algumas correções e observações. De forma nenhuma tentei restringir a independência do autor. Na primeira parte do livro, teórica, eu teria apresentado diferentemente algumas coisas, como o difícil assunto do pré-consciente e do inconsciente, por exemplo, e, sobretudo, teria tratado mais exaustivamente do complexo de Édipo.

O belo sonho oferecido pelo dr. Odier ao autor pode dar, também aos não iniciados, uma ideia da riqueza das associações oníricas, da relação entre a imagem onírica manifesta e os pensamentos latentes ocultos atrás dela e da importância que cabe à análise dos sonhos no tratamento do paciente.* Excelentes, por fim, são as observações conclusivas sobre a técnica da psicanálise. Inteiramente corre-

---

* Segundo Ernest Jones, esse livro de R. de Saussure — filho do famoso linguista Ferdinand de Saussure — foi proibido na França, sob a alegação de que o sonho transmitido pelo dr. Odier era uma ofensa à "discrição profissional" (cf. Jones, *Sigmund Freud: life and work*, v. III. Londres: Hogarth, 1957, p. 101).

ALGUMAS PALAVRAS SOBRE O INCONSCIENTE

tas, nada omitem de essencial, não obstante sua brevidade, e atestam a refinada compreensão do autor. Naturalmente, o leitor não pode esperar que o simples conhecimento das regras técnicas o capacite a conduzir uma análise.

Também na França a psicanálise começa a despertar, em medida mais ampla, o interesse dos especialistas e dos leigos. Lá ela certamente não encontrará menores resistências do que em outros países. Que o livro do dr. De Saussure contribua bastante para o esclarecimento, nas discussões vindouras!

Viena, fevereiro de 1922.

ALGUMAS PALAVRAS
SOBRE O INCONSCIENTE*

O palestrante repetiu a já conhecida história do desenvolvimento do conceito de "inconsciente" na psicanálise. "Inconsciente" é, primeiramente, um termo tão só descritivo, que então inclui o que é temporariamente latente. Mas a concepção dinâmica do processo de re-

---

* Título original: *Einiges vom Unbewussten*; publicado primeiramente em *Internationale Zeitschrift für Psychoanalyse*, v. 8, 1922, p. 486. Trata-se do *abstract* de uma conferência ou comunicação, redigido pelo próprio autor, sob a rubrica "Informe sobre o VII Congresso Psicanalítico de Berlim (25-27 de setembro de 1922)". Traduzido de *Gesammelte Werke. Nachtragsband*. Frankfurt: Fischer, 1999, p. 730. Até o momento, a única versão estrangeira parece ter sido a italiana, em Freud, *Opere*, v. 9, 1917-23. Turim: Paolo Boringhieri, 1986 [1977], p. 467.

PREFÁCIOS E TEXTOS BREVES

pressão faz necessário dar ao inconsciente um sentido sistemático, de modo que o inconsciente seja equiparado ao reprimido. O latente, só temporariamente inconsciente, recebe o nome de "pré-consciente" e é colocado, do ponto de vista dinâmico, na proximidade do consciente. A dupla significação do nome "inconsciente" trouxe certas desvantagens pouco relevantes e difíceis de serem evitadas. Vê-se, porém, que não é possível fazer o reprimido coincidir com o inconsciente, e o Eu com o pré-consciente e o consciente. O palestrante discutiu os dois fatos que demonstram que também no Eu há um inconsciente, que se comporta dinamicamente como o inconsciente reprimido, ou seja, a resistência procedente do Eu na análise e o sentimento de culpa inconsciente. Ele informou que procura, num trabalho a ser publicado em breve, *O Eu e o Id*, considerar a influência que essas novas ideias [*Einsichten*] devem ter sobre a concepção do inconsciente.

A CABEÇA DA MEDUSA*

A interpretação de temas mitológicos isolados não foi tentada com muita frequência por nós. Mas ela surge naturalmente em relação à horripilante cabeça cortada da Medusa.

* Título original: *Das Medusenhaupt*; manuscrito datado de 14 de maio de 1922, publicado primeiramente em *Internationale Zeitschrift für Psychoanalyse*. *Imago*, v. 25, 1940, p. 105. Traduzido de *Gesammelte Werke* XVII, pp. 47-8.

A CABEÇA DA MEDUSA

Decapitar = castrar. O horror à Medusa é, portanto, horror à castração, ligado à visão de algo. De muitas análises conhecemos o ensejo para isso; ele se dá quando o garoto, que até então não queria crer na ameaça de castração, enxerga um genital feminino. Provavelmente de uma mulher adulta, rodeado de pelos; o da mãe, no fundo.

Se os cabelos da Medusa são muitas vezes retratados nas obras de arte como serpentes, estas procedem também do complexo da castração, e, curiosamente, por mais terríveis que sejam elas próprias, contribuem de fato para mitigar o horror, pois substituem o pênis, cuja falta é a causa do horror. — É a confirmação da regra técnica segundo a qual a multiplicação do pênis significa castração.

A visão da cabeça da Medusa torna rígido de terror, transforma o espectador em pedra. A mesma origem no complexo da castração e a mesma mudança do afeto! Pois o tornar-se rígido significa a ereção, ou seja, o consolo do espectador na situação original. Ele ainda tem um pênis, assegura-se disso com a rigidez.

Atenas, a deusa virgem, leva este símbolo do terror em sua vestimenta. Com razão, pois assim se torna uma mulher inabordável, que rechaça todo desejo sexual. Leva à mostra o aterrador genital da mãe. Para os gregos, em geral fortemente homossexuais, não podia faltar a representação da mulher que apavora com sua castração.

Se a cabeça da Medusa substitui a representação do genital feminino, ou melhor, isola seu efeito apavorante daquele prazeroso, é possível lembrar que a exibição dos genitais também é conhecida, de resto, como um ato apotropaico.* O que desperta horror num indivíduo terá o mesmo efeito no inimigo do qual ele busca se defender. Em Rabelais, por exemplo, o Diabo foge depois que uma mulher lhe mostra a vulva.

Também o membro masculino ereto serve como apotropeu, mas devido a outro mecanismo. Mostrar o pênis — e todos os seus sucedâneos — quer dizer: "Não tenho medo de ti, te enfrento, possuo um pênis". Este é, portanto, um outro meio de intimidar o mau espírito.**

Para poder sustentar seriamente essa interpretação, seria necessário investigar a gênese desse símbolo do horror na mitologia grega, e seus paralelos em outras mitologias.

* "Apotropaico", adj.: "que se supõe evitar ou anular malefícios" (*Novo Aurélio. Dicionário eletrônico*, versão 3.0, Lexikon Informática, s.d.); "apotropeu", adj. e subst. masc.: "que ou o que tem poder de afastar (desgraça, influência maléfica)" (*Dicionário eletrônico Houaiss*, versão 1.0.5a, Instituto Antônio Houaiss/Objetiva, 2002).

** É pertinente citar, nesse ponto, uma nota de Freud a um artigo de Wilhelm Stekel intitulado "Contribuição à psicologia do exibicionismo" (*Zentralblatt für Psychoanalyse*, v. 1, 1911), lembrada por James Strachey: "O dr. Stekel propõe aqui derivar o exibicionismo de impulsos narcísicos inconscientes. Parece-me provável que a mesma explicação se aplique à exibição apotropaica encontrada nos povos da Antiguidade".

ÍNDICE REMISSIVO

AS INDICAÇÕES *NA* E *NT* DESIGNAM
AS NOTAS DO AUTOR E DO TRADUTOR,
RESPECTIVAMENTE

ÍNDICE REMISSIVO

abnegação, 43

Abraham, 62NA, 98NA, 293

abstração, 55

Acampamento de Wallenstein, O (Schiller), 100NT

adivinhação, 41-2, 185

Adler, 151NT, 253, 294

adolescente, 71, 134, 221

adulto(s), 28NA, 252, 287

afeto(s), afetivo(s), afetiva(s), afetividade, 26NA, 28NA, 30, 32, 34-6, 38-41, 43, 49, 50-1, 54-7, 60, 63-5, 67, 69, 77, 85, 87, 104-9, 123, 128, 131, 138-9, 188, 201, 206, 210, 215, 222, 244, 276, 291, 298, 306, 327

agressividade, 57, 69

Além do princípio do prazer (Freud), 58NA

Alemanha, 157, 164, 178, 292

"Algumas concordâncias entre a vida psíquica dos selvagens e a dos neuróticos" (Freud), 84NA

"Alguns complementos à interpretação dos sonhos" (Freud), 170NT

alma, 16-7, 19, 21, 25, 28-9, 31-3, 35, 39NA, 45, 52, 78, 92, 100, 147, 201, 234, 239

alucinação, 194, 232

ambivalência, 57, 111, 171, 215, 216-7, 244-5, 247

amor, amoroso(s), amorosa(s), 14, 43-5, 47, 49, 53-4, 57, 58NA, 59, 63-4, 69-72, 75, 82, 86, 87NA, 88, 98, 100, 104, 106-10, 115, 118, 120, 123, 125, 128-30, 131NA, 132NA, 133-4, 136, 140-4, 147, 157, 164, 171-2, 210, 214-7, 221-4, 247, 251, 254, 289, 292, 296, 299, 303, 305, 316

anal, 157, 288

analistas, 136, 152-4, 316

anamnese, 126, 186

angústia, 50-1, 80, 82, 165, 190, 195, 219, 286; *ver também* medo

animais, 30, 75-8, 102, 196, 201, 246, 299

"Ansätze zur psychoanalytischen Erforschung und Behandlung des manisch-depressiven Irreseins" (Abraham), 98NA

antipatia(s), 26, 57, 78

apotropeu/apotropaico, 328

artificial, artificiais, 31, 46, 49, 54, 77, 83, 87, 99, 109, 253

assassinato, 84, 101-2, 158

associação livre, 278-9, 285

astrologia, 158

atividade anímica, 30, 39, 77, 85

atos falhos, 281, 322

atos psíquicos, 15, 85NA, 275, 280-1

auto-observação, 68

autopreservação, 25, 40

autoridade, 27, 30, 36, 91, 122, 152, 292, 297, 299

aversão, aversões, 27, 56-7, 123, 221

Bárczy, 317

bebê(s), 28NA, 163, 179-80, 182-3, 187, 196, 199, 202, 270, 315

ÍNDICE REMISSIVO

"Beitrag zum autistischen Denken bei Kinder" (Markuszewicz), 66NA

beleza, 118, 128, 133, 146

bem-estar, 96

Bernheim, 41, 92NA, 278

Bíblia, 29NA

biologia, 149, 306

bissexualidade, bissexual, 120-1, 128, 131NA, 149, 210

Bleuler, 15, 218, 292, 322

Börne, 312-3

Braun, L., 229-30

Braut von Messina, Die (Schiller), 317NT

Breuer, 274-7, 280

Brugeilles, 40NA

bruxaria, 246NA

canibal, 61

capacidade intelectual, 25, 28, 32, 38-9

Carnaval, 96

Carta aos Coríntios (Paulo), 44

casamento, 57, 107-8, 119, 130, 157-8, 164, 167, 172, 211, 216, 253, 306

castigo(s), 36, 136-7, 233

castração, 222, 251, 253-4, 327

catarse, 275-7

células, 18

censura, 26NA, 68, 284, 313

César, 48

ceticismo, 155

Charcot, 226, 275

chefe supremo, 47, 93

Chiste e sua relação com o inconsciente, O (Freud), 161NT, 166NT

ciúme, 64, 81, 102, 104, 171, 199, 210-4, 216, 218, 222, 223-4

civilização, civilizado, 24, 111, 300

coação, 35, 46, 155

coerção, 36, 47, 153

competição, 222, 251

"Complemento metapsicológico à teoria do sonho" (Freud), 74NA

complexo de Édipo, 60-3, 66, 104, 126, 129, 145, 172, 200, 206, 210, 289-90, 292-3, 300, 324

complexo de Electra, 126NA

comunidade(s), 33, 46-7, 53, 58, 69NA, 81, 84, 92, 99, 101, 111, 224, 306

condensação, 191, 249

Conferências introdutórias à psicanálise (Freud), 51NA, 81NA

conflito(s), 28, 57, 67, 112, 118-20, 132NA, 166, 168, 193, 218, 244, 253-4, 271, 284, 290-1, 297-8, 305, 307

consciência, 21, 26NA, 27, 30, 36-8, 63-4, 67, 72, 75, 82, 121, 129, 140-1, 153, 161, 183, 207, 211, 217, 264, 266, 274, 276, 278-9, 290, 295, 298-300, 321, 323

consciente(s), 19, 22-3, 28NA, 84, 128-9, 136, 141, 145, 161-2, 172, 199, 210, 215, 280, 284, 290, 321, 326

"Considerações atuais sobre a guerra e a morte" (Freud), 137NA

331

ÍNDICE REMISSIVO

contágio, 21-4, 35, 40, 50-1; *ver também* indução; sugestão, sugestionabilidade

"Contribuição à psicologia do exibicionismo" (Stekel), 328NT

"Contribuição acerca do pensamento autista nas crianças" *ver* "Beitrag zum autistischen Denken bei Kinder" (Markuszewicz)

Contribuições à psicologia do Amor I (Freud), 134NT

corpo humano, 147, 196, 288, 289, 303

criança(s), 25, 26NA, 28, 37, 66, 68, 70, 77, 79-81, 85NA, 103-4, 127-8, 180-3, 192-4, 196, 246, 251, 252, 287, 306, 315

Cristo, 42, 47, 49, 53, 100, 233, 265, 268

crueldade, 54, 201

culpa, 30, 63-4, 79, 96, 136, 164, 217, 263, 326

Darwin, 84

decepção, 130, 136, 139, 144

delírio(s), 68, 97, 205, 213-4, 216, 219-20

Demônio, 229, 231-6, 239, 240, 241, 243-4, 246, 248-9, 251-2, 255, 257-9, 262-4, 267, 270-1

Denkwürdigkeiten eines Nervenkrankes (Schreber), 252NA

dependência, 55, 78, 206

depressão, 97, 165, 236, 239, 241, 247, 267

desejo(s), 25, 29-30, 55, 61, 63, 69, 71, 82-3, 104, 106, 117, 121, 127-30, 133, 136-7, 141, 153-4, 161-2, 164-5, 168, 172, 177, 188-91, 200, 205-7, 212, 217, 222, 226, 235, 247, 254, 283-4, 290-1, 299, 300, 316, 327

desinibição, 77

desinteresse, 27, 33

deslocamento, 171, 249, 283

determinismo, 279, 281

Deus, 89, 229, 234, 241, 244-5, 246NA, 250, 252-4, 257, 265, 269, 315

deuses, 103, 245

"Deutsche St. Christoph, Der" (Richter), 41NA

devoção, 27, 33, 291

Diabo, 231, 234, 239, 243, 245, 246NA, 251, 262, 268, 328

doença(s), doente(s), 41, 49, 96-7, 117, 120, 131, 138-9, 162, 164, 186, 195, 226, 236, 242, 246, 262-4, 270-2, 284-5, 295-7, 300, 304, 319

"Don Juan-Gestalt, Die" (Rank), 100NA

Dubowitz, 312

"Eigene und der fremde Gott, Der" (Reik), 245NA

Einstein, 152

Ellis, 310

ÍNDICE REMISSIVO

emoção, emoções, emocional, 35, 199, 206

enamoramento, 60, 69, 71-5, 108-12

energia psíquica, 90, 136, 299, 303

entusiasmo(s), 24, 33, 72, 82, 116, 118, 123, 134, 142, 320

Eros, 44, 45, 307, 308

erotismo, eróticos, erótica, 44, 92, 106, 157, 307

"Esboço de uma psicologia" (Freud), 219NT

"Essence du phénomène social: La suggestion, L'" (Brugeilles), 40NA

etiologia, 146, 222

Eu, 21NA, 28, 29NA, 60, 62-8, 72-4, 76, 79, 86, 91-9, 102, 108, 111-3, 201, 223, 284, 290-1, 294, 298, 302-5, 326

excitação, 35, 107, 276, 303

Exército, 46-8, 50-1, 83, 87, 99, 109

família(s), 16, 47, 57, 69NA, 88, 101, 108-9, 115, 117, 127-8, 157, 163-4, 180, 182, 206, 216

fantasia(s), 28NA, 29, 101, 111, 135, 164, 191, 203, 206, 212, 213, 218-20, 243, 249-2, 254, 262, 264, 265, 267-8, 288, 300

Federn, 53NA

felicidade, 97, 133, 200

Felszeghy, 52

feminilidade, feminino(s), feminina(s), 60, 62, 115, 116,

125-6, 129, 130, 147, 149, 200, 221, 250-5, 327

Femmes savantes, Les (Molière), 106NT

fenômeno(s) psíquico(s), 16, 159, 297

fenômenos ocultos, 151, 154

Ferenczi, 73, 90, 199, 293, 312, 317, 320

festas, 95, 96

filho(s), filha(s), 43, 56NA, 62, 83, 86-8, 101-2, 104, 107, 116-9, 127-30, 133, 135-7, 140, 145, 163-7, 172, 176, 179, 180-3, 185, 187-9, 195, 197, 198-9, 204-6, 216-7, 221, 240-1, 247, 250, 253, 255, 306

Filoctete (Sófocles), 243

filosofia, 152, 157, 158, 159, 316

fixação, fixações, 87, 121, 131NA, 145, 146, 148, 200, 221-2, 251, 254, 271, 289, 291

fobias, 198, 296

folclore, 33, 285

forças psíquicas, 151, 161, 282, 284

"Fragmento de análise de um caso de histeria" (Freud), 63

Franziscus, abade, 230-2, 256, 261

"Freuds Libidotheorie verglichen mit der Eroslehre Platos" (Nachmansohn), 44NA

Freund, A. von, 293, 315-8

Frömmigkeit des Grafen von Zinzendorf, Die (Pfister), 107

"Gemeinsame Tagträume.

ÍNDICE REMISSIVO

Autoreferat eines Vortrags auf dem VI. Psychoanalytischen Kongress im Haag, 1920" (Sachs), 103NA

general, 47, 49, 52, 99

genital, genitais, 28NA, 85NA, 104, 108-9, 120, 123, 126, 145-6, 200, 202, 250-1, 287-9, 327

Glândula da puberdade e seus efeitos, A ver *Pubertätsdrüse und ihre Wirkungen, Die* (Lipschütz)

Goethe, 243, 313

Grande Guerra, 48, 151, 163, 176

gregário, 77-80, 96NA, 108

Grillparzer, 198NT

Group mind, The (McDougall), 34

Grubrich-Simitis, 150, 173NT

grupamento(s), 30, 55, 79

guerra, 48, 78, 155, 157, 196, 204-5, 313, 316

Haitzmann, 228, 230-1, 235, 240, 242, 247-8, 257, 269NT

Hebbel, 52

hereditariedade, 182, 187

hermafroditismo, 124, 147, 149

herói(s), 27, 102, 103

heterossexual, 109, 120-1, 128, 133, 145, 147, 214

hierarquia, 48

hipnose, hipnótico(s), hipnótica, 21, 24, 30-1, 69, 73-7, 88-91, 92NA, 111-2, 138, 275, 277-9, 285, 297

hipnotizador, 22, 24, 73, 88-91

hipocondríaco, 226

histeria, histérico(s), histérica, 29, 63, 64, 126, 165, 200, 218, 220, 226, 274, 275, 276, 277, 285, 291, 294, 296, 302

"Homem dos lobos, O" (Freud), 246NA

"Homem dos ratos" (Freud), 205NT

homem, homens, 22, 24, 30, 35, 44, 49, 57, 59-60, 70, 83, 85-6, 100, 109, 115, 117, 119, 124-5, 128-31, 132NA, 135, 138-40, 142, 147-8, 159-60, 163-5, 170-1, 179, 183, 185-6, 189, 195-9, 205, 210-1, 213-4, 216-7, 224, 229, 234, 239, 247, 253, 266, 268-70, 314, 317, 319-20

homossexualidade, homossexual, homossexuais, 59, 65, 87NA, 109-10, 115, 117, 120-1, 123-8, 130-1, 132NA, 134, 136-7, 143-9, 211, 213-4, 216-7, 220-4, 327

horda primordial/horda primeva, 83-8, 91, 101-2, 132NA

horror, 221, 223, 327-8

hostilidade, 32, 41, 45, 56-7, 130, 139, 172, 215, 223, 251, 289, 291

humanidade, 59, 100, 111, 155, 299, 301

humildade, 72, 125, 133

humor, 89, 95-7, 239

Id, 21NA, 307, 326

Idade Média, 226, 245, 246NA

ideias, 18, 23, 28, 30-1, 43, 48, 52, 100, 200, 218-20, 254, 277, 279, 313-4, 326

ÍNDICE REMISSIVO

identificação, identificações, 60-6, 68NA, 69NA, 72, 73, 79, 83, 87NA, 92-3, 98-100, 112, 137, 168, 201, 221, 223, 306

Igreja, 46-7, 83, 87, 99-100, 109-10, 270

ilusão, ilusões, 29, 47, 71, 77, 86-7, 111, 204

imaginação, 103, 132NA

Imago, 39NA, 52, 84NA, 88NA, 100NA, 103NA, 137NA, 174, 225, 245NA, 326NT

imitação, 40, 64, 68NA

impulso(s), 14, 17, 21, 25, 26NA, 28NA, 36, 43, 53, 74-5, 77, 85NA, 87, 104-5, 107-8, 110-2, 131NA, 151, 198, 201, 203, 210-1, 213, 216-8, 222-3, 226, 244, 283, 289-90, 298-9, 302, 303, 306, 311

inconsciente(s), 19-21, 23, 26NA, 28, 31, 85, 89-90, 95, 105, 123, 131NA, 136, 141, 145, 148, 152, 165, 168, 172, 177, 185-6, 188-90, 205-8, 210-2, 214-5, 249, 276, 280-4, 290-2, 300, 311, 325-6

inconsciente, o, 19, 21NA, 25, 26NA, 32, 63, 66, 70, 82, 105, 112, 129, 136-7, 140, 154-5, 207, 210, 214-5, 218, 271, 280, 282-3, 294, 299, 302, 324-6

individualidade, individual, indivíduo(s), 14-5, 17-28, 33-40, 45-53, 55, 57-9, 61, 65, 68, 69NA, 71-2, 74, 76-9, 81-4,

85NA, 86-7, 91-3, 97, 100-1, 103, 110, 112, 118, 124, 144, 147-9, 155-6, 160-1, 167-8, 184, 212-3, 220, 222-4, 239, 244-6, 250, 265, 277, 289, 296, 306-7, 311, 328

indução, 35, 40, 51, 161, 173; *ver também* contágio

infância, infantil, infantis, 68, 70, 104-5, 109, 125-7, 129, 131NA, 138, 145, 155, 163, 165, 168, 172, 176, 191-2, 199, 200-1, 203, 210, 216, 222, 226, 244, 251, 254, 285-7, 289-91, 293

inferioridade, 96

infidelidade, 165, 211, 212, 215, 217

inibição, inibições, indibido(s), indibida(s), 27, 32, 36, 39-40, 70-1, 74-5, 87, 97, 104, 106-7, 110-2, 119, 138, 171, 236, 247, 267, 274, 296, 306

"Inquietante, O" (Freud), 88NA

Instincts of the herd in peace and war (Trotter), 39NA

instinto(s), instintual, instintuais, 14-5, 17, 20, 27, 28NA, 40, 43, 44, 58NA, 59, 60, 62, 65-6, 69-71, 77-82, 96NA, 104, 106-8, 112, 118, 121, 148, 185, 202, 203, 218, 223, 226, 288-91, 294, 298-9, 302-8, 311

instituição, instituições, 15, 34, 55, 87, 95, 97, 109, 111, 317

inteligência, 17, 19, 36, 163

interesse(s), 22, 25, 33-4, 40, 47, 56-60, 79, 89-91, 116, 122, 127,

140, 142, 145, 152, 154-8, 163, 175, 179, 181-2, 186, 188, 190, 192, 195, 203, 215-6, 223-4, 227, 234, 262-3, 271, 288, 290, 292-3, 295, 301, 321, 325

Internationale Zeitschrift für Psychoanalyse, 44NA, 62NA, 66, 94NA, 103NA, 114, 199NT, 209, 310NT, 314NT, 315NT, 325NT, 326NT

Interpretação dos sonhos, A (Freud), 26NA, 175, 191NT, 312NA

intolerância, 54, 58, 87, 107

"Introdução ao narcisismo" (Freud), 68NA

"Introjeção e transferência" (Ferenczi), 90NA

inveja do pênis, 145

investigação psicanalítica, 16, 43, 59, 98, 110, 198, 213, 287, 320

investimento objetal, investimentos objetais, 61, 73, 304-5

investimentos libidinais, 51, 294

irmão(s), irmã(s), 14-5, 47, 84, 101-3, 109, 126, 127-8, 131NA, 132NA, 133, 136, 143, 145-6, 157-8, 163-4, 177, 183-4, 193-4, 201, 204-6, 210, 222, 232, 234, 264

irrupção, 51, 142, 216

Jahrbuch für psychoanalytische und psychopathologische Forschungen, 90NA

"Jahresbericht über sexuelle Perversionen" (Sadger), 128NA

Janet, P., 275

Jeová, 89

Jesus *ver* Cristo

Jones, E., 318

Jones, K., 320

Journal of Neurology and Psychopathology, 42NA

juízo(s), 37, 71, 80, 127, 141, 208, 228, 319, 324

Jung, 151NT, 292, 298, 300, 303, 305

Kelsen, 39NA

Kinship and marriage (Smith), 69NA

"Klinische Beiträge zur Psychoanalyse" (Abraham), 62NA

Körner, 312

Kraskovic, 32NA

Kriegsneurosen und "Psychisches Trauma" (Simmel), 49NA

latência, 104, 107, 112, 126, 139, 290

Le Bon, 16-20, 21NA, 24-5, 28, 30-2, 34, 37, 40, 77, 79, 91-2

lembrança(s), 186, 201, 278

libido, libidinal, libidinais, 29NA, 39, 43-4, 48-51, 54, 56, 58-9, 61, 68-9, 71, 75-6, 78, 86-7, 93, 98, 100, 106, 109, 111-2, 121, 125, 127, 129-30, 131NA, 132-3, 143, 145, 200, 214, 218, 222, 271, 288-9, 291, 294-5, 298, 302-7, 324

ÍNDICE REMISSIVO

líder(es), 30-1, 40, 46, 48, 49, 52, 54-5, 65, 74, 76, 78, 80, 83, 86-7, 91, 93, 99

linguagem, 69, 79, 139, 197, 259, 269, 285

Linguagem do sonho, A ver *Sprache des Traumes, Die* (Stekel)

Lipschütz, 148NA

Lois de l'imitation, Les (Tarde), 40NA

luto, 210, 247, 250, 267

"Luto e melancolia" (Freud), 67NA, 94NA, 211NT

mãe, 56NA, 61, 63, 66, 80, 101-4, 117-8, 127, 129-32, 134, 136, 145-6, 148, 163, 167, 172, 177-8, 180-1, 183, 194, 196-8, 200-1, 204, 206, 216, 221-3, 229, 232, 251-2, 289, 314, 315, 327

Maeder, 190

magnetismo animal, 88

Markuszewicz, 66NA

masculinidade, masculino(s), masculina(s), 61, 65, 115, 125, 128, 130, 133-5, 145, 147, 149, 221-2, 250, 251, 253-54, 294, 328

massa(s), 14-30, 32-41, 43, 45-56, 58-60, 65, 68, 74-88, 91-3, 100, 103, 108, 155, 316; ver também multidão

"Massen- und Sozialpsychologie im kritischen Überblick, Die" (Moede), 32NA

McDougall, 34, 36-8, 40, 42NA, 50-2, 79

mecanismos psíquicos, 148, 284

médico(s), 14-5, 79, 90NA, 117-9, 121-2, 138-9, 182, 192, 196, 199, 201, 253, 274, 277-80, 291-2, 295-8, 311, 316-7, 319

médium, 160-1

medo, 21, 51, 53, 79, 82, 137, 198, 221, 244, 246, 254, 328; ver também angústia

Medusa, 326, 327

Meeres und der Liebe Wellen, Des (Grillparzer), 198NT

melancolia, 67, 94, 96-9, 236, 240, 247, 268, 271, 295

memória, 101, 166, 169, 204, 280, 297, 313, 320

Memórias de um doente dos nervos ver *Denkwürdigkeiten eines Nervenkrankes* (Schreber)

menina, 118, 125, 129, 163, 180, 182, 314-5

menino(s), 61, 118, 127, 145, 182-3, 211, 223, 246

meta(s), 28NA, 43, 59, 70-1, 74-5, 82, 87, 104-12, 255, 303-7

militarismo, 48

mitologia, mito(s), 101-3, 109, 245, 246NA, 285, 300-1, 328

Moede, 32NA

Moisés, 89, 197

moralidade, moral, 21, 27, 32-3, 67-8, 75, 84, 100, 134, 163, 300, 319

morte, 58NA, 98, 135, 162, 168, 176-8, 184, 200, 205-6, 217,

ÍNDICE REMISSIVO

222, 236, 240-2, 247, 267, 307-8, 317-8

mulher(es), 59, 70, 81, 83, 87, 101-2, 107-10, 116, 118-9, 123-4, 127-9, 131, 132NA, 134, 136, 140, 142, 145, 147, 149, 163, 164, 167, 172, 179-83, 187-9, 195, 197-8, 200, 206, 211-2, 214-5, 217, 221, 223-4, 234, 250-1, 253, 268, 300, 313, 327-8

multidão, 17, 34

Nachmansohn, 44

Napoleão, 48

narcisismo, narcísicos, narcísica(s), 14-5, 56NA, 57-8, 68, 71-2, 86-7, 93-4, 96NA, 111, 125, 130NA, 146, 210, 221-3, 294-5, 304-5

Nestroy, 52

neurose(s), neurótico(s), neurótica(s), 28-30, 48, 51-2, 59, 63, 94-5, 110-2, 118-20, 126, 131NA, 138, 142, 165, 168, 172, 186, 200-1, 203, 205, 218, 220, 226-7, 234, 242-3, 246-7, 249-50, 253-4, 260, 263-4, 269-71, 274-5, 277, 279-81, 285-6, 288-91, 293-4, 296, 298-300, 302, 305, 316-7

Neuroses de guerra e "Trauma psíquico" ver *Kriegsneurosen und "Psychisches Trauma"* (Simmel)

nexo(s), 17, 87, 136, 148, 224, 242, 279, 296, 311-2

normal, 61, 105, 120, 126, 143-4,

147, 210, 216, 218, 220, 252, 254, 274, 276, 281, 283, 285, 287, 289, 300, 305

objeto sexual, objetos sexuais, 56, 66, 69, 71, 107-9

objeto(s) amoroso(s), 125, 144, 210, 221-2, 224

Observações psicanalíticas sobre um caso de paranoia (Schreber), 213NA, 252NA

obsessivo, obsessiva(s), 30, 138, 165, 168, 205, 216, 220, 254, 291, 294, 296, 302

ocultismo, 152, 169-70, 173, 184-7

Odier, 324

ódio, 26, 55, 57, 201, 205, 211, 215, 247

onipotência, 25, 253

opinião pública, 78, 313

oral, 61, 182, 186, 259, 288-9

Otelo (Shakespeare), 212NA

paciente(s), 90NA, 118, 121-2, 124, 138, 150, 155, 158-9, 162, 165, 167-70, 172, 186, 202, 205, 216, 219, 228, 247, 254, 274-5, 277-80, 282, 291-2, 295-7, 319, 324

pai, 48, 60-3, 86, 88, 90, 101-2, 104, 116, 118, 126-7, 129-30, 132NA, 133-7, 139-41, 145, 157, 163-5, 178, 188, 196, 199-200, 206, 216-7, 219, 221, 236, 240, 242-7, 250-3, 267, 270, 274, 289, 315-6

ÍNDICE REMISSIVO

pai primordial/pai primevo, 86-7, 91, 101, 103, 107, 244-5

pais, 14-5, 43, 56, 68, 70, 81, 90-1, 101, 104, 115-7, 119, 121, 123, 127, 133, 135, 137, 142, 157, 164, 184, 187, 194, 306; *ver também* mãe; pai

paixão, paixões, 35, 37, 107, 117, 123, 125, 129, 134, 139, 142

pânico, 50-2

"Panik und Pankomplex" (Felszeghy), 52

"pansexualismo", 44, 298

paranoia, paranoico(s), 213-20, 223, 253, 295

Parerga und Paralipomena (Schopenhauer), 56NA

patologia, patológico(s), 68, 94-5, 105, 204, 217, 280, 282, 284, 300

Paulo, apóstolo, 44

Payer-Thurn, 227

pênis, 145, 221, 250-1, 327, 328

pensamento(s), 23, 25, 26NA, 33, 36, 40, 84, 90NA, 92, 125, 141, 145, 155, 161-2, 168-9, 173, 181, 184, 186, 188-90, 202, 207, 217, 220, 246, 267, 274, 278-80, 282-4, 312-3, 315, 321-4

perigo(s), 36, 48, 50-2, 111, 121, 139, 151-2, 154, 182, 234, 255, 294, 297

personalidade, 22-3, 28, 49, 84, 91, 119, 302

perversão, perversões, 128, 287, 289, 296, 305

pesquisa psicanalítica, 14, 65, 115, 148, 305

pessoa amada, 63, 104, 106

Pfister, 44, 107, 301

Piedade do conde von Zinzendorf, A ver *Frömmigkeit des Grafen von Zinzendorf, Die* (Pfister)

Platão, 44

"Plato als Vorläufer der Psychoanalyse" (Pfister), 44NA

poeta(s), 32-3, 43, 101-3, 142, 303, 311-2

Pottenbrunn, 228-31, 248, 256-7

povos primitivos, 25, 28, 32, 89, 96, 300

prazer, 95, 120, 146, 234, 236, 271, 287, 323

preconceito(s), 78, 312

pré-consciente(s), 141, 189-90, 220, 322, 324, 326

predisposição, predisposições, 21, 289-90

Primeira Guerra Mundial *ver* Grande Guerra

primitivos *ver* povos primitivos

princípio do prazer, 153

Probleme der Religionspsychologie (Reik), 244NA

processos psíquicos, 39NA, 133, 221, 274-6, 300

profecia(s), 156, 159, 162, 166-9

projeção, 212, 226, 251

psicanálise, 21NA, 26NA, 28, 42, 44, 56, 60, 79, 82, 105, 117, 119, 136, 137, 148, 152, 155-6, 158, 161, 185, 187, 201, 207, 242-3,

ÍNDICE REMISSIVO

252-3, 262, 274, 276-7, 279, 281-2, 286, 292, 294-9, 301-2, 306, 310, 312, 314, 316, 318-25

psicologia, 14-9, 29, 31, 33-4, 40, 43, 49, 56, 60, 65, 84-7, 92, 94-5, 100, 103, 105, 133, 281, 298, 300, 302, 322

Psicologia das massas (Le Bon), 16

"Psicologia social e de massas num panorama crítico, A" *ver* "Massen- und Sozialpsychologie im kritischen Überblick, Die" (Moede)

Psicopatologia da vida cotidiana (Freud), 261NA

psicoses, 65, 94, 295

psique, 85, 133, 191, 276, 279, 282, 312

Psychologie der Kollektivitäten, Die (Kraskovic), 32NA

puberdade, 66, 70, 126, 129, 131NA, 144, 146, 221, 285-6, 290

Pubertätsdrüse und ihre Wirkungen, Die (Lipschütz), 148NA

Putnam, 293, 318-21

Rabelais, 328

raça, 19, 21NA, 92, 110, 253

Rank, 100NA, 102-3, 301, 312NA

reação, reações, 17, 77, 81, 85NA, 91, 109, 142, 144, 188, 200, 253, 265

recalque *ver* repressão, repressões, reprimido(s), reprimida(s)

"Recordação de infância de Leonardo da Vinci, Uma" (Freud), 251NA

regressão, 77, 85, 105, 108, 112, 130NA, 271, 300

Reik, 244NA, 245NA, 301

"Relato anual sobre perversões sexuais" *ver* "Jahresbericht über sexuelle Perversionen" (Sadger)

religião, religiões, 53-4, 84, 111, 192, 197, 244-5, 299-301

renúncia, 27, 39, 70, 73, 125, 142, 149, 165, 221, 272, 278

repressão, repressões, reprimido(s), reprimida(s), 21, 25NA, 28NA, 56, 63-4, 68, 70-1, 88, 95, 96NA, 104, 105, 107, 110, 112, 122, 141, 162, 188-9, 202, 210-2, 218, 220, 222-3, 226, 250-1, 254, 271, 283-4, 289-92, 294, 297, 299, 302, 325, 326

resistência, 41, 91, 104, 122, 137, 138, 169, 218, 250, 253-4, 286, 291-2, 295, 310, 326

Revista Internacional de Psicanálise ver *Internationale Zeitschrift für Psychoanalyse*

Revolução Francesa, 34

Richter, 41NA

rivalidade, 38, 56, 223-4, 289, 306

Sachs, 26NA, 103NA

Sadger, 128NA

sadismo, 288

Sammlung kleiner Schriften zur Neurosenlehre, 67NA, 94NA

ÍNDICE REMISSIVO

Satã, 232, 240, 245, 255

satisfação, 14, 27, 38, 59, 62, 68-72, 74-5, 82, 85NA, 87, 106, 108, 112, 125, 128, 132-4, 185, 212, 214, 223, 254, 266, 284, 288-90, 304, 306, 318

Saturnais, 95

Saussure, F. de, 324NT

Saussure, R. de, 323-5

Schermann, R., 169-73

Schiller, 25NA, 100NT, 312, 317NT

Schopenhauer, 56

Schreber, 213NA, 252, 254

sensual, sensuais, 69-72, 75, 105, 108-9, 134, 144

sentimento(s), 18, 20-3, 25-6, 31, 35, 37, 45, 54, 70, 77, 79, 81-4, 96, 104-5, 108, 118, 121, 123, 171, 210, 215-6, 223-4, 281, 306, 326

sexualidade, sexual, sexuais, 28NA, 43, 44, 45, 56NA, 58NA, 59, 60, 62, 65-6, 69-72, 74-5, 79-80, 85NA, 87, 104-12, 120-3, 125-6, 134, 136NA, 140, 147, 192, 200-1, 210, 214, 249-50, 251, 285-92, 294, 296, 298-9, 302-7, 310, 324, 327

Shakespeare, 212NA

Shaw, 108

Sighele, 32, 34

simbolismo, símbolo(s), 102, 157, 176, 197-8, 200, 202, 219, 285, 315, 327-8

Simmel, 49

simpatia, 64, 152, 157

simulação, 47, 263

Smith, R., 69NA

"Sobre a justificativa para separar da neurastenia, como 'neurose de angústia', um determinado complexo de sintomas" (Freud), 302NT

"Sobre a mais comum depreciação na vida amorosa" (Freud), 70NA, 109NA

Sociedade sem pai, A ver Vaterlose Gesellschaft, Die (Federn)

sociedade, social, sociais, 14-6, 21, 33-4, 36, 40, 59, 78, 82-4, 88, 110, 115, 116, 120, 212, 216, 223-4, 265, 299, 304, 306, 316

Society for Psychical Research, 178

sociologia, 40

Sófocles, 243

solidão, 33

"Sonho premonitório realizado, Um" (Freud), 162NT

sonho(s), 26NA, 30, 68, 95, 102, 127, 136, 139-41, 162, 172, 175-92, 195-200, 202, 206-7, 216, 219-20, 249, 282-5, 291, 299-300, 322, 324

"Sonhos e ocultismo" (Freud), 159NT, 170NT

sono, 75, 91, 94, 141, 190, 207, 283

Sprache des Traumes, Die (Stekel), 176NT, 178NA

Sprüche (Schiller), 25NA

Steinach, 148

Stekel, 176, 178NA, 328NT

ÍNDICE REMISSIVO

Strachey, 53NT, 79NT, 90NT, 106NT, 162NT, 219NT, 264NT, 302NT, 328NT
sublimação, 106, 216, 303, 315
substância viva, 307
sugestão, sugestionabilidade, 22-4, 27, 36, 39-42, 45, 75, 78, 80, 88, 91, 92NA, 277, 297; *ver também* contágio; indução
suicídio, 116-7, 123, 135, 158, 171
superestimação, 71-2, 125
superestrutura psíquica, 20
superstição, 232
surgimento da vida, 308
Swedenborg, 311

"Tabu e a ambivalência, O" (Freud), 111
Tarde, G., 40NA
Telepathische Traum, Der (Stekel), 178NA
telepatia, 175, 178NA, 181, 186-7, 189, 192, 203, 206-8; *ver também* transmissão de pensamento(s)
tendência(s), 23, 28NA, 29, 39, 41, 43, 55, 70-2, 77-8, 85, 108, 118, 121, 128, 135, 201, 203-4, 212, 221, 223, 233, 253, 277, 284, 287, 289, 307-8
"Teoria da libido de Freud comparada com a teoria do Eros de Platão, A" *ver* "Freuds Libidotheorie verglichen mit der Eroslehre Platos" (Nachmansohn)
ternura, 61, 71, 104, 109, 129, 145, 171, 200, 251, 306

terror, 75, 327
Thorne, 53NT
Totem e tabu (Freud), 25NA, 29NA, 69NA, 84NA, 89NA, 95NA, 111NA, 244NA
transferência, 89, 138, 139, 199, 219, 250, 291, 294, 296, 302, 305
transmissão de pensamento(s), 161, 169, 173; *ver também* telepatia
trauma(s), traumática(s), 97, 126, 144, 191, 216, 275-6, 285-6
"Träume der Ahnungslosen" (Ferenczi), 199NT
Três ensaios sobre a teoria da sexualidade (Freud), 29NA, 62NA, 70NA, 112NA
tristeza, 211
Trophaeum Mariano-Cellense (P. A. E.), 228, 230-1, 236, 239, 255, 257, 267
Trotter, 39, 78-80, 83

"Untersuchungen über die früheste prägenitale Entwicklungsstufe der Libido" (Abraham), 62NA

Varendonck, 321-3
Vaterlose Gesellschaft, Die (Federn), 53NA
vida anímica, 25, 26NA, 28, 31-2, 37, 41, 105
vida orgânica, 19
vida psíquica, 14, 15, 17, 31, 61, 68NA, 140, 154, 190, 208, 210,

ÍNDICE REMISSIVO

218, 246, 252, 276-7, 282, 285, 288, 296, 298, 300, 306, 324

vigília, 95, 140, 220

violência, 24, 27, 41, 53

Virgem Maria, 227, 233, 252, 257, 266

Wallenstein, 48

When it was dark (Thorne), 53

Wilkinson, 310-2

Zeitschrift für pädagogische Psychologie und experimentelle Pädagogik von Meumann und Scheibner, 32NA

zoofobias, 246

SIGMUND FREUD, OBRAS COMPLETAS EM 20 VOLUMES

COORDENAÇÃO DE PAULO CÉSAR DE SOUZA

1. TEXTOS PRÉ-PSICANALÍTICOS (1886-1899)
2. ESTUDOS SOBRE A HISTERIA (1893-1895)
3. PRIMEIROS ESCRITOS PSICANALÍTICOS (1893-1899)
4. A INTERPRETAÇÃO DOS SONHOS (1900)
5. PSICOPATOLOGIA DA VIDA COTIDIANA E SOBRE OS SONHOS (1901)
6. TRÊS ENSAIOS SOBRE A TEORIA DA SEXUALIDADE, ANÁLISE
   FRAGMENTÁRIA DE UM CASO DE HISTERIA ("O CASO DORA")
   E OUTROS TEXTOS (1901-1905)
7. O CHISTE E SUA RELAÇÃO COM O INCONSCIENTE (1905)
8. O DELÍRIO E OS SONHOS NA GRADIVA, ANÁLISE DA FOBIA
   DE UM GAROTO DE CINCO ANOS ("O PEQUENO HANS")
   E OUTROS TEXTOS (1906-1909)
9. OBSERVAÇÕES SOBRE UM CASO DE NEUROSE OBSESSIVA
   ("O HOMEM DOS RATOS"), UMA RECORDAÇÃO DE INFÂNCIA
   DE LEONARDO DA VINCI E OUTROS TEXTOS (1909-1910)
10. OBSERVAÇÕES PSICANALÍTICAS SOBRE UM CASO DE PARANOIA
    RELATADO EM AUTOBIOGRAFIA ("O CASO SCHREBER"),
    ARTIGOS SOBRE TÉCNICA E OUTROS TEXTOS (1911-1913)
11. TOTEM E TABU, HISTÓRIA DO MOVIMENTO PSICANALÍTICO
    E OUTROS TEXTOS (1913-1914)
12. INTRODUÇÃO AO NARCISISMO, ENSAIOS DE METAPSICOLOGIA
    E OUTROS TEXTOS (1914-1916)
13. CONFERÊNCIAS INTRODUTÓRIAS À PSICANÁLISE (1916-1917)
14. HISTÓRIA DE UMA NEUROSE INFANTIL ("O HOMEM DOS LOBOS"),
    ALÉM DO PRINCÍPIO DO PRAZER E OUTROS TEXTOS (1917-1920)
15. PSICOLOGIA DAS MASSAS E ANÁLISE DO EU
    E OUTROS TEXTOS (1920-1923)
16. O EU E O ID, ESTUDO AUTOBIOGRÁFICO E OUTROS TEXTOS (1923-1925)
17. INIBIÇÃO, SINTOMA E ANGÚSTIA, O FUTURO DE UMA ILUSÃO
    E OUTROS TEXTOS (1926-1929)
18. O MAL-ESTAR NA CIVILIZAÇÃO, NOVAS CONFERÊNCIAS INTRODUTÓRIAS
    E OUTROS TEXTOS (1930-1936)
19. MOISÉS E O MONOTEÍSMO, COMPÊNDIO DE PSICANÁLISE
    E OUTROS TEXTOS (1937-1939)
20. ÍNDICES E BIBLIOGRAFIA

PARA MAIS INFORMAÇÕES SOBRE OS VOLUMES PUBLICADOS, ACESSE:
www.companhiadasletras.com.br

ESTA OBRA FOI COMPOSTA
EM FOURNIER E CONDUIT
POR ALICE VIGGIANI
E IMPRESSA EM OFSETE
PELA GEOGRÁFICA SOBRE
PAPEL PÓLEN DA SUZANO S.A.
PARA A EDITORA SCHWARCZ
EM JUNHO DE 2024

A marca FSC® é a garantia de que a madeira utilizada na fabricação do papel deste livro provém de florestas que foram gerenciadas de maneira ambientalmente correta, socialmente justa e economicamente viável, além de outras fontes de origem controlada.

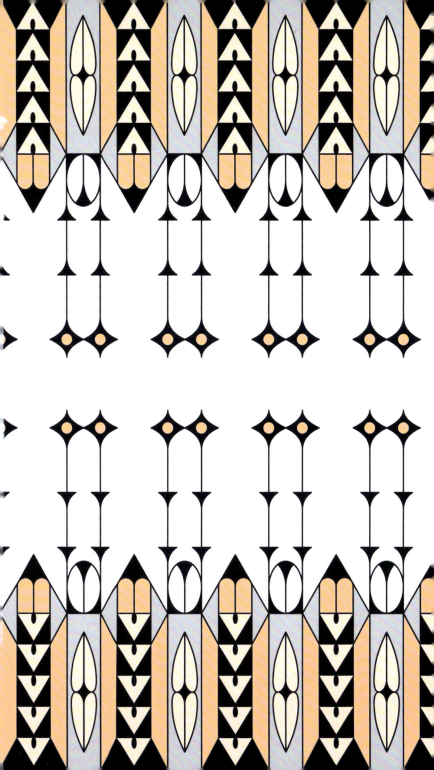

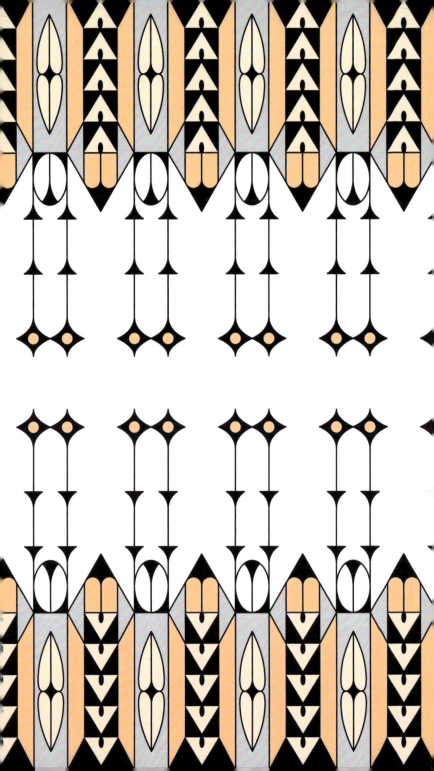